20세기의 전쟁과 평화

개정신판

20세기의 전쟁과 평화

이리에 아키라

조진구·이종국 옮김

연암서가

옮긴이

조진구(趙眞九)

고려대학교 사회학과를 졸업하고, 일본 도쿄대학 대학원 법학정치학연구과에서 법학박사(국제정치 전공) 학위를 받았다. 고려대학교 평화연구소 연구 조교수, 민주평화통화통일자문회의 사무처 정책연구위원을 거쳐 현재 고려대학교 글로벌일본연구원 연구교수로 있다.
주요 논문으로는 「동아시아에서의 중일간의 새로운 파워 게임-센카쿠열도 문제를 중심으로」, 「국교 정상화 40주년의 한일관계: 신한일어업협정과 독도문제를 중심으로」 등이 있고, 역서로는 『중일관계-전후에서 신시대로』, 『한일 경제협력자금 100억 달러의 비밀』, 『유엔과 일본외교』, 『일본 최악의 시나리오-9개의 사각지대』 등이 있다.

이종국(李鍾國)

동국대학교 정치외교학과를 졸업하고, 일본 도쿄대학 대학원 법학정치학연구과에서 석사, 법학박사(국제정치 전공) 학위를 받았다. 게이오대학 방문학자를 거쳐, 현재 한국국제정치학회 부회장, 동국대학교 정치외교학과 겸임교수, 동북아역사재단 연구위원으로 있다.
주요 저서로는 『21세기 일본의 국가전략』, 『北朝鮮と人間の安全保障』, 『지방자치체 외교』 등이 있고, 역서로는 『모스크바와 김일성』, 『북한·중국관계 60년』, 『분단 종식의 통일외교』, 『역사가가 보는 현대 세계』 등이 있다.

개정신판 20세기의 전쟁과 평화

2016년 6월 10일 초판 1쇄 인쇄
2016년 6월 15일 초판 1쇄 발행

지은이 | 이리에 아키라
옮긴이 | 조진구·이종국
펴낸이 | 권오상
펴낸곳 | 연암서가

등 록 | 2007년 10월 8일(제396-2007-00107호)
주 소 | 경기도 고양시 일산서구 호수로 896, 402-1101
전 화 | 031-907-3010
팩 스 | 031-912-3012
이메일 | yeonamseoga@naver.com
ISBN 978-89-94054-90-2 03900

값 17,000원

한국어판 저자 서문

이번에 졸저 『20세기의 전쟁과 평화』가 한국어로 번역 출간되는 것을 저자로서 매우 기쁘게 생각한다. 학문에 국경이 없다고 말하지만, 출판물에 대해서도 똑같이 말할 수 있을 것이다. 일반적으로 저술되고 출판된 것은 말하자면 '공공의 자산'이며 공유되어야만 한다고 생각한다. 어느 나라 언어로 쓰이든, 어느 나라에서 출판된 것이든 간에, 특정한 독자만을 대상으로 한 것은 의미가 없다.

역사 관련 책의 경우에는 더더욱 그러하지 않을까? 제한된 독자, 특정 국가나 종교 신자들에게만 읽히기 위하여 저술된 역사서는 프로파간다(선전)와 같은 것이며, 서적이라고 말하기조차 어려울 것이다. 수학이나 자연과학과 마찬가지로 특정한 사람들이나 일부 국가의 독자에게만 통용되는 역사는 있을 수 없다. 세계의 어떤 지방, 어느 시대를 다룬 저작이라 할지라도,

모든 사람들이 읽는 역사는 같은 것이어야 한다. 역사는 하나밖에 없다. 그것은 인류 전체의 역사다.

따라서 어떤 언어로 써진 역사라 할지라도, 그것이 다른 언어로 번역되더라도 의미 있는 것이 아니면 안 된다. 미국인에게도 터키인에게도 중국인에게도 세계의 역사는 하나뿐인 것이다.

나도 역사서를 저술하는 데 그것이 모든 국가의 사람들에게 통용되기를 염원해왔다. 이 책은 원래 일본어로 출판된 것이지만, 내용적으로는 유럽이나 미국 그리고 동아시아의 역사연구를 충분히 고려하여 세계의 어느 역사가가 읽어도 부끄러움이 없도록 노력하고 또 희망해왔다.

원래 세계의 역사, 인류의 역사는 하나이며, 국가별로 나뉘어 존재하는 것은 아니다. 근대가 되면 각국의 내셔널리즘 고양의 수단으로 역사가 이용되는 경우도 있었다. 그렇지만, 세계에는 국가의 역사 이외에 실로 많은 역사가 존재한다는 것을 인식해야만 한다. 예를 들면, 여성의 역사, 고령자의 역사, 환경의 역사, 질병의 역사 등 국가와는 별개로 존재하는 것들의 역사를 풀어냄으로써 우리들은 현재와 과거를 이어갈 수 있다. 국가 중심의 역사만으로는 인간 사회의 움직임의 일부분밖에 이해할 수 없다.

예를 들면, 이 책에서도 언급하고 있는 인권의 역사는 길고 오랜 인류의 역사 그 자체이며, 근대가 되어 나타난 국가라는 별개의 역사보다도 훨씬 오랫동안 존재해왔다. 국경을 초월한 역사, 전 인류를 염두에 두고 서술된 역사, 현대 세계가 희망하는 것은 그와 같은 역사가 아닐까? 국가 중심의, 일국 중심의 역사가 인류를 분할해버리는 데 반해, 국경을 초월한 트랜스내셔널한 역사는 사람들 간의 연대의식을 높여줄 것이다.

트랜스내셔널한 세계란 사람들 간의 만남, 접촉, 교류, 그리고 혼합의 시대이다. 이와 같은 작은 책일지라도 한국어판 출간을 통해 한국과 일본 사람들이 지적인 접촉, 나아가 교류의 계기를 만들어 나간다면 저자로서 더 이상 바랄 것이 없다.

2016년 2월

이리에 아키라

증보판 서문

이 책의 초판이 출간된 것은 1986년이다. 집필을 시작했던 1985년 소련에서는 고르바초프가 대통령이 되어 국내개혁에 착수했으며, 미국에서는 레이건 정권 2기가 시작된 때였다. 국제정치 면에서 아직 냉전의 틀이 엄존했으며, 유럽에서는 동서 양 진영 사이에 중거리 핵미사일 배치를 둘러싸고 긴장감이 감돌고 있었다. 그로부터 불과 몇 년 사이에 냉전이 종식되고 소련 자체가 붕괴해버릴 것이라고는 생각도 하지 못했다.

그러한 때 도쿄대학출판회의 다케나카 히데도시(竹中英俊) 씨로부터 '20세기의 전쟁과 평화'에 대한 책을 써줬으면 좋겠다는 의뢰를 받았다. 그렇지만 본보기로 삼을 만한 책도 없었기 때문에 처음부터 끝까지 모색을 하는 마음으로 써내려간 것이 이 책이다. 20세기도 끝나가려는 시기였기 때문에 지난 한 세기의 국제관계에서의 전쟁과 평화에 관한 다양한 견해들을 정리하여 21세기를 맞이하는 데 길잡이라도 된다면 좋겠다는 생각이었다. 당시 전쟁이나 냉전을 중심으로 한 현대사가 너무나 일반적이었기 때문에 조금 다른 역사도 가능하며, 국가 간의 대립이나 항쟁을 완화해야 한다는 일념으로 노력해온 사람들도 있었다고 나는 지적하고 싶었다.

다행스럽게도 이 책의 초판이 나오고 얼마 지나지 않아 미·소 화해, 나아가 냉전의 해소라는 획기적인 사건이 잇달아 발생했다. 그러나 한편에서는 국지적인 전쟁이 끊이지 않았을 뿐만 아니라, 많은 나라에서 내전이 멈추지 않고 계속되었다. 평화로운 세계는 아직 현실에서는 나타나지 않았다. 그렇기도 해서인지 최근 일본이나 여러 외국에서 출판되고 있는 '20세기의 역사'와 관련된 서적 대부분이 여전히 전쟁이나 냉전을 중심 테마로 한 것처럼 보인다.

그러나 국제관계를 전쟁이냐 혹은 평화냐라는 양자택일의 문제로 보는 것은 지나치게 단순하지 않을까? 어떤 시기의 세계에 어떤 움직임이나 흐름이 있었는가를 전쟁과 평화, 이 둘을 동시에 살펴보고 그것을 통해 국가와 국가, 혹은 사람과 사람이 어떻게 관계되어 있었는가를 이해하는 노력도 있어야 하지 않을까? 그것이 이 책 초판 집필 당시의 문제의식이었지만, 이번에 증보판을 내면서 그런 생각을 더욱 강하게 갖게 되었다.

국제관계라는 것은 주권국가만이 아니라 영리기업, 종교,

인종, 그 밖에 많은 비정부기구, 나아가서는 개개의 사람들이 서로 관계를 맺으면서 만들어가는 법이다. 궁극적으로는 모든 것이 인간의 행위라고 할 수 있다. 따라서 '전쟁과 평화'의 역사를 해석하는 것은 인간 상호 간의 생각이나 행위를 살펴보는 것에 다름 아니다. 국제관계(International Affairs)는 인간관계(Human Affairs)인 것이다. 이러한 관점에서 증보판을 내면서 나 나름대로 1980년대 이후의 움직임을 정리한 두 개의 장(제9장과 종장)을 추가했다.

21세기의 세계를 맞이하면서 국가의 안전이나 이해만이 아니라, 국가를 초월한 글로벌하고 트랜스내셔널한 움직임, 민간단체나 개인들이 추구하는 목표를 염두에 두면서 국제사회의 안정과 복지라는 것이 어떠한 것인가를 생각해보고자 한다. 평화라는 것은 그런 노력의 축적에 의해 구축되는 것이 아닐까.

2000년 3월

이리에 아키라

역자 서문

새로운 천년이 시작되는 2001년의 9월, 뉴욕의 세계무역센터와 버지니아의 펜타곤 등 미국 경제와 국가안보의 핵심부에서 발생한 동시다발 테러는 현대 세계가 얼마나 취약한지를 잘 보여주었다. 미국은 테러와의 전쟁을 선포하고 아프가니스탄과 이라크에서 전쟁을 시작했지만, 테러리스트를 소탕하기는커녕 급진적인 이슬람 무장단체는 이슬람국가(IS)를 결성해 세계적인 문화유산의 파괴, 무차별적인 학살과 테러를 자행해 전 세계에 공포감을 심어주고 있다.

2003년에는 중증급성호흡기증후군(SARS)이, 2009년에는 신종플루가 세계적으로 유행한 데 이어 2015년에는 중동호흡기증후군(MERS)이 우리나라를 강타해 100명 이상이 감염되고 그 가운데 38명이 사망했다.

2011년 3월 일본 역사상 최대 규모의 지진이 동일본 지역을 강타해 2만 명 가까이가 사망하고 행방불명되었으며, 강력한 쓰나미가 후쿠시마 원자력발전소를 덮쳐 원자로가 폭발하고 방사능이 누출되었다. 2015년 4월의 네팔 대지진으로 8천 명 이상이 죽는 등 2015년 한 해 동안 지진과 쓰나미, 가뭄과 홍수 등의 자연재해로 인한 피해자가 1억 명에 육박했다고 한다.

예전에 전쟁이 없는 상태가 평화였다고 한다면, 지금은 평화를 위협하는 것은 전쟁만이 아니다. 과학기술의 발달로 무기의 종류가 다양해지고 성능(살상능력)도 좋아졌을 뿐만 아니라, 과거에는 생각하지도 못했던 테러와 전염병, 기후변화 같은 것들이 평화와 안전을 위협하는 중요한 요인이 되고 있다. 그런 만큼 평화를 위협하고 저해하는 요인을 제거하는 것은 더욱 어려워졌으며, 한 국가만으로는 해결할 수 없는 경우가 많아 국가를 초월한 협력이 더욱 중요해졌다.

한편 분단된 지 70년 이상이 지나가고 있지만 한반도에는 평화와 협력보다는 여전히 긴장과 대립의 그림자가 짙게 드리워져 있다.

아시아에서 처음 열린 2002년 한·일 월드컵이 막바지에 이른 6월 29일 한국과 터키의 3, 4위전을 앞두고 북한 경비정이 서해 북방한계선을 침범해 연평도 해상에서 남북 사이에 교전(제2차 연평해전)이 발생해 해군 장병 6명이 전사했다. 또한 2010년 3월 백령도 인근 바다에서 우리 해군 초계함이 북한군에 의해 피격되어 침몰해 40명이 사망하고 6명이 실종된 데 이어 11월에는 1953년 한국전쟁 정전협정 체결 이후 처음으로 북한이 우리 영토인 연평도에 포격을 가하는 사건이 발생했다.

2016년에 들어와 한반도 정세는 더욱 악화되고 있다. 북한이 제4차 핵실험과 장거리로켓 발사시험을 잇달아 실시하면서 국제사회는 유엔 안보리를 중심으로 북한에 대한 강력한 제재를 논의하기 시작했다. 한국 정부는 2월 10일 개성공단 노동자 임금(세금 토지 임대료) 등이 핵과 장거리미사일의 고도화에 악용되었다면서 남북 간의 경제협력과 평화의 상징이었던 개성공단의 전면 중단을 결정했으며, 이에 반발한 북한은 다음날인 11일 개성공단의 폐쇄와 군사 통제구역 선포로 맞대응했다.

북한의 핵과 미사일 위협에 대처하기 위해 한·미 양국 정부가 주한미군의 고(高)고도지역방어체계, 소위 사드(THAAD) 도입에 관한 협의 시작을 결정하자 중국은 사드는 중국을 겨냥한 것이라며 강력하게 비판하고 있다. 나아가 북한의 군사적 위협에 대처하기 위한 연례 훈련이라고는 하지만 한미 양국은 역대 최대 규모의 군사훈련을 실시할 예정이며, 북한도 김정은이 직접 참관하는 군사훈련을 실시하면서 군사적 긴장이 한층 고조되고 있다.

한반도의 허리가 남북으로 잘리고 60여 년 전 남북 간의 군사적 충돌을 막기 위해 동서로 155마일의 군사분계선을 따라

만들어진 비무장지대는 아이러니하게도 아직도 세계에서 가장 중무장되어 있다. 비무장지대의 하늘에는 남과 북의 경계가 없지만, 사람들의 발길이 끊긴 이곳 하늘을 철새들만 자유롭게 넘나들고 있다.

남과 북을 갈라놓은 경계선은 지리적인 것도 민족적인 것도 역사적인 것도 아니다. 우리의 의사에 반해 그어진 이 경계선을 허물고 끊어진 허리를 이어야 하는 우리는 전쟁의 비참함과 평화의 소중함을 그 누구보다 잘 알고 있다.

이리에 아키라 하버드대학 명예교수가 1986년 도쿄대학출판회에서 출간한 『20世紀の戰爭と平和』를 바탕으로 하고 있는 이 책은 1999년 한국어로 번역·소개되어 높은 평가를 받았었다. 당시 이리에 교수는 일본어판 초판에 없었던 제9장과 종장을 새로 써주셨으며, 이듬해인 2000년 이 두 개의 장이 추가된 증보판이 도쿄대학출판회에서 출간되었다.

이번에 출간하는 개정신판에서는 1999년 판의 종장을 삭제하는 대신 새롭게 세 개의 장(제10장, 제11장 및 종장)과 부록을 추가했다. 세 개의 장은 2001년 12월 일본방송출판협회에서 출판된 『平和のグローバル化へ向けて(평화의 글로벌화를 향하여)』에서 선별한 것이며, 부록은 역사가 이리에 선생님의 자서전이라 할 수 있는 『歷史を學ぶということ(역사를 배운다는 것)』(고단샤, 2005)에 포함되어 있던 것이다. 번역 출판을 흔쾌히 수

락해주신 이리에 선생님과 일본의 두 출판사에 감사의 마음을 표하고 싶다.

미국외교사가 전공인 이리에 아키라 교수는 일본인으로서는 처음으로 미국역사학회장을 역임했다. 이리에 교수의 책은 아시아뿐만 아니라 미국과 유럽에서도 학문적 가치를 높이 평가받아 왔다. 이리에 교수는 국제정치의 주권국가나 권력(군사력과 경제력 같은 하드파워)을 중시하는 전통적인 견해와는 달리 비정부기구나 시민사회, 사상과 문화(소프트파워)의 영향력을 강조해왔다. 이 책에는 그러한 이리에 교수의 생각이 잘 녹아 있으며, 국제정치사나 외교사 분야의 개론서로서 이보다 더 적합한 책은 없을 것이라고 자부한다.

1989년 글로벌 차원의 냉전이 종식되고 21세기에 접어든 지도 15년이 지났다. 그동안 세계는 개정신판에 추가되어 있는 것처럼 20세기의 관성이 계속되는 모습과 전혀 다른 모습이 동시에 일어나고 있다. 말하자면 글로벌화의 진행으로 발전과 저발전의 문제가 지역적인 격차의 문제가 되기도 하고, 2001년 9·11 테러사건 이후 기존의 국제정치에서 논의되던 분쟁과는 전혀 다른 형태의 분쟁이 세계 각 지역에서 발생하고 있다. 이러한 분쟁의 원인은 과거 제국의 세계에서 그 원인을 찾을 수 있으며, 테러리스트들에 의하여 행해지는 폭력 또한 지배와 피지배의 관계에서 그 원인을 찾을 수 있지 않을까?

최근 세계 각 지역에서 불평등, 격차, 조직적 폭력, 테러, 난민 등의 현상이 두드러지고 있다. 이렇게 다양하고 복잡하게 얽혀 있는 현상들을 이해하기 위해 우리는 과연 어떠한 노력을 기울여야 하는가? 이 책은 부분적으로나마 이러한 질문에 해답을 줄 것으로 생각한다.

이 책은 다음과 같은 특징을 가지고 있다. 첫째, 기본적으로 근대국가의 존재를 전제로 국제질서 변화를 설명하면서 주권국가들이 권력정치를 중심으로 전개해 온 20세기 국제질서를 전쟁과 평화라는 관점에서 살펴보고 있다. 그러나 전쟁과 평화의 개념은 시대에 따라 변화해왔고 둘은 상반된 개념도 아니며 다양한 사상이 복잡하게 얽혀 있다고 설명한다. 따라서 단순히 무력행사의 유무를 가지고 전쟁과 평화를 논의해서는 전쟁과 평화를 제대로 이해할 수 없다. 둘째, 20세기를 전쟁의 시대라고 설명하면서 20세기 전반부 세계전쟁에 어떻게 돌입하였으며, 당시의 평화사상이 지향했던 목표와 한계를 역사적인 사례를 통하여 설명하고 있다. 그리고 20세기 중반 이후 전개된 냉전의 역사 속에서 권력정치와 평화사상이 어떻게 전개되었는가를 분석하였다. 특히, 1970년대 이후 전개된 긴장완화기에 나타난 평화의 개념을 비롯하여 개발도상국가의 상황이 당시 세계의 전쟁과 평화의 문제를 이해하는 데 중요함을 지적하고 있다. 나아가 전쟁과 평화의 개념을 단순히 국제질서만이 아니라 국내정치와 사회구조의 문맥에서 설명하고 있다. 셋째, 냉전종식 이후 비정부기구나 국제사회의 관계를 평화의 탐구라는 입장에서 설명하였고, NGO와 INGO의 국제적 활약상을 그 실례로 제시하고 있다.

이러한 특징을 가지고 있는 이 책을 통해 우리는 21세기 글로벌시대의 국제사회를 어떻게 이해해야 하는가? 그리고 우리가 살고 있는 동아시아 지역질서의 변화와 미래의 모습을 어떻게 그려가야 할 것인가? 이 책은 21세기를 살아가는 우리들에게 다음과 같은 메시지를 전달해줄 것이다.

우선 냉전종식 이후 '제국'이라는 용어가 다시 등장하면서 21세기 역사의 구조를 어떻게 볼 것인가에 관한 논의가 활발하게 전개되었다. 즉 '제국'론은 20세기에서 21세기로 진행하는 이행기에 나타난 현상을 둘러싼 논의로 제국적인 질서가 해체된 이후의 현상을 설명하는 것이었다. 이러한 논의는 새로운 지역분쟁과 테러의 발생 등으로 새로운 세계 구조가 모색되기 시작되었음을 우리에게 보여주고 있다고 말할 수 있다.

둘째, '새로운 전쟁'이라는 논의가 전개되게 되었다. 냉전종식 이후 동유럽 지역에서 시작된 새로운 형태의 폭력이 확대되면서 각 지역에서는 전쟁과 조직적인 범죄, 인권침해 등이 발생하여 과거에 경험하지 못한 형태로 나타났다. 글로벌 시대에 이러한 전쟁의 형태는 물론 냉전기부터 잠재적 원인으로부터 출발하였지만, 그러한 형태는 대체로 정치적 성격에 의해 폭력성이 증대되고 있다는 것을 보여주고 있다.

마지막으로, 21세기를 맞이하면서 인간의 모습을 이해하는데 도움을 주고 있다. 글로벌화의 진전으로 인간의 이동이 자유로워지면서 해외여행의 자유화, 유학생의 증대, 외국인 노동자의 증가 등이 국제사회의 중요한 흐름이 되었다. 이리에 교수의 또 다른 저서 『역사가가 보는 현대 세계』(연암서가, 2015)에서도 강조되었지만, 인간은 다양한 인권개념의 영향과 트랜스내셔널한 흐름의 영향으로 국경을 초월하여 사상과 국가의 벽을 초월하는 연계를 추진하면서 환지구적인 현상을 만들어내고 있다. 그러므로 이 책은 하이브리드 세계에서 살아가는 우리들에게 다양한 문제를 해결하는 지혜를 제공할 것이며, 바람직한 '역사인식'의 기회를 제공해줄 것이다.

이번 개정신판을 내면서 번역자 두 사람이 용어를 통일하고 가능한 한 쉽게 이해할 수 있도록 여러 번 검토했지만, 오역이나 부자유스런 부분이 있다면 모두 역자들의 부족함에 의한 것이다.

한국어 개정신판 출간을 기쁘게 허락해주신 이리에 아키라 선생님과 어려운 출판사정에도 불구하고 출판을 맡아주신 연암서가의 권오상 대표께 감사드린다.

2016년 4월

한반도의 남과 북에 평화의 기운이 널리 퍼지기를 기대하면서

역자들

차례

제1장

전쟁과 평화

1. 전쟁의 개념

"개개의 전쟁(wars)은 국가가 시작하는 것이지만, 전쟁(war) 그 자체는 민중이 만드는 것이다"라는 영국의 정치학자 필립 윈저(Philip Windsor)의 말은 전쟁이 갖는 다면성을 정확하게 전하고 있다.

전쟁이라는 것은 물론 국가와 국가 간의 싸움이다. 그래서 전쟁을 연구하기 위해서는 개전에 이르기까지의 구체적인 배경, 전략이나 작전의 준비, 교전 개시 후의 전술이나 용병, 혹은 정전의 경위 등을 상세하게 조사하지 않으면 안 된다. 이러한 전쟁은 대단히 구체성을 띤 특정한 현상이다.

그러나 실제로 일어났던 전쟁이 모두 '전쟁'은 아니다. 현실적으로 싸움을 하지 않을 때라도 국가의 지도자나 민중의 마음속에 '전쟁'은 존재하는 것이다. 그것은 예측되는 전쟁에 대한 불안이나 준비라는 형태를 취하는 경우도 있고, 훨씬 막연한 전쟁관인 경우도 있다. 혹은 나아가 추상적으로 인간관계나 집단관계에서 전쟁이라는 개념이 사용되는 경우도 있다.

구체적인 사례로서의 전쟁과, 추상 개념 혹은 보통명사로서의 전쟁 사이의 관계는 복잡하다. 전자가 시간적·공간적으로 제한된 것(예를 들면, 1870~1871년에 일어났던 보불전쟁)인 데 비해, 후자는 무한하게 확대될 수 있는 것이고, 현실을 떠나서도 존재할 수 있다. 그러나 그것이 현실의 전쟁에 엄청난 영향을 미쳐 실제 전쟁이 끝나고 나서도 심리적 현실로서의 전쟁을 잔존시키는 경우도 있으며, 따라서 구체적인 싸움보다 더 중요한 현상(現象)이라고도 할 수도 있다.

예를 들면, 최근에 간행된 존 다우어(John Dower)의 저서 『암울한 전쟁(*War Without Mercy*)』은 태평양전쟁 당시의 일본과 미국 양 국민의 의식을 해명한 명저이다. 그 속에서 저자는 미국인 및 일본인이 초기부터 상대방에 대해 갖고 있던 적대의식이나 인종 편견적 혹은 자기우월감이나 자기중심적인 역사관이 전쟁 중 상대방에 대한 이미지를 형성해, 그것이 전쟁을 한층 더 비참하게 만들었다고 설명하고 있다. 또 양국민이 추상개념으로서의 전쟁 그 자체에 대해 가지고 있던 사고가 미묘한 형태로 나타나고 현실의 전쟁으로 이어져 무자비하기까지 한 살육과 파괴를 정당화했다. 나아가 종전 후에도 이러한 전쟁관은 사라지지 않았으며, 미·일 간에 무역마찰 등의 문제가 발생할 때마다 종종 주의를 환기시키며 양국 간의 관계를 정의하는 키워드가 되었다는 지적이 있다.

이와 같이 전쟁이라는 개념은 실제 전쟁의 유무에 관계없이, 혹은 다른 차원에서 매우 중요한 의미를 갖고 있다. 이러한 현상을 역사적으로 거슬러 올라가 현대사를 해명하는 데 도움을 주고자 하는 것이 이 책의 목적이다. 따라서 필자는 19세기 말부터 현재에 이르는 각종 전쟁관과 그 이면에 있는 평화의 이미지를 살펴보고자 한다. 통상적인 군사사(軍事史)나 전쟁사(戰爭史)가 아니라 전쟁의 사상사 내지는 문명사라고 말할 수 있는 시점(視點)을 제공하고, 현대의 전쟁이 구체적인 사례인 동시에 사회문화적인 현상이라는 것을 이해하는 데 도움이 되었으면 한다. 그러한 이해가 현재 인류가 직면하고 있는 여러 문제를 해명하는 열쇠를 제공해줄 것으로 생각되기 때문이다.

프랑스의 사상가 레지 드브레(Regis Debray)는 저서 『정치이성비판(*Critique de la Raison Politique*)』에서 "어떤 한 시대의 역사는 발명이나 발견뿐만 아니라 유토피아를 통해서 묘사되지 않으면 안 되며", 나아가 "실제로 발생한 것만이 현실의 전부가 아니다"라고 지적하고 있다. 이와 같이 포괄적이며, 표면현상과 부차적 현상을 함께 종합적으로 묘사를 하는 것이 이 책의 목적이다.

드브레적인 견해를 빌리자면 전쟁이라는 현상에는 현실적인 싸움 이외에 전쟁에 이르기까지의 많은 길까지 숨겨져 있다. 또 반현상(反現象)으로서의 평화, 전쟁이라는 사실에 대한 공허한 현상(虛現象) 또는 유토피아로서의 평화의 이미지도 존재한다. 교전국 간의 상호 살육이나 파괴가 이루어지고 있을 때마저도 그러한 의미를 묻고, 평화를 생각하는 흐름도 있는 것이다. 따라서 전쟁의 개념을 정리하는 것은 평화의 의식을 불러일으키는 것이기도 하다. 이 책에서도 전쟁의 이미지와 표리일체를 이루며 존재하는 평화의 개념에 대해서도 언급하기로 한다.

2. 국제사와 국내사

이상 살펴본 바와 같이 전쟁 혹은 평화는 국제관계상의 현상임과 동시에 국내적인 문제이기도 하다. 각국 내의 사회나 문화의 움직임 혹은 한 사람 한 사람의 심리상태 등은 전쟁과 평화의 내적 조건을 만들어낸다. 또 한편 대외관계는 국제사회라는 세계적인 환경 속에서 전개되는 것이기 때문에, 당연한 것이지만 전쟁과 평화는 몇 개 국가들의 존재를 전제로 한다. 따라서 그 테마는 국내사와 국제사 그리고 양자의 틀 속에서 고찰하지 않으면 안 된다. 보다 정확하게 말하면 국내사와 국제사의 접점이 전쟁과 평화의 역사인 것이다.

영국의 극작가 조지 버나드 쇼(George Bernard Shaw)는 제1차 세계대전 중에 쓰고 종전 직후에 상연된 희곡 〈상처받은 집(Heartbreak House)〉에서 국내에서 문화와 권력이 분열해버린 상태를 묘사하고 있다. 문학이나 예술 및 음악 생활에 빠져 있는 사람들은 정치나 실업(實業)에 관한 관심도 재능도 거의 없으며, 정치가나 실업가는 문화적 교양이 전혀 없다. 그런데 그렇게 분열된 사회에 전쟁이 시작되면 모두 히스테릭하게 대응하여, 표면적으로는 단결하지만 실제로는 '문화'와 '권력' 사이의 간격을 줄이지 못한다.

이것이 국제관계와 국내사회와의 연관성을 시사하는 좋은 예이다. 쇼의 견해에 의하면, 어떤 나라에도 문화를 강조하는 사람들은 존재하고, 그들은 국경을 초월해 연결되어 있기는 하지만 권력이나 경제에 대한 인식이 결여되어 있기 때문에 그러한 관계가 국제적 긴장의 완화를 가져오지는 못한다. 한편 정치가와 실업가는 권력과 이익 추구에 급급하여 그것이 다른 국가와의 항쟁을 초래하고 나아가서 문명을 파괴해버릴 수 있다는 데까지 생각이 미치지는 못한다. 이러한 문화와 권력의 분열이 전쟁의 가능성과 비극성을 높이는 것이다. 또한 전쟁이 시작되면 일시적으로 사회의 각층은 통합되지만 그것은 인위적인 것이고, 광기에 찬 분위기에 의해서만 지탱될 수 있다. 그래서 전쟁이 끝나면 '문화'와 '권력'은 다시 분열하고, 별개의 존재로서 계속 남는 것이다. 따라서 또 다른 다음의 전쟁을 일으킬 가능성은 조금도 감소하지 않는다.

물론 이것은 하나의 견해에 지나지 않는다. 쇼와는 다른 관점이나 입장에서 국제관계와 국내정치·사회와의 관계를 논했던 사람도 당시에 많이 있었다. 더구나 그들 가운데 대다수가 전쟁을 단순히 외적인 문제, 즉 국가 간의 군사적인 충돌로밖에 보려고 하지 않았기 때문에 사회의 움직임이나 개인의 심리상태와 관련시켜 생각했던 것은 특별히 주목할 만하다. 다시 말해 외적 현상과 내적 조건과의 관계를 통해서 전쟁을 이해하려고 하는 것은 20세기의 전쟁론과 평화관의 특징이라고 말할 수 있다.

많은 문학가와 사상가 혹은 저널리스트들이 그와 같은 넓은 관점에서 전쟁과 평화에 대해서 논해왔음에도 불구하고 그들의 견해를 종합적으로 정리한 저서는 적다. 이 책이 의도하는 것도 가능한 한 많은 예를 들면서 인류 공통의 관심사인 전쟁과 평화에 대해 어떠한 견해가 가능한가를 깊이 규명해 보는 것이다.

3. 권력과 문화

어떤 의미에서 전쟁에 대해 생각하는 것은 권력과 문화의 관계를 묻는 것이기도 하다. 쇼가 말한 바와 같이 각국에서 권력에 관계하는 자와 문화를 추구하는 계층과의 병립이라는 의미에서 권력과 문화의 개념을 사용하는 것도 가능하지만, 보다 넓게 한 국가의 행위(정치, 사회, 사상 등을 포함)를 문화라고 하고, 그 외적인 표현(국가 주권, 군대, 외교)을 권력이라고 보는 것도 가능하다. 그리고 양자 간의 관계를 살펴봄으로써 전쟁과 평화의 의미를 이해하는 것도 가능하다.

넓은 의미에서 문화란 한 국민이 쌓아 온 유산을 종합한 것이라고도 할 수 있다. 미국의 사상가 루이스 멈포드(Lewis Mumford)의 말을 빌리자면 문화라는 것은 "인간이 기억해야 하고 기억된 경험"이다. 문화인류학자 마거릿 미드(Margaret Mead)는 "미국인에게는 과거만이 친근감을 줄 수 있다"고 말하지만, 이 말은 다른 국가에 대해서도 적용할 수 있을 것이다. 멈포드나 미드의 정의에 의한 문화, 즉 과거 유산의 축적에는 정치·경제 제도와 조직, 예술과 사상, 관습 등도 포함된다. 쇼가 말하는 문화는 주로 후자를 가리키는 것이고, 전자는 권력이라고 정의되고 있다. 그러나 양자를 합쳐서 한 국가의 내적인 모든 행위를 모두 문화라고 하는 것도 가능하다. 따라서 이 개념을 사용할 경우 넓은 의미의 것과 좁은 의미의 것 사이에는 차이가 있음을 밝혀 두고 싶다.

한편 넓은 의미의 권력이라는 것은 한 나라의 대외적인 힘의 총화(總和)이다. 군사력은 그것의 가장 좋은 예이지만, 그것을 뒷받침하는 군수산업 혹은 경제제도 전반, 나아가서 노동력이나 정치기구도 당연히 관계가 있다. 미드도 전쟁을 수행하기 위해서는 국내의 모든 것, 즉 문화의 힘을 결집하지 않으면 안 된다고 말했다. 넓은 의미의 문화는 넓은 의미의 권력의 기반이다. 문화와 권력은 표리일체의 관계를 이루고 있다.

그렇기는 하지만 이 관계에는 다수의 가능성이 있을 수 있다. 예를 들면 1912년 세르비아의 한 지도자는 "우리들의 명

예를 위해 우리들의 전통을 지키고 문화에 대한 의무를 다하기 위해 전쟁이 필요하다"면서 문화를 지키기 위한 무력의 행사라는 방식을 제시했다. 그런데 이 지도자는 국가의 독립이 필요로 하는 것은 "문화가 아니라 혁명적 수단(즉 무력의 행사)"이라고도 말했다. 이것은 넓은 의미의 문화를 지키기 위해서는 좁은 의미의 문화는 희생되어도 어쩔 수 없다는 생각일 것이다. 문화와 전쟁의 관계는 복잡하다.

다른 한편 권력의 대외적인 행사가 국내의 문화에 심각한 영향을 미치는 것은 당연하다 하더라도 어떻게 영향을 미치는가에 대해서도 많은 견해가 있다. 예를 들어 20세기 초 미국의 시어도어 루스벨트(Theodore Roosevelt) 대통령은 전쟁은 '문명을 위해서'는 바람직한 것이고, 나라를 위해서 싸운다는 귀중한 경험을 함으로써 시민은 자신들의 문화가 쇠퇴하는 것을 막을 수 있을 것이라고 주장했다. 같은 시기 영국의 정치가 에드워드 그레이(Edward Grey)는 만약 유럽이 전쟁에 돌입한다면 그것은 서양문명의 등불이 사라져버리는 것을 의미한다고 경고했다.

나아가 한 국가의 사회, 사상 그리고 문화 그 자체가 호전적인 분위기를 만들어낼 수도 있으며, 반대로 평화적인 힘을 자아내는 경우도 있다. 어떠한 내적 조건의 조합이 사회의 대외적인 태도를 결정하는가는 대단히 흥미 있는 문제이며, 지난 100년간 많은 사상가나 논객들의 관심사가 되어 왔다. 예를 들어 프랑스의 사회주의자 장 조레스(Jean Jaurès)는 19세기 말 근대 사회는 '내적인 폭력'을 내포하고 있으며, 비록 외적으로 평화의 상태를 유지하고 있어도 이 폭력이 대외적인 전쟁으로 연결될 가능성은 항상 존재하고 있다고 말했다. 그렇지만, 과연 그와 같이 문화와 폭력(전쟁)과의 관계가 모든 국가에 적용되는 것인가는 의문시된다. 그와 반대로 국내적으로는 폭력이나 무질서가 지배하는 국가일지라도 대외적으로는 매우 온건하고 평화적일 수 있지는 않을까? 국내질서와 국제질서 사이에는 어떠한 관계가 존재하는가?

이러한 문제는 현대 세계의 문화와 평화를 생각하는 데 많은 시사를 준다. 이 책에서는 19세기 말부터 오늘날에 이르기까지 전쟁과 평화, 국제관계와 국내 사회, 권력과 문화의 관계에 대해 어떠한 견해가 제공되어 왔는가를 살펴봄으로써 20세기의 특질을 밝혀냄과 동시에 인류 공통의 관심사를 보다 깊이 있게 이해하는 데 도움이 되었으면 한다.

핵무기의 발달과 군비확장 경쟁에 직면해 있으며, 나아가 국지적, 우발적인 테러리즘에 떨고 있는 인류에게 전쟁은 현대를 규정하는 하나의 커다란 현상이다. 전 세계는 멸망의 위기에 직면해 있다. 그렇기 때문에 더더욱 과거의 유산으로서의 전쟁론을 배우는 것에 의미가 있을 것이다. 역설적으로 말하면, 전쟁이나 전쟁론의 존재는 인류가 아직 사멸하지는 않았다는 것을 말해주기 때문이다.

제2장

세계대전에 이르는 길

1. 비스마르크의 국제질서

현대 외교사가의 최고봉에 속하는 조지 케넌(George Kennan)은 『비스마르크적인 유럽 질서의 붕괴(*The Decline of Bismarck's European Order*)』에서 19세기 말 유럽의 외교를 상세하게 해명하고 있다. 프로이센·프랑스 전쟁(1870~1871, 이하 보불전쟁)에 의해 서유럽의 지도가 다시 그려져 통일독일제국이 출현했고, 1914년 제1차 세계대전까지 유럽에는 커다란 전쟁이 없었다. 그는 이 40여 년간의 안정과 평화(그렇다고는 해도 전쟁의 위기는 항상 존재하고 있었다)의 기초를 다진 것이 독일의 재상 오토 폰 비스마르크(Otto von Bismarck)였다고 주장한다. 비스마르크의 주도하에 구축된 국제질서가 점차로 붕괴되어 가는 과정이야말로 세계대전에 이르는 길임을 잘 보여주고 있다.

비스마르크는 항상 평화라는 것은 국제질서의 안정화라고 생각하고 있었지만, 원래 이러한 생각은 비스마르크에 의해 처음 제기된 것은 아니다. 나폴레옹 전쟁 후 빈회의에서 오스트리아의 클레멘스 폰 메테르니히(Klemens von Metternich)는 전후 유럽의 안정을 위해 각국이 참가하는 동맹체제를 만들려고 하였고, 어떠한 형태로든 19세기의 유럽적인 국제질서를 유지하는 것이 평화에 이르는 길이라고 주장했다.

그러한 견해는 평화의 조직론적 혹은 질서론적인 정의라고 말할 수 있다. 평화라는 것은 전쟁이 없는 상태이고 전쟁은 국제질서의 붕괴에 의해서 발생한다. 따라서 전쟁의 발발을 저지하기 위해서는 가능한 한 안정된 국제질서를 구축할 필요가 있다는 것이다. 메테르니히가 만들어낸 '빈체제'가 좋은 예이다. 그리고 1848년을 전후하여 각국에서의 혁명과 정변의 영향으로 이 체제는 붕괴하기 시작했고, 그 후 20여 년간 유럽의 국가들 간에 전쟁과 내란이 계속되었다. 이러한 혼란의 시대는 1870년대에 들어와 일단 종말을 고하게 된다. 바로 그때 새로운 국제질서의 수립에 고심했던 사람이 비스마르크와 각국의 지도자들이었다.

다만 나폴레옹 전쟁 직후와는 달리 보불전쟁 후의 유럽에서는 근대적인 5대국이 중심으로 군림하고 있었고, 따라서 국제질서도 5대국의 동향에 달려 있었다. 5대국이란 영국, 프랑스, 독일, 오스트리아-헝가리 및 러시아를 가리킨다. 물론 이러한 5대국의 정치제도나 경제상태 등에는 많은 차이가 있었지만, 적어도 1870년의 시점에서는 모두 통일된 국가체제를 가지고 있었고 중앙정부, 관료, 군대라는 제도를 갖추고 있었으며, 산업화를 촉진하고 나아가 대국으로서의 자부심을 가지고 있었다는 공통점이 있다.

따라서 당시의 정치가나 논객들이 전쟁이나 평화에 대해

말할 경우 이 5대국을 의식하는 일이 많았다. 그리고 그들 간에는 항상 긴장관계가 존재하고 있었다는 것이 유럽 외교의 출발점이었다. 국가와 국가 간에는 언제나 전쟁의 가능성이 있었으며, 그것에 대비하는 것이 위정자의 임무였다. "전쟁이라는 것은 외교의 연장에 지나지 않는다"는 카를 폰 클라우제비츠(Karl von Clausewitz)의 유명한 말은 전쟁과 평화를 상대화하고 있었던 당시의 견해를 잘 반영하고 있다. 즉 전쟁은 복수의 국가가 존재하는 한 항상 가능성이 있으며, 평화라고 해도 일시적으로 전쟁이 없는 상태에 지나지 않고, 외교의 목적도 전쟁 혹은 평화를 수단으로 국익과 권력을 발전시키는 데 있다고 했던 것이다.

원래 비스마르크도 같은 생각이었다. 그러나 그는 보불전쟁 후의 유럽은 독일에게는 대체로 바람직한 상태였고, 더 이상 전쟁을 계속하는 것보다는 평화의 상태가 바람직하다고 판단했다. 그래서 보불전쟁에서 패하고 영토를 빼앗겼던 프랑스에 대해서도 보복 전쟁을 하는 대신에 새로운 유럽의 현상(現狀)을 받아들여 평화적인 관계를 유지하는 것이 유리하다는 것을 인식시키려고 했다. 또한 다른 3국에 대해서도 1871년의 평화를 전제로 한 유럽의 안정을 강화하도록 협력을 호소했던 것이다.

구체적으로는 오스트리아-헝가리제국과 동맹을 맺는 동시에 러시아와도 협조하고, 영국과도 부즉불리(不卽不離)의 관계를 유지함으로써 프랑스가 다른 한두 나라와 연합하여 현상타파를 시도하려는 것을 막는다는 것이었다. 즉 5대국 중에 독일을 포함한 적어도 세 나라가 밀접한 관계를 유지하는 현상유지형 체제를 만듦으로써 평화를 유지한다는 것이다. 물론 각국이 국익을 추구하고 여론의 흐름에 눌려 호전적이고 현상타파형이 될 가능성은 항상 존재하고 있었지만, 가능한 한 그러한 움직임을 견제하고 유럽의 국제정치에 급격한 변화가 일어나지 않도록 하자는 외교 이념이 그 밑바탕에 있었다. 평화의 국제질서적인 혹은 시스템적인(systemic) 정의였다고 할 수 있다.

시스템으로서의 평화라는 틀 속에서 말하면 당시 유럽의 국제정치는 비교적 성공한 예라고 할 수 있다. 적어도 1914년에 이르기까지 40여 년간 5대국 간의 전쟁은 없었기 때문이다. 그러나 비스마르크적인 구상이 계속된 것은 1889년까지이고, 그 이후 유럽의 국제질서를 유지하는 5대국 간의 관계에는 커다란 변화가 나타난다.

가장 근본적인 것은 독일과 오스트리아-헝가리 두 나라에 대해서 러시아, 프랑스, 영국 등 3국의 협상관계가 성립했다는 것이다. 이것은 비스마르크가 가장 위험한 상황으로 간주했던 것으로, 이 세 나라 중에 적어도 한 나라는 독일과 오스트리아-헝가리 측에 붙들어 놓으려 했던 구도가 파탄났다는 것을 보여주는 것이었고, 그때까지 비교적 유연했던 유럽의 국제관계가 점차 경직되어 갔다는 것을 말해주는 것이었다.

러시아, 프랑스, 영국의 3국 협상이 성립해 가는 과정을 서술하는 것이 이 책의 목적은 아니지만, 1894년의 프랑스와 러시아의 동맹, 1904년의 영국과 프랑스의 협상, 1907년의 영국과 러시아의 협상 체결 등이 이 세 나라를 밀접하게 만들었다는 것, 그리고 그 결과 독일과 오스트리아-헝가리제국 두 나라가 고립감을 맛보게 되었다는 것은 궁극적으로 세계대전의 발발로 이어지는 커다란 요소였다는 것은 잘 알려져 있는 사실이다.

그렇지만 5대국이 상당히 경직된 형태의 두 진영으로 나뉘었다는 것이 전쟁의 가능성을 높였다고 잘라 말할 수는 없다. 양 진영 사이에 힘의 균형이 유지되고 그 결과 평화의 상태가 유지되는 경우도 있을 수 있기 때문이다. 사실 그러한 세력균형(balance of power)이야말로 평화의 근본을 이루고 있다는 것이 비스마르크적인 견해였다.

이러한 견해는 고전적인 권력정치(power politics)적 사고라고 불린다. 비스마르크보다 훨씬 전부터 힘의 균형이 국제정치의 안정을 가져온다는 견해는 유럽에 정착해 있었다. 비스마르크의 국제질서론도 근본적으로는 힘의 관념에 유래하는 것이고, 현실 내지는 잠재적인 군사력의 균형상태를 전제로 하고 있다. 따라서 유럽의 제국들이 두 개의 블록으로 나뉘었다고 해도 양자 간에 균형이 유지되고 있는 한 전쟁을 피하는 것은 가능하다고 할 수도 있다. 비스마르크체제가 점차 경직되어 갔음에도 불구하고 유럽의 주요 국가 간에 40여 년간이나 전쟁이 발생하지 않았다는 것은 당시의 국제질서가 구조적으로 비교적 안정되어 있었다는 것을 말해준다.

2. 군비확장과 전쟁준비

그런데 실제로는 유럽의 양분된 진영은 단순한 동맹이나 협상관계에 들어갔을 뿐만 아니라, 적극적으로 군비 확장을 꾀해 가상적국에 대한 전쟁준비를 하고 있었기 때문에 결과적으로 전쟁의 가능성을 높이는 결과를 가져왔다.

전쟁은 여러 국가가 존재하는 한 항상 존재한다는 기본개념, 소위 클라우제비츠적인 사고방식에 의하면 군비의 충실이나 전쟁계획의 입안은 모든 주권국가에서 불가결하다. 19세기의 유럽이라고 해서 예외는 아니다. 다만 비스마르크적인 입장에 서면 전쟁준비도 근본적으로는 외교의 수단으로 정당화되고, 국가가 정의한 대외정책, 나아가서 국제질서의 유지를 위해서야말로 의미가 있는 것이다. 그러나 그것이 때로 군비를 위한 군비가 되면 전쟁계획은 국책으로부터 벗어나 통제할 수 없게 돼버릴 위험이 있다.

당시의 유럽에는 그러한 위험이 현저하게 존재했다. 비스마르크적인 전쟁 개념이 아니라 군부나 작전 입안자가 본 전쟁관이 점차로 의미를 갖게 되었던 것이다.

어느 시대에도 전략의 준비나 작전계획은 있는 법이지만 19세기 말에는 두세 가지의 특징이 있었다. 첫째로는 과학기술의 발달을 반영한 소위 근대전이 상정되었다는 것이다. 그때까지 가령 고전적인 전쟁이라고 불러야만 하는 것이 있었다고 한다면 그것은 육지에서는 보병과 기병의 정면충돌, 바다에서는 범선으로 구성된 함대 간의 대결을 중심으로 한 것이었다. 그런데 철공업의 발달, 교통 통신수단의 진보, 나아가서는 컴퓨터의 발명 등은 전쟁을 기계화해버렸다. 그것들 중에서 가장 중요한 예는 철도의 이용일 것이다. 수송차량의 사용에 의해 보병뿐만 아니라 무기도 과거에는 볼 수 없었던 빠른 속도로 전선으로 보낼 수 있었다. 독일의 참모총장 알프레트 폰 슐리펜(Alfred von Schliffen)이 입안했던 대(對)프랑스 전략(벨기에와 네덜란드로부터 전격적으로 프랑스로 침공해 간다는 것)도 철도의 건설 없이는 불가능했던 것이었다.

해전에서도 마찬가지였다. 이미 각국의 해군은 과거의 범선 대신에 석탄을 연료로 한 증기선이 일반화되어 있었지만, 나아가 보다 크고 넓고 빠르고 보다 파괴력이 있는 전함의 건조를 목표로 하고 있었다. 특히 1906년 이후 영국 해군이 보유하게 되었던 드레드노트(dreadnaught)형(型)의 전함이 좋은 예이다. 동시에 구축함이나 잠수함 같은 새로운 유형의 배가 건조되어 해전의 전략을 더욱 복잡하게 만들어갔다.

둘째, 전쟁의 기계화와는 반대로 군대의 대중화, 즉 근대국가의 인적자원을 철저하게 활용하는 전쟁이 상정되었다는 것이다. 직업군인이나 특권계급에 의한 군부의 지배는 여전히 존재해 있었지만, 지원병제도 혹은 병역의무를 통해 남성 인구의 대부분이 병사로서 전쟁에 참가하는 전쟁계획이 전제가 되었다. 평시만 해도 매년 독일은 28만 명, 프랑스는 25만 명의 남자가 소집되어 수년간 병역에 복무했다. 근대 전쟁에서는 고도로 발달한 기술과 일반대중이 결합되어 싸우게 된다.

셋째, 이 점과 관련하여 당시의 군비확장경쟁에 대해서 언급하지 않을 수 없다. 원래 산업기술이나 국민개병제 그 자체가 군비확장에 직접적으로 연결되는 것은 아니다. 그러나 이미 말한 대로 세력균형의 개념, 특히 국제질서는 힘의 균형에 의해 유지된다는 견해가 군사력의 중시라는 면에서 타국의 군비확장에 보조를 맞추어 자신들도 군비의 확충을 도모해야 한다는 생각이 일반화되었다는 것을 부정할 수는 없다. 그래서 그 결과 군비확장의 필연적인 귀착점으로서의 전쟁, 즉 군비확장은 전쟁의 가능성을 높인다는 견해가 점차로 강력해져 갔던 것이다.

이것이 군비확장을 추진하는 모든 사람들이 가졌던 견해라고는 할 수 없다. 사실 영국의 해군 당국은 해군력의 절대적인 우위야말로 전쟁을 막는 유효한 수단이라고 믿고 있었고, 독일에서는 독일 해군의 조속한 전함의 건조야말로 영국에 의한 전쟁의 위험을 낮춘다는 의견이 통용되고 있었다. 그러나 1910년경이 되면 두 나라 정부 사이에 전함 건조 경쟁에 대한 심각한 의구심이 고조되고 군비확장 제한 교섭이 시작된다. 실제로는 아무 성과 없이 전쟁에 돌입하게 되지만, 군비확장과 전쟁을 결부시키는 견해가 일부이기는 하지만 있었다는 것은 전후의 군축논의에 대한 복선을 암시해주는 것이다.

전략·군비확장·전쟁 사이의 관계를 보여주는 네 번째 특징은 이 시대에 군사 분야의 비용이 비약적으로 증가했다는 것이다. 군비의 기계화든 징병제도든 막대한 예산을 필요로 한다. 근대국가의 재원은 근본적으로 국내 세금과 국외 착취(전리품, 배상금, 식민지로부터의 송금 등)밖에 없었기 때문에 한계가 있었다. 1870년부터 1914년까지 전쟁에 의해서 직접적으로 이익을 얻은 국가는 청일전쟁 후 막대한 배상금을 얻었던 일본뿐이었다. 적어도 유럽에서는 전쟁이 없었고, 식민지 경영도 비용을 부담하기에는 이익이 제한돼 있었다. 그럼에도 불구하고 군비를 증강하려면 당연히 조세수입(租稅收入)을 늘릴 수밖에 없었다. 그러기 위해서는 일반 시민(세금을 지불할 수 있을 만큼의 소득과 자산이 있는 계급)의 지지를 얻을 필요가 있었고, 그들에게 군비의 확장과 전쟁준비를 미화하거나 애국적인 의무로서 그들을 인식시키는 것이 중요했다. 전쟁에 대한 미화된 이미지, 내셔널리즘이나 영웅론적인 감정에 호소하는 전쟁의 이미지가 보급된 것도 결코 우연은 아니다.

감정적인 상징으로서의 전쟁에 대해서는 다시 논하기로 하고 비용과 관련하여 대단히 중요한 것은 자력으로 조달할 수 없는 군비를 타국과의 협조에 의해 조달하는 군사동맹을 체결함으로써 전쟁에 대비하는 경향이 현저해졌다는 것이다. 이미 1902년 영국은 일본과 동맹을 맺음으로써 아시아에서의 군비를 일본과 사실상 분담하게 되었다. 또한 비슷한 협정이 프랑스와도 맺어졌다. 특히 1910년경부터 유럽의 작전에 대해 영국·프랑스 군사당국은 밀접한 교섭을 계속해왔다. 한편 러시아와 프랑스는 이미 1890년대부터 독일을 가상적국으로 한 전쟁계획에 관한 정보를 교환하고 있었으며, 독일은 오스트리아-헝가리와 동맹을 맺어 대러시아전 및 대프랑스전에서의 협력을 상정하고 있었다.

즉 당시의 군비확장이나 전쟁계획은 한 나라만의 일이 아니었으며, 여러 국가의 군사력을 종합한 것이었다. 그러한 근본적인 배경에 재원부족이 있었던 것은 분명하다.

또 그런 만큼 전쟁계획은 보다 원대하고 복잡한 것이 되기 쉬웠다. 두 나라 간의 싸움이 아니라 여러 나라로 구성된 국가군(群) 간의 전쟁이 되면 보다 면밀한 계획도 필요했고, 동시에 보이지 않고 불확실한 많은 요소가 개입될 가능성도 고려되지 않으면 안 되었다. 그래서인지 실로 많은 전쟁계획(프랑스가 실제로 채택했던 것은 제17플랜이라고 불렸다)이 만들어져야 했다. 그래서 일단 전쟁 발발의 가능성이 높아지면 정세가 바뀌지 않는 한 특정 전쟁계획을 실행에 옮길 필요가 있었다. 1914년 봄 각국에서의 동원령이 그대로 전투의 개시를 의미했던 것도 이 때문이었다.

유럽에서의 대국 간의 전쟁계획에 상정되어 있던 미래의 전쟁이 다수의 국가를 휘말리게 하는 것이 될 것이라고 보았다는 것이 당시 전쟁관의 다섯 번째 특징이다. 이미 1890년 독일의 참모총장 헬무트 폰 몰트케(Helmuth von Moltke)는 유럽에서 일어나는 다음 전쟁은 모든 강국이 참가하는 '제2의 7년 전쟁'이 될 것이라고 예언했다. 과연 그 정도로 긴 전쟁이 될 것인가를 둘러싸고 이견도 있었다. 몰트케의 후임인 슐리펜은 네덜란드와 벨기에를 통과해서 프랑스를 공격하는 전격전을 감행한다면 비교적 전쟁은 빨리 종결될 것이라고 낙관하고 있었다.

다음 전쟁이 얼마나 길어질 것인가에 대한 일치된 견해가 있었던 것은 아니다. 1914년 이전의 수십 년간 발생했던 전쟁(보불전쟁, 청일전쟁, 러시아·터키전쟁, 러일전쟁 및 몇 차례의 발칸전쟁)은 모두 단기간의 전쟁이었기 때문에 다음 전쟁도 비교적 빨리 끝날 것이라는 기대는 각국에 존재하고 있었던 것 같다. 그러나 영국의 역사가 졸(James Joll)이 그의 저서 『제1차 세계대전의 기원(*The Origins of the First World War*)』에서 말했던 것처럼 전전에 상정되었던 '전쟁'과 실제의 대전은 완전히 다른 별개의 것이었다.

그럼에도 불구하고 19세기 말부터 20세기 초에 걸쳐 유럽의 대국이 전쟁을 전제로 군비를 충실히 하고 군사동맹을 체결하고 각종 전쟁계획을 입안하고 있었던 것이 전쟁의 가능성을 높였다고 말하지 않으면 안 된다. 여기서 우리는 비스마르크적인 질서가 붕괴되었을 때 일어날 전쟁에 대비하기 위한 것과 동시에 국제질서의 균형 그 자체를 파괴하는 작용을 하는 것을 모두 볼 수 있다. 그렇기 때문에 각국에서 국방예산이 증대하고 외교정책에서 차지하는 국방부문의 비율이 커짐에 따라 유럽은 어느 새인가 평화라기보다는 임전체제(臨戰體制)로 달려갔던 것이다.

3. 국내정치와 사회의 구조

어떻게 해서 그렇게 되었을까? 왜 전쟁계획이나 군비확장이 홀로 걷게 돼버렸는지를 이해하기 위해서는 당시의 전쟁관은 중요한 열쇠를 제공해준다. 단순히 군 당국뿐만 아니라 정부, 정당이나 일반 대중까지도 전쟁을 긍정하거나 필요악으로 보고 묵인하는 풍조가 있었다는 것은 주목해야 한다.

군사예산의 지출을 승인하거나 군부에 의한 권한의 증대를 허가하기 위해서는 그만큼 정치적·사회적인 토양이 형성되어 있지 않으면 안 된다. 현재의 토양이 평화와 전쟁 중 어느 쪽에

도움이 되며, 그러한 토양이 전쟁과 평화와 밀접한 관계를 갖고 있는지, 그리고 전쟁을 긍정하는 분위기가 형성되어 있다고 한다면 그 경우의 전쟁은 어떻게 이해되어야 하는가 하는 등의 문제는 매우 흥미 있는 문제이다.

당시 유럽의 어느 국가를 봐도 군부에 의한 독재정권은 존재하지 않았다. 문민우위(civilian control)의 원칙이 확립되어 있었던 영국과 프랑스는 물론 강력한 군주제하의 독일, 러시아, 오스트리아-헝가리제국에서도 군부가 완전히 자신의 의도대로 군비를 추진하거나 대외정책을 결정하는 것은 불가능했다. 따라서 군부 이외에 궁극적으로는 정치기구나 사회구조 전체가 직·간접적으로 군비나 전쟁계획을 유지하고 있었다, 적어도 이에 대해 경제적, 사상적 지지를 보내고 있었다고 말해야 할 것이다.

그것은 왜일까? 각국의 내정이나 사회 동향에 대해서 기술하는 것은 이 책의 목적이 아니지만 전쟁과 평화의 개념을 살펴봄으로써 그 일부는 알 수가 있다. 우선 첫째, 근대국가의 내셔널리즘(nationalism)에 대해 언급해야 한다. 내셔널리즘 그 자체가 반드시 전쟁의 긍정으로 연결되는 것은 아니다. 자신들 국가의 역사와 문화를 자랑스럽게 생각하는 것, 예를 들면 프랑스인이라는 것에 대한 특별한 감정을 갖는 것과 다른 나라에 대해 호전적인 태도를 보이는 것은 다른 차원의 현상이다.

그렇기는 하지만 19세기 말에 출현했던 혹은 출현하려고 진통하고 있었던 국가, 이른바 근대국가(modern states)의 내셔널리즘은 국가통일의 근본원칙이었기 때문에 역사나 문화와 더불어 그 이상으로 힘이나 위신(威信)이라는 요소가 중요했다. 영국의 사상가 액튼 경(Lord Acton)이 이미 1860년대에 말한 바와 같이 근대의 내셔널리즘은 '역사에 영향 받지 않고 과거에 의해서도 통제 받지 않는' 새로운 힘, 즉 '자연(물리적 집단)'으로서 하나의 중앙권력 아래에 결집한 민중을 통일하는 원칙에 다름 아니었다. 이 원칙에 반하는 모든 특권이나 자유는 억압받는다. 따라서 내셔널리즘과 자유(혹은 문명)는 근본적으로 양립하지 않는다고 액튼은 말했다. 보수주의자에 의한 극단적인 논의이기는 하지만 19세기 후반부터 20세기에 걸쳐 하나의 커다란 흐름을 정확하게 지적하고 있는 것도 사실이다.

근본적으로 근대국가에서는 내셔널리즘이 고양되고 국가의 독립, 명예, 위신 등을 대단히 중요한 것으로 보았다. 따라서 복수의 근대국가가 존재하는 한 내셔널리즘은 대외적으로는 배타적이며 대내적으로는 국가권력의 증대를 의미한다. 어느 경우에도 힘, 구체적으로는 군비의 중요성이 강조된다. 그리고 그것은 당연한 것이지만 군사력의 증강이나 군부의 발언력 증대를 긍정하고 대외적으로 강경한 태도를 강화하고 타국과의 전쟁 가능성을 항상 상정하는 풍조를 만들어냈다.

그러한 의미에서 근대국가의 존재 그 자체가 전쟁상태의 존재를 전제로 하고 있다고 말할 수 있다. 힘의 원칙은 양자에 공통하고 있었기 때문이다. 따라서 19세기 말부터 20세기 초에 걸쳐서 전쟁의 위기가 증대하고 있었던 것은 오히려 당연했고, 또 각국에서 군부의 영향력이 고조되고 그들에 의한 전쟁계획이 대전 발발로 이어져 갔던 것도 전혀 이상한 일이 아니다.

근대국가 속에 편입된 민중(액튼의 말에 따르면, 역사로부터 고립되고 자연상태로 돌아와 인위적으로 결집된 집단)도 당연히 내셔널리즘에 영향을 받고 힘의 추진자가 된다. 그들 대중에게는 내셔널리즘 외에 국가와 그들을 관련지을 것이 없었기 때문이다. 환언하면 대중이 자신들이 속해 있는 국가를 의식하는 것은 단적으로 말해서 대내외적인 힘을 통해서이고 국가의식, 즉 내셔널리즘은 힘의 개재 없이는 있을 수 없었다. 당시의 여론이 대외문제에 대해 종종 열광적인 모습을 보이고 호전적이며 배타적인 움직임을 보였던 것은 잘 알려져 있었고, 그러한 애국주의는 국가를 통일하는데 불가피한 요소였다고 말할 수 있다.

애국주의는 호전론으로 발전하기 쉽다. 당시의 유럽처럼 신흥국가나 새로 독립하려는 국가가 난립하는 지역에서 크고 작은 다툼은 끊이지 않았으며, 각국의 여론이 호전적인 움직임에 좌우되는 경우도 많았다. 왜냐하면 대부분의 민중이 경제적으로 빈곤해서 고액의 세금을 납입할 정도의 신분이 아니었기 때문에 군사비의 증대에 직접적으로 영향 받지 않았기 때문일 것이다. 역사가 윌리엄 맥닐(William McNeill)이 『권력의 추구(*The Pursuit of Power*)』에서 지적하고 있는 것처럼 민중은 경제적인 희생을 지불하지 않으면서 대외적으로는 강경한 언사로 애국주의적인 풍조에 몸을 맡기는 것이 가능했던 것이다.

그러나 전쟁이 나면 시민도 병사가 되어 싸우지 않으면 안 된다. 당연히 전사나 전상의 가능성이 있었으며 가족의 희생도 헤아릴 수 없을 것이다. 그럼에도 불구하고 호전적인 여론이 각국에서 현저했던 것은 왜일까? 물론 민중들 중에는 평화주의적인 풍조도 존재하고 있었고 모두가 전쟁찬미자였던 것은 아니다. 그렇지만 군사력이나 대외전쟁을 전제로 하는 내셔널리즘이 당시 여러 나라에서 여론을 지배하고 있었던 것도 사실이다.

이러한 현상을 해결하는 하나의 열쇠는 근대국가에서의 전쟁의 이미지이다. 이미 지적한 대로 근대국가에서 내셔널리즘은 불가결한 것이고 내셔널리즘은 애국적 호전주의(chauvinism)가 되기 쉽다. 그 결과 대외적인 전쟁이 되는 것은 당연히 생각할 수 있지만, 과연 어떠한 전쟁이 상정되어 있었던 것일까?

여기에서 흥미로운 것은 일반적으로 갖고 있는 전쟁의 이미지는 상당히 추상적이며, 많은 경우 대단히 비합리적이기조차 하다는 점이다. 군 당국이나 정부의 최고지도자들이 생각하고 있었던 전쟁계획과는 달리 호전론자나 애국주의자들이 갖고 있었던 전쟁관은 내셔널리즘의 발양으로서의 전쟁,

즉 국가를 위한 전쟁이고 구체적인 작전이나 전리품보다 국가를 위해 죽는 것 자체가 중요하다는 것이다. 원래 국가가 외부의 적으로부터 침략을 받거나 새로운 독립국가를 건설하려고 할 경우 국가를 위한 전쟁이라는 개념은 구체성을 띠지만 그 이외의 경우에도 국가를 위한 죽음이라는 명제가 강조되는 일이 많았다.

전쟁이야말로 사회의 활력을 증강시키고 시민들 사이의 연대의식을 높이며 보다 늠름하고 보다 우수한 국가를 만들게 한다는 사고가 존재했다. 근대문명은 자칫하면 물질적이고 근대국가의 시민도 물질문화의 향락에 탐닉하기 쉽다. 따라서 때때로 대외적으로 전쟁을 수행함으로써 그들의 애국심을 환기시키고 사회에 활력을 부활시킬 필요가 있다. 그러한 전쟁효용론은 영국의 생물학자 칼 피어슨(Karl Pearson)이나 미국의 평론가 브룩스 애덤스(Brooks Adams)가 왕성하게 주장했지만 궁극적으로는 사회의 폭력을 긍정했던 프리드리히 니체(Friedrich Nietzsche)까지 거슬러 올라간다.

여기에서 우리는 근대문명은 전쟁을 필요로 한다, 환언하면 문명의 진보는 폭력의 행사에 의존한다는 패러독스를 발견할 수 있다. 당시의 일반적인 문명론은 오히려 역으로 근대문명은 평화를 가져오고 또 평화에 의해서 지탱된다는 것이 통설이었다. 그러나 실제로 각국에서 군비가 증강되고 애국주의적인 풍조가 고조되는 것을 보고 여기에 이론적인 정당성을 부여하려는 움직임이 있었다. 어쨌든 근대국가는 때로는 전쟁, 말하자면 비문명적인 수단을 통해 활력을 유지하고 충족해 가지 않으면 안 된다는 견해가 부분적으로 영향력을 갖고 있었던 것은 흥미롭다. 여기에서 근대문명 혹은 근대국가 보존의 필수조건으로서의 전쟁이라는 개념을 찾아볼 수 있다.

이것을 낭만적인 전쟁관이라고 부를 수 있을지도 모른다. 이러한 수준에서는 근대적인 무기나 전함을 이용하여 싸우는 격전 혹은 구체적인 목표(영토, 배상금 등)를 달성하는 수단으로서의 전쟁이라는 이미지보다는 전쟁을 위한 전쟁, 파괴 그 자체에서 가치를 찾으려는 경험의 찬미를 엿볼 수 있다. 특히, 근대사회의 시민에게 이것은 국가를 위해 피를 흘리는 것이 가장 아름답다고 간주되고 죽음에 의해서 혼을 구제할 수 있다고 하는 영웅론적인 전쟁관이다.

그러한 전쟁관이 당시의 유럽에서 어느 정도 지배적이었는가를 한마디로 말할 수는 없다. 그러나 적어도 일부의 인텔리 계층, 특히 1880년대에 태어난 젊은 세대의 학생이나 지식인들 사이에 이러한 의미에서의 전쟁찬미론이 고조되어 있었던 것은 로버트 월(Robert Wohl)의 역작 『1914년의 세대(*The Generation of 1914*)』가 잘 보여주고 있다. 당시의 정신적인 풍토를 이해하는 데 이 시대의 전쟁관은 매우 중요하다.

물론 그러한 풍토가 있었다고 해서 그것이 그대로 전쟁으로 이어져 갔던 것은 아니다. 앞에서 서술한 바와 같이 이러한 수준의 전쟁관은 매우 추상적인 것이었다. 그러나 그러한 만큼 군부의 발언력 증대나 군비확장경쟁에 대해서 관용적이었다고 말할 수 있지 않을까. 추상적이기는 해도 힘의 가치를 절대시하고 국가를 위해 자신을 희생하는 것의 아름다움(美)을 주장하고, 당연한 것이지만 내셔널리즘의 고양을 개인의 존재 목적으로 하는 견해가 호전적이고 배타적인 여론의 브레이크가 되지 않았기 때문이다.

이 절에서 다루는 것은 유럽제국의 내적 요인에 기초를 둔 전쟁관이다. 국제질서나 세력균형(balance of power)과는 다른 차원에서 각국의 정치나 사회, 구체적으로는 근대적인 통일국가를 형성하는 과정에서 내셔널리즘의 외적인 표현으로서의 군사력 혹은 국가의 절대적인 존재를 재확인하는 수단으로서의 전쟁을 긍정하는 견해가 현저해진다. 그래서 이러한 내적인 움직임이 국제질서의 안정을 위협하고, 국제정세의 불안정이 국내의 호전론을 더욱 자극하는 것처럼 서로가 얽혀 있어 전쟁의 가능성을 일층 높여 갔던 것이다.

4. 국지전쟁의 가능성

그러나 당시의 모든 전쟁관이 낭만적인 것이었다거나 추상적인 내셔널리즘을 찬미했던 것은 아니었다. 구체적인 전쟁의 가능성을 예언한 사람도 있었으며, 사실 1914년 이전에 유럽에서는 몇 번에 걸쳐 소규모의 전쟁은 있었다. 1877~1878년의 러시아와 터키제국의 전쟁, 1912년과 1913년의 발칸전쟁 등이 그것이다.

터키제국이나 오스트리아-헝가리제국은 다민족을 지배하고 있었기 때문에 언젠가는 내부분열을 일으켜 제3국의 간섭을 초래할 것이며, 그 결과 유럽에서 대국 간의 전쟁으로 이어질 것이라는 생각은 이미 19세기 말에 상식화되어 있었다. 이때 상정되었던 것이 국지전쟁이 보다 큰 전쟁의 도화선이 된다는 것이었다. 물론 1870년대의 보불전쟁도 국지전쟁이었다고 할 수 없는 것은 아니다. 그러나 당시 특히 가능성이 높았던 것으로 여겨졌던 것은 터키(오스만)제국과 오스트리아-헝가리(합스부르크)제국의 내분에 관한 것이었다. 양쪽 모두 근대국가의 형식(중앙정부, 관료기구, 군대 등)을 갖추고는 있었지만 많은 소수민족을 지배하고 있었기 때문에 국가로서의 내셔널리즘이 성장하기 어려웠다.앞서 설명한 액튼의 견해에 따르면, 이 두 제국은 역사에 의해서 형성된 존재였고 다수의 민족과 인종의 결합이었기 때문에 인위적인 내셔널리즘은 성장하기 어려웠다.

동남유럽 소위 발칸반도에서 몇 번의 국지전쟁이 발발했던 것도 그 때문이다. 이 지역에는 오스트리아-헝가리 지배하의 세르비아인, 크로아티아인 등과 명목상은 독립하고 있었지만 인접한 대국의 영향 하에 있었던 세르비아, 불가리아, 루마니아 등의 소국이 함께 존재하고 있었다. 한편 터키제국도 이 지역의 일부를 지배하고 있었고, 보스니아, 몬테네그로, 알바니아 등 과거에는 제국의 영토였다가 점차 반(半)독립한 지방이나 그리스처럼 점차로 터키로부터 벗어나 독립의 형태를 갖추었던 국가도 존재했다.

그러한 상태에서 항상 전쟁의 위험이 존재했던 것은 상상하기 어렵지 않다. 다만 이 경우의 전쟁은 제국으로부터의 이탈과 독립을 요구하는 것이었으며, 동시에 독립 혹은 반독립의 성과를 얻은 후에도 인접한 국가들이나 민족들과의 긴장상태는 끊임없이 계속되고 있었다. 즉 예전부터 내려온 제국(帝國)이라는 정치체제가 해체되는 과정에서 전쟁의 가능성이 증대했다는 것이다. 근본적으로는 내셔널리즘에 의해 생겨난 현상이지만 소수민족이나 약소국가의 내셔널리즘의 외적 표현으로서의 전쟁은 대국 간의 내셔널리즘에 의해 발생하는 전쟁보다는 빈번하게 발생하기 쉽다. 국지전쟁은 수없이 일어났지만 대국 간의 전쟁은 1914년까지 회피되었던 것이다.

그것은 왜일까? 같은 내셔널리즘이라도 대국 간의 관계는 국제질서, 환언하면 세력균형의 틀 속에서 전개되는 데 비해 소국 간의 대립은 그렇지는 않았다. 발칸지역은 비스마르크적인 질서 속에서도 부차적인 의미밖에 부여받지 못했었다. 근본적으로는 이 지역에서 다소의 작은 충돌은 있었지만 5대국 간의 균형이나 유럽의 안정을 위협하기에는 이르지 않았다. 역으로 말해서 발칸의 제국은 당시 유럽의 국제질서 속에 충분히 편입되어 있지 않았고, 국지전쟁의 가능성은 언제나 존재하고 있었다는 것이 된다. 작은 국가나 민족 간의 매우 한정된 전쟁 혹은 제국의 중앙정권에 대한 제한된 저항에 머물 것이라는 상정이 있었다.

그런데 실제로는 발칸지역의 분쟁이 대국을 끌어들였고, 1914년 대전 발발의 직접적인 계기가 된다. 다시 말해 5대국의 질서가 주변(periphery)의 불안정을 궁극적으로 한정하지 못했다는 것을 보여주었다. 발칸문제는 매년처럼 분쟁이 발생했었음에도 불구하고 1914년까지 대국 간의 전쟁으로 이어지지는 않았다. 1914년 6월 말 보스니아(1908년에 오스트리아-헝가리제국에 병합됨)의 수도 사라예보에서 합스부르크왕조의 황태자가 세르비아인에게 암살당했을 때에도 초기에는 종래의 발칸분쟁과 같은 것이었다고 간주되었다. 대국으로서의 오스트리아-헝가리제국이 세르비아에 대한 징벌을 위해서 군사행동을 해도 그것은 국지전쟁의 영역을 넘지 않을 것이라고 생각되었던 것이다. 그때까지의 발칸전쟁처럼 몇 주 혹은 길어도 몇 개월 내에 끝날 것으로 보였다.

그것이 장기화됨에 따라서 전쟁에 대한 이미지도 변하게 되었다는 것에 대해서는 다음 장에서 살펴보기로 한다. 여기에서는 국지전쟁이 당시 유럽에서 일반적으로 넓게 받아들여지고 있었다는 것을 강조하는 데 그치기로 한다. 즉 대국 간의 격돌은 불행한 일이고 가능한 한 피해야 한다는 사람들조차도 특히 발칸분쟁에 대해서는 비관적인 사람들이 많았다. 그것은 내셔널리즘에 뿌리를 두고 있었던 신흥국가 간의 대립은 불가피하다고 보고 있었기 때문이다. 거기에는 민족의식, 종족적 국민성(ethno-nationality)이라고도 부를 수 있는 감정이 존재하고 있었다. 하나의 민족은 자신들의 국가를 만들어야 한다는 개념으로 당연하지만 다민족을 계속 지배해야 하는 제국국가의 원칙과는 상반된다.

세르비아인에 의해 상징되는 범(汎)슬라브주의, 즉 슬라브인은 단결해 자신들의 국가를 만들고 같은 슬라브인의 국가(러시아, 불가리아, 세르비아 등)는 협력해서 타민족의 압박에 저항해야 한다는 생각은 특히 발칸문제와 깊이 관련되어 있었다. 슬라브 민족주의는 오스트리아-헝가리제국과 근본적으로 상반될 뿐만 아니라, 슬라브 국가의 대국인 러시아의 개입을 상정하고 있었다. 그럼에도 불구하고 이러한 민족의식의 고양이 국지전쟁의 가능성을 더욱 높였다는 것은 부정할 수 없다. 더구나 그러한 배후에 러시아가 있었기 때문에 여차하면 러시아의 힘을 빌리는 것이 가능하다는 기대감이 세르비아 같은 소국을 과격한 행동으로 몰아가게 된다. 그래서 러시아는 국지전쟁이 대전(大戰)으로 확대되지 않도록 발칸지방에서 어느 정도 영향력을 신장시킬 필요가 있었다. 그런데 그것이 타국 특히 오스트리아-헝가리제국을 자극해서 대항수단을 취하게 만들었다. 이렇게 해서 약소민족이나 소국의 내셔널리즘이 국제정치를 점차 복잡하게 만들어갔던 것이 이 시대의 특징이었다.

국지전쟁의 이미지, 그리고 국지전쟁의 집적(集積) 내지는 귀결(歸結)로서의 대전이라는 이미지는 20세기 초에 이미 일반화되어 있었다. 즉 대국 간의 군비확장이나 대립에 의해서가 아니라 소국 간의 분쟁이나 소민족의 호전적인 행위가 유럽의 전쟁으로 이어진다는 것이다. 이런 가능성에 대해 어떠한 효과적인 정책을 갖고 있지 않았던 것은 유럽 대국들이 갖고 있었던 치명적인 결함이었다고 말할 수 있다.

5. 제국주의적 전쟁

국지전쟁은 발칸지방에만 국한된 것은 아니었다. 아프리카, 중근동 및 아시아 지역에서도 19세기 말부터 20세기 초에 걸쳐서 분쟁이 끊이지 않았다. 그러한 분쟁의 대부분은 대국과 식민지 사이 혹은 대국 간의 분쟁이었다. 소위 제국주의 전쟁이 그것이다.

유럽 제국이 비서양의 각지로 진출하는 과정에서 혹은 그 결과 전쟁의 가능성이 필연적으로 증대할 것이라는 것은 당시 일부 논객들 사이에 상식처럼 되어 있었다. 여기에는 긍정적인 견해와 부정적인 견해가 모두 있었다. 전자에 따르면 문명국(군사대국)이 야만적인 국가 내지 미개국이나 민족을 상대로 싸워 후자를 자신의 지배하에 두는 것은 역사의 필연적인 흐름일 뿐만 아니라, 문명을 활성화시키기 위해서도 필요하다고 보았다. 앞에서 소개한 피어슨은 그러한 전쟁론을 갖고 있었던 사람들 중에서 가장 유명하다. 그러나 이것은 피어슨뿐만 아니라 제국주의 긍정론자들 대부분이 비문명지역에서의 전쟁을 합리화하는 이론을 찾고 있었다. 가장 단순한 형태의 개념은 러디어드 키플링(Rudyard Kipling)의 『백인의 책무(*The White Man's Burden*)』에 잘 나타나 있다. 즉, 서구제국은 문명 수준이 낮은 다른 민족을 위해 무력을 행사해서 질서 있는 사회를 만들 책임이 있다는 생각에 집약되어 있다. 미개한 종족이나 문명도가 낮은 유색국가는 스스로의 힘으로 진보할 수 없고, 반대로 시종일관 야만적인 행위를 함으로써 세계 각지에 불안정한 상태를 초래한다. 따라서 외부의 힘을 빌려 질서를 구축하지 않으면 안 된다는 것이다. 그러한 과정에서 선진국의 힘과 원주민의 힘이 충돌하고 나아가 식민지 전쟁으로 발전하는 것은 자연스러운 결과라는 것이다.

여기에서도 분명한 하나의 전쟁관을 발견할 수 있다. 이번 경우에는 대국 간의 전쟁 혹은 유럽의 중소국가 간의 전쟁이 아니라 유럽의 문명대국과 비서양의 저문명인과의 충돌이 문제가 된다. 그래서 후자가 야만적인 방법이나 전통적인 의식으로 싸우려 했던 데 비해서, 전자는 근대문명의 각종 산물(무기, 운반수단, 신문, 산업, 교육기관)을 사용해서 자신들의 힘을 심어 간다. 그 결과는 당연히 문명국의 승리로 끝날 것이지만, 전쟁에서 이긴 후에도 현지에 남아서 미개지역에 '문명(학교, 병원, 도로 등)'을 전하지 않으면 안 된다. 그리고 이러한 '문명화'에 저항하는 세력에 대해서는 군대를 동원해서 제압할 필요가 있다. 모든 것이 '백인의 책무'라는 것이다.

키플링은 식민지전쟁에 대해서 매우 로맨틱한 이미지를 부여했다. 실제로는 결코 손쉬운 일이 아니며, 식민지전쟁이 장기화됨에 따라 유럽 본토에서 회의론이나 반대론이 강해질 수 있다는 것은 프랑스에 의한 알제리전쟁에 잘 나타나 있다. 그러나 어떻든 1870년부터 1914년까지 세계의 여기저기에서 선진국과 미개발 혹은 저개발 민족 사이에 전쟁이 일어나 아시아와 아프리카, 중근동의 대부분이 서구제국의 지배하에 들어갔던 것도 사실이다. 즉, 당시 전쟁이라고 하면 식민지전쟁을 의미하는 경우가 많았던 것을 상기해야 한다.

그러기 때문에 반제국주의운동이 고조되어 갔던 것이다. 제국주의에 반대하는 사상에는 후술하는 바와 같이 사회주의사상이 특히 중요하지만, 동시에 평화주의, 인도주의, 이상주의 등의 입장에서 식민지전쟁에 반대했던 지식인들이 적지 않았다. 그들에게 유럽의 강대국들이 문명이라는 이름하에 미개한 약소민족을 살육하고 압박하는 것은 야만행위에 다름 아니었다. 이 단계에서의 반제국주의사상은 비전론(非戰論)에 기초를 둔 것이었다. 특히 '문명국' 사이의 싸움이 아니라 강자와 후자의 토지(즉 미개지)에서 하는 싸움은 전쟁 자체를 매우 야만적인 행위로 만들어버린다는 이미지가 존재했었다. 유럽과는 달리 문명의 중심지로서의 도시나 공장을 둘러싼 공방전이 아니라, 아프리카나 아시아의 원주민과의 싸움에서는 논밭을 파괴하며 곡물을 태우고 가축을 죽이는 것이 주요 전략이었기 때문에 유럽의 군대는 어느새 야만적이 되어버릴 것이라는 걱정이 강해지는 것이다. 식민지 전쟁에 서의 '야만'에 대한 비판은 프랑스나 영국에서는 제국주의에 대한 비판이 되어갔다. 문명인이 야만화한다는 것이다.

19세기 말 세계 각지의 식민지에서 원주민들은 식민지 군대에 의해 빈번하게 징용되었다. 그 결과 유럽에서 파견되어 온 병사들이 한층 야만적으로 변하지 않을까 하는 걱정이 많았다. 예를 들면, 1900년 당시 프랑스 육군의 십분의 일은 아프리카나 베트남의 원주민이었다. 이러한 경향이 강해지면서 프랑스 본국과 외지의 군대 사이에 성격의 차이가 발생하고, 후자는 일종의 독특하고 반문명적이며 반미개한 존재로서 자신들의 특수성을 과시하게 된다. 그 결과 식민지 군대에 의한 독단전행(獨斷專行)이라는 폐해가 생겨났다. 본국의 방침과는 관계없이 식민지군의 판단으로 군사행동을 취하는 것이 특히 아프리카에서 일반화되어 갔다. 그러한 경향이 특히 프랑스 국내의 반군(反軍)사상을 강화하게 되었고, 나아가서는 반제국주의운동으로 이어져 갔다. 이와 같은 움직임은 많든 적든 영국과 그 밖의 국가에서도 찾아볼 수 있는 현상이었다.

이런 수준의 반식민지 전쟁사상을 더욱 보편화했던 것이 일부 사회주의자들에 의한 반제국주의 이론이다. 마르크스까지 거슬러 올라가는 사회주의의 사상, 특히 계급투쟁의 개념이 전쟁과 평화의 문제와 직접적으로 결부되어 있었던 것은 아니었다. 사회주의자들의 주된 관심은 국내의 계급의식이나 혁명의 가능성이었고, 부르주아적 지배하의 국제평화에 대해서는 오히려 적대심을 갖고 있었다. 마르크스가 지적한 대로 부르주아에는 국경이 없고 부르주아에 의한 영리추구는 만국 공통의 일이기 때문에 부르주아정권 간의 전쟁이라는 것은 상정하기 어렵고, 가령 그러한 전쟁이 일어난다면 그것은 국내의 혁명세력에게 절호의 기회를 제공할 가능성조차 있었던 것이다. 그러나 그렇다고 해서 노동계급과 그 밖의 혁명세력이 적극적으로 호전론 혹은 주전론을 주창해야 한다는 것도 아니었다. 전쟁이라는 비상시에 그러한 이름하에 지배계급이 그들을 탄압하는 것도 당연히 있을 수 있었기 때문이다.

서구의 사회주의자들 사이에 전쟁과 평화에 관해 명확한 사상이 발달하게 된 것은 19세기말이 되어서이고, 이것은 식민지전쟁의 격화, 궁극적으로는 제국주의의 신장과 밀접하게 관련되어 있었다. 그들이 특히 관심을 가지고 있었던 것은 문명국과 미개국 사이의 전쟁보다는 강대국 간의 제국주의적인 전쟁이었다. 아프리카, 중근동 및 아시아에서 선진국들이 세력확장에 급급해한 결과 상호간의 대립도 격화하고 전쟁의 가능성도 증가한다. 그러한 식민지나 세력범위를 둘러싼 강대국 간의 항쟁은 노동계급과 그 밖의 일반 서민들의 이익과는 관계가 없었을 뿐만 아니라, 지배계급 특히 식민지 경영자, 은행, 군부 및 관료 등의 힘을 강화할 뿐이었다. 따라서 모든 혁명세력 내지는 현상타파 세력은 결집해서 식민지전쟁 나아가 제국주의 그 자체에 반대해야 한다. 그러한 견해가 사회주의자들 사이에 점차 침투해 갔다.

이 경우에도 전쟁에 대한 이미지가 중요한 역할을 했다는 것에 주목해야 한다. 유럽의 강대국 간의 전쟁이 식민지쟁탈전 내지는 세력의 재편성을 둘러싼 것일 가능성이 높아짐에 따라서 이것은 본국의 일반민중의 복지와는 하등의 관계가 없었다. 따라서 그러한 전쟁의 위험을 줄이기 위해서는 제국주의 그 자체를 타파하지 않으면 안 된다는 것이다.

마르크스주의의 영향을 받았던 사회주의자의 논리에 의하면, 고도로 발달한 자본주의는 제국주의적으로 변하거나 해외의 식민지를 필요로 한다고 보았기 때문에 삼단논법적으로 말하면 자본주의 자체가 전쟁의 가능성을 높인다는 것이다. 1907년 슈투트가르트에서 열렸던 만국사회주의대회에서 자본주의는 필연적으로 전쟁으로 귀착한다는 선언이 채택되었던 것도 그러한 사고를 반영하고 있었다.

자본주의는 왜 필연적으로 전쟁을 하는가? 그것을 해결하는 열쇠가 제국주의에 있는 것만은 분명하다. 따라서 평화를 추구하는 자는 제국주의에 반대할 뿐만 아니라, 자본주의 자체를 타파하지 않으면 안 된다. 이것이 일부 사회주의자들과 마르크스 이론을 지지하는 혁명주의자들이 도달한 결론이었다. 여기에서 자본주의=전쟁, 사회주의=평화라는 단순한 방정식을 찾아볼 수 있다. 식민지를 둘러싼 전쟁이 그러한 사상의 중핵을 차지하고 있었던 것에 주목해야 한다.

그렇다고는 하지만, 영국의 사상가 존 홉슨(John A. Hobson)처럼 자본주의 자체가 전쟁을 일으키는 것이 아니라 그것의 일종인 제국주의가 전쟁의 위기를 고조시킨다는 생각도 존재했었고, 1914년 이전의 단계에서는 그러한 견해가 사회주의자들 사이에도 주류를 이루고 있었다. 즉, 제국주의적인 자본주의가 위험한 것이고, 무력에 의한 해외신장을 필요로 하지 않는 자본주의는 본래 평화적이라는 것이다. 오히려 제국주의야말로 변칙적이고 국가의 이익도 되지 않을 뿐만 아니라, 국내경제의 발달에도 기여하지 않는 매우 비능률적인 정책이다. 그럼에도 불구하고 식민지 획득에 급급한 계층(일부의 수출업자, 금융자본가, 관료, 군부, 군수산업)은 국가의 위신이라든가 명예라는 명목 하에 해외발전을 정당화하려고 한다. 그래서 그러한 움직임이 국내정치나 사회를 더욱 더 군국주의화하고 국민감정을 부추겨 전쟁의 가능성을 증대시킨다.

홉슨이 『제국주의(*Imperialism*)』에서 말한 것처럼 고도로 발달한 자본주의 경제에는 평화산업을 추진하고, 국민 전체의 복리를 도모하고 외국과의 문화적 교류를 밀접하게 하는 것이 가능하다. 그런데도 현실적으로는 군국주의적인 풍조가 만연하고 타국에 대한 적개심이 고취되어 있다. 문화에 대해서 권력을 지나치게 강조하게 되었다는 것이다. 그것은 제국주의를 강요하려고 하는 일부 계층의 교묘한 선전에 현혹되어 있었기 때문이다. 따라서 평화를 추구하는 자는 그들의 정체를 간파하고 제국주의에 대한 반대운동을 펼쳐야 한다.

이러한 반전론적인 반제국주의론은 제1차 세계대전 중에 각국으로 퍼져 갔지만, 이것은 그만큼 전쟁의 가능성이 현실적인 것으로 생각되었다는 것을 말해주고 있다. 각국에서 군비가 증강되고 군부의 발언권이 강해지고 여론도 배타적이며 호전적으로 변해 갔다. 이것은 식민지쟁탈전과 밀접한 관계가 있다고 한다. 이미 1898년 독일의 마르크스주의자 로자 룩셈부르크(Rosa Luxemburg)는 "군국주의는 식민지정책, 보호무역, 권력정치, 군비경쟁, 세력범위의 설정 등과 밀접한 관계가 있다"고 했다. 이 점에 대해 좀 더 자세히 들어가 왜 근대국가는 제국주의 및 군국주의의 길을 걷게 되었는가, 그것은 과연 필연적이었는가 하는 것에 대해서 홉슨과는 반대의 견해에 도달하게 된다. 즉, 근대자본주의 특히 금융자본은 해외시장 진출이 절대적으로 필요하며, 그렇기 때문에 국가의 힘을 빌리지 않으면 안 된다. 국가의 정치력이나 군사력을 방패로 금융자본은 세계 각지를 지배해 간다. 그것이 제국주의라는 것이다. 루돌프 힐퍼딩(Rudolf Hilferding)이 말한 대로 "금융자본은 해외 신장정책을 취하고 식민지를 획득하기에 충분한 강대한 국가를 필요로 한다"고 보았던 것이다.

제국주의에 관한 논의는 방대하고 이 책에서 상세하게 다룰 수는 없다. 그러나 그러한 논의의 근저에 있었던 것이 근대 사회·국가와 전쟁과의 관련에 대한 견해의 차이였다는 것에 주목하고 싶다. 즉 한편에서는 경제적으로 발달한 국가는 필연적으로 제국주의적인 정책을 취하고 그것이 전쟁의 위기를 높여간다는 논의가 있고, 다른 한편으로 경제의 발달은 원래 평화적인 것이기 때문에 전쟁은 그 밖의 원인에 의해 발생한다는 견해가 있었다. 후자의 입장을 취하면 제국주의도 군국주의도 필연적인 것이 아니며, 말할 것도 없이 전쟁도 불가결한 것은 아니다. 이 점을 더욱 보편화했던 것이 평화적 발전론 혹은 발전단계론적 역사관이었다.

6. 경제의 발달과 평화

앞에서 마르크스주의자와 사회주의자들의 전쟁과 평화관

에 대해서 살펴보았다. 근대 경제의 발달과 전쟁과의 관계에 대해서는 그들 이외에 많은 사람들이 관심을 가지고 있었다. 경제의 성장이나 발전과 국제관계는 어떤 관계가 있는가, 경제적으로 고도로 발달한 국가는 대외관계에서 어떤 행동을 취하는가, 혹은 어떻게 행동해야 하는가, 그러한 국가는 경제적으로 뒤떨어진 국가, 발전되지 못한 국가와 비교해서 보다 군국주의적인가, 그렇지 않다면 평화적일 수 있는가? 이러한 여러 가지 문제는 근대문명의 근간과 관련된 문제였고, 당시 많은 견해가 발표되었던 것은 조금도 이상한 일이 아니었다.

19세기 말 근대문명과 전쟁에 대해서 영국의 허버트 스펜서(Herbert Spencer)가 대단히 야심적인 저작을 발표했다. 그의 『사회학원론(*The Principles of Sociology*)』은 1876년에 처음 출판되었다. 매우 방대할 뿐만 아니라 아주 딱딱한 문장으로 써져 있음에도 불구하고, 20세기 초에 이르기까지 판을 거듭했던 것에서도 알 수 있듯이 커다란 영향력을 갖고 있었다. 그 이유 중의 하나가 인류의 역사를 종합적으로 서술하고 비문명사회와 문명사회의 대비를 선명하게 하려 했다는 점이다. 즉 '원시적인 인간'과 '문명사회'를 대조해 봄으로써 근대사회의 구조나 사상을 보다 잘 이해하려고 했던 것이다.

여기에서 매우 흥미로운 것은 스펜서가 미개(未開)나 반미개(半未開)의 문명과 군국주의, 전쟁, 대외침략 등을 관련시키고 있다는 것이다. "미개사회에서는 군의 지도자가 정치 지도자가 되는 경향이 강하고, 반미개사회에서 정복자와 전제군주는 동일인이다"라는 것이다. 군의 지도자가 권력을 장악한다는 것은 그 사회에서의 전쟁(공격적인가 혹은 방어적인가에 관계없이)이 모든 활동의 중심을 이룬다는 것을 의미한다. 전쟁이 사회의 조직을 규정하고 평시에도 군대가 정치를 지배하는 동시에 군대에서의 상관에 대한 절대적인 복종, 중앙에 대한 모든 부서의 복종 등과 같은 특징이 정치기구에도 반영된다. 군사와 정치가 일치하고 개인의 사적인 행위나 사회 각층의 경제활동은 중앙의 권력이 허용하는 한도 내에서 이루어지는 것에 지나지 않는다.

이러한 상태는 미개사회, 반미개사회뿐만 아니라 문명사회에서도 볼 수 있는 현상이지만, 그 중에서 몇 가지는 점차 '산업사회'의 특징이 된다는 것이 스펜서의 지론이다. 인류 역사의 대부분을 차지하는 '군사사회(軍事社會)' 중의 일부(고대 아테네, 중세의 한자동맹, 근대의 네덜란드와 영국)에서는 전쟁의 빈도가 줄어들고 국가권력이 미치지 않는 곳에서 농업과 상공업이 발달하였고, 시민의 자유가 확립되어 갔다. 종교나 사상 면에서도 "군사적으로 강제된 특정한 신조(信條) 대신에 자유롭게 수용된 많은 신조가 발달하고, 복종(conformity) 대신에 자발적인 통합(union)이 발생한다." 가장 중요한 것은 그러한 사회에 있어서 군비는 전적으로 방어적인 것에 한정되고, 외부의 적이 존재하지 않는 경우에는 완전히 철폐될 수 있다는 것과 이 사회의 주요한 활동은 정치나 군사가 아니라 농업, 상업, 공업이었다는 것이다.

그러한 '산업사회'가 현실적으로 순수한 형태로 존재할 수 있는가에 대해서 스펜서는 명확한 답을 피하고 있다. 거의 모든 근대사회는 군사적인 요소와 산업적인 요소를 겸비하고 있다는 것이 그의 견해였다. 그렇지만 문명사회는 점차 산업사회의 특질을 갖추게 될 것이라는 생각이 스펜서 사회학의 기반을 이루고 있었으며, 적어도 개념적으로는 고도로 발달한 경제활동과 군사활동을 정반대의 것으로 보았던 것이다.

여기에서 홉슨적인 견해를 발견할 수 있으며, 스펜서는 나아가 이것을 이상화시킨 문명론자였다고 할 수 있다. 미개·야만의 단계에서 문명·진보의 단계에 이르는 과정에서 민주정치라든가 종교의 자유와 함께 경제적인 행위의 자립성을 강조하였고, 나아가 후자를 평화와 관련시켜서 집대성했다. 스펜서적인 평화론이라고도 명명할 수 있는 이 개념은 20세기에 들어와서 대단한 영향력을 갖는다. 그것은 경제의 발달과 평화의 상호의존성을 이론화했던 것이기 때문이다.

원래 현실은 그러한 개념과 거리가 멀었다는 것은 스펜서 자신도 인정했다. 그러나 근대국가에서 군부의 발언권이 증대하고 배타적인 호전주의 사조가 고조되고, 군비확장경쟁이 격화했던 것은 모두 구태의연한 '군사사회'의 특질이 잔존해 있었기 때문이었으며, 경제의 발달과 평화와의 관계를 부정하는 것은 아니다. 보다 발달한 사회에서는 당연한 것이지만 평화로의 지향(志向)이 강하다는 것이 그의 결론이었다.

그러한 사상은 평화적 발전주의와도 연결되어 있다. 유럽의 경제 선진국은 해외무역의 신장을 도모하고 식민지나 세력범위의 설정에 급급해 있었다. 스펜서적인 견해에 따르면 해외시장이나 해외이식민(海外移植民)의 확충 자체는 평화적인 일이고 전쟁을 일으키지는 않는다. 전쟁의 위험은 국가권력이 주도권을 쥐고 군사력을 행사해서 해외에 진출하고자 할 때 발생한다. 따라서 경제력이 요구하는 대로 시민이 해외발전을 시도하는 것은 국내에서 그들의 권리를 증대시키는 일이기도 했으며, 결코 배타적이거나 호전적인 것이라고는 할 수 없다. 오히려 그러한 평화적인 경제발전주의는 전쟁의 가능성을 감소시킨다. 경제적 국제주의라고도 부를 수 있는 이 개념은 그러한 의미에서 스펜서 이론의 일면이라고 할 수 있다.

경제적 국제주의는 20세기 초두의 평화론 중에서도 특히 영향력을 갖고 있었다. 그것은 당연한 것이지만 국제무역과 투자활동의 비약적인 발전을 반영하고 있었지만, 국제적인 경제활동이 본래 평화지향적인 것이라는 개념 자체는 새로운 것이 아니었다. 무역은 국제분업을 전제로 했던 '합리적'인 일이었고, 약탈을 목표로 한 원시적인 전쟁과는 차원이 다른 것이라는 이원론(二元論)은 이미 18세기에 애덤 스미스(Adam Smith)가 전개하고 있었다. 그러한 견해가 소위 맨체스터학파의 자유주의 논자들에 의해서 계승되어 갔다. 그러나 19세기 말이 되면 마르크스주의자들의 전쟁론이나 현실의 제국주의 항쟁에 자극을 받아 경제적 국제주의자는 고전적인 입장을 재확인할 필요가 있었다. 즉, 제국주의의 발달이나 식민지를 둘러싼 투쟁, 나아가서는 각국의 군비확장에도 불구하고 대외경제활동은 국제적인 긴장이나 전쟁으로 이어지지 않았고, 반대로 평화의 지지와 공고화에 도움이 된다는 생각을 강조할 필요가 있었다.

그 근저에는 역시 전쟁은 야만적이고 파괴적이며 비합리적인 반면 평화는 문명적이고 건설적이며 합리적이라는 사회관 내지는 단계적 발전론이 있었다. 근대문명이 한편으로 국제경제활동의 증대를 다른 한편으로 제국주의나 군비확장을 초래했다고 해도 이 양자는 보완적인 것이 아니라 상반되는 원리를 보여주었다. 근대인이 문명적인 한 국제경제활동에 전념하고 세계에 평화를 가져다줄 것이다. 그러한 낙관론은 스미스나 스펜서류의 문명론에 입각하고 있었고, 경제적인 합리주의라고 부를 수도 있었다. 이러한 견해를 쉬운 말로 일반에게 널리 보급하려고 노력했던 것이 노먼 에인절의 『거대한 환상(*The Great Illusion*)』이었다. 1909년에 간행된 이 책은 수년간에 걸쳐 여러 번 판을 거듭하였으며, 저자가 말하려는 것은 간단하다. 근대의 전쟁은 많은 비용이 드는 비경제적이며, 해외시장 획득이나 투자 증대야말로 국익을 증진하는 평화적인 수단이라는 것이었다. 경제활동의 합리성, 평화성에 대한 신앙이 그 기반이 되었던 것은 분명하다.

그러나 현실은 그렇게 간단하지 않았다. 물론 20세기에 들어와서 국제무역 총액의 증가는 멈출 줄 몰랐다. 1900년부터 1913년 사이에 2배로 증가했으며, 다른 지역에 대한 유럽제국의 투자는 그 이상의 성장률을 보였다. 그러나 한편 대국 간에 긴장이 증대했고 에인절의 책이 출판되었을 때에는 다가올 전쟁을 예언했던 책이나 논문도 많이 나와 있었다. 가령 국제경제활동이 본래는 평화적인 것이었다 할지라도 그러한 비약적인 발전과는 달리 전쟁의 위기도 증가했던 것처럼 보였다. 그런 상태에서 경제적 국제주의를 강화하고 평화를 지속시키려면 어떻게 하면 좋은가에 대해서 좀 더 구체적으로 논의되어야 했지만, 실제로는 어떠한 구체적인 안도 발표되지 않은 채 유럽은 대전의 길로 돌입해버렸다. 경제주의적 평화론이 당초 대전에 휘말리지 않았던 미국에 의해 계승되어 갔던 것도 우연은 아니었다.

더군다나 스펜서적인 평화론이 모두 추상적이고 이상적이었던 것은 반드시 아니었다. 그가 말한 '산업사회'는 사회를 구성하는 사람들의 자발적인 협조라는 특징을 갖고 있었으며, 사회의 종합적인 목표는 자기의 유지 내지는 물질적인 강화였다. 각 사회가 이런 목표를 추구하는 과정에서 대립이나 항쟁은 당연히 있을 수 있고, 또한 '산업사회'가 '군사사회'로부터 위협받을 가능성도 항상 존재하고 있었다. 모든 사회가 '산업사회' 후의 어떤 '미래의 사회'라고 스펜서가 불렀던 단계에 달했을 때 비로소 진정한 평화는 도래할 수 있는 것이다. 그러한 미래의 사회는 물질적인 욕망의 충족보다는 '보다 고매한 활동' 즉 정신문화를 추구하기 때문에 이 단계에 도달한 사회들 간에 일어날 전쟁의 가능성은 제로에 가깝다.

그러나 실제로는 이 단계에 도달했던 국가는 없었기 때문에 선진문명국들 사이에도 때로는 항쟁이나 마찰이 발생하지 않는다고는 할 수 없다. 만약 그러한 작은 분쟁이 전쟁으로 발전한다고 하면, 이들 선진국들은 고도의 기술을 가지고 있는 만큼 상상을 초월하는 파괴가 발생한다. 이러한 관점에서 당시 스펜서 등의 논자들은 문명국 간의 전쟁을 회피하고, 또 부득이하게 전쟁이 발발할 경우 파괴력을 제한하는 협정을 모색하고 있었다. '산업사회'는 '자발적인 협조'라는 특징을 갖는다는 스펜서의 이론을 국제관계에 적용해 문명국 간에 협조체제를 만들자고 하는 운동이 고조되었다. 그런 좋은 사례가 1899년과 1907년에 헤이그에서 열렸던 국제평화회의였다. 동시에 각국에서 국제법을 강화하려는 움직임이 활발했던 것도 간과할 수 없다. 특히, 국제중재제도(國際仲裁制度)의 설립이라든가 독가스 사용금지와 같은 구체적인 협정이 체결되었던 것은 선진국 간의 법적 협정을 평화의 기초로 하고자 했던 의식을 보여주는 것이다. 스펜서적인 평화론의 법률적인 측면을 나타낸 것이라 할 수 있다. 그것은 일정한 문명에 달한 국가들 간의 어떠한 안정관계를 상정하고 있었다는 점에서 비스마르크의 국제질서론과도 연결되어 있었다. 그러나 비스마르크의 세력균형정책과 비교해 스펜서적인 평화론은 훨씬 더 낙관적이며, 평화라는 것에 대해 역사적인 위치, 문명사적인 가치를 부여하는 것이었다.

그렇지만 실제로 유럽의 국가들은 1914년부터 4년간 미증유의 전쟁에 휘말려버렸다. 동시에 유럽 문명의 지도적인 위치도 위협을 받게 되었던 것이다.

제3장

미·소·일의 등장

1. 유럽의 내전에서 세계전쟁으로

1914년 8월에 발발했던 유럽의 대전을 당사자인 유럽인들이 어떻게 보고 있었는가에 대해서는 각국에서 치밀하게 연구되어 왔으며, 이 책에서 자세히 살펴볼 수는 없다. 전쟁이 현실이로 되어버린 이상 전쟁에 대한 이미지나 견해가 이전보다 훨씬 구체적이며 전후의 평화에 관한 문제가 전쟁 목적과 밀접한 관계가 있었다는 것은 분명하다. 병사로서 전장에 보내지거나 적군에 의해 점령당한 지역의 사람들이 개인적인 체험을 바탕으로 전쟁에 대해서 다양한 생각을 갖게 되었다는 것을 잊어서는 안 된다. 추상명사로서의 전쟁(war)이 구체적인 정관사가 붙는 전쟁(the war)이 되어버렸던 것이다.

그럼에도 불구하고 전쟁 일반에 대한 생각이 전혀 없어진 것은 아니다. 사실 현실의 전쟁이 장기화하면 할수록 도대체 전쟁이란 무엇인가, 평화를 어떻게 정의할 것인가에 대해서 많은 논의가 있게 마련이다. 그러나 전쟁 당사자인 유럽인들보다 비참전국이었던 미국, 도중에 탈락한 러시아, 부분적으로밖에 전쟁에 참가하지 않은 일본 등에서 이러한 문제에 대해서 깊은 논의가 있었던 것은 우연이 아니다.

전쟁발발 당시 유럽 각국에서 일반 시민이 열광적인 태도로 전쟁을 맞이했던 것은 잘 알려져 있다. 그들에게 전쟁은 평범한 일상생활에서 벗어나 경험하는 흥분과 자극에 넘친 일이었으며, 국가를 위해서 싸운다는 것은 숭고한 이념처럼 생각되었던 것이다. 희생, 용기 및 투지 같은 가치가 강조되었고, 사회 각층의 대립이 일시적으로 망각되었으며 국가라는 통일적인 상징 아래 모든 시민들이 서로 협력하는 것이 미화되었다.

이와 같이 당시 존재했던 전쟁관은 주로 내셔널리즘의 발로로서의 일체적인 경험과 같은 것이었다. 그때까지 있었던 전쟁관 중에서 국제질서, 제국주의 혹은 근대경제의 발달과의 관계라는 측면에서 이해되었던 것이 바탕이 되었으며, 국가의식과 밀접하게 관련되어 있다는 측면이 강조되었다고 말할 수 있다. 전쟁이라는 것은 결국 국가 간의 무력대결이기 때문에 이것은 조금도 이상하지 않았다. 특히 대전 당초에는 이런 의미의 전쟁을 찬미하는 목소리가 압도적이었다는 것에 주목하고 싶다. 즉, 전쟁의 직접적인 원인이 무엇이었든 간에 영국인들은 물론 프랑스인, 독일인들에게 싸운다는 것은 국가를 지키고 강화하는 것이기 때문에 그것보다 더 중요한 행동은 있을 수 없었던 것이다.

이러한 전쟁관은 국가를 위해 싸운다는 경험 자체를 중요시하기 때문에 실제의 전쟁원인이라든가, 전략이나 전리품은 문제가 아니었다. 그러한 구체적인 문제가 어떻게 되었든지 간에 일치단결해서 싸우는 것에 의의가 있었던 것이다. 대외적으로 뿐만 아니라 어쩌면 그 이상으로 대내적인 측면에서 보다 통일된 사회를 만들기 위해서 전쟁은 둘도 없는 수단이었다는 것이다. 따라서 이 단계에서는 전쟁의 경제적인 비용은 그다지 중요시되지 않았고, 말하자면 정치적·심리적인 가치가 강조되었다. 그러한 의미에서 로맨틱한 전쟁관이 근대국가를 강화시키는 데 중요한 역할을 한 것이 된다. 1914년 여름의 시점에서 대부분의 사람들이 전쟁을 단기적인 현상으로 보고 그것이 각국의 사회나 세계질서를 근본적으로 변혁시킬 것이라고는 상상도 하지 않았던 것도 바로 그러한 이유에서였다.

즉 당초의 견해로는 전쟁은 보불전쟁이나 러시아·터키전쟁과 같이 비교적 단기간에 끝날 것이라는 것이 일반적이었고, 그 결과 각국은 정치적·사회적으로 보다 통일된 국가를 만들고자 했던 것이다. 유럽 문명에 대한 일대 타격이었다기보다 오히려 문명사회에 활력을 주는 자극제가 될 것이라고 조차 생각되었던 것이다. 제1장에서 언급한 쇼의 『상처받은 집』의 서문은 바로 그러한 현상을 풍자적으로 잘 묘사하고 있다. 문화인임을 자부하는 사람들이 일단 전쟁이 시작되자 열광적인 애국자가 되어 권력자와 협력해서 적개심을 부추기는 모습이 묘사되어 있다.

그러나 이러한 상태는 오래가지 않았다. 당초의 기대를 깨고 전쟁은 몇 개월 만에 끝나지 않았고, 1년 2년 계속됨에 따라 전쟁의 의미나 목표에 대해서 그때까지 보다 훨씬 더 진지한 논의가 이루어졌다. 그런데 시간이 경과해도 좀처럼 전쟁이 끝나지 않자 일부 국가(특히 러시아)에서 강력한 반전운동이 일어났다.

1915~1916년 유럽에서의 전쟁은 군사적인 측면에서는 두드러진 진전이 없었던 소위 '참호전'으로 일관했다. 양 진영의 병사가 참호를 파고 때로는 서로 공격하며 겨우 몇 미터의 전진과 후퇴를 거듭했을 뿐이었다. 그러한 전쟁은 로맨틱한 이미지와는 거리가 멀었으며, 그것이 국가의 생존과 어떠한 관계가 있는지에 대해서 의문이 생기는 것은 당연했다.

그러한 단계에서 전쟁 목적이 각국의 관심사가 되었던 것은 우연이 아니었다. 다만 애국주의를 위해서라든가 하는 것뿐만 아니라 보다 구체적인 목표가 없었다면 시민의 희생을 더 이상 강요하는 것은 불가능하다고 판단되었기 때문이다. 예를 들면 영국에서는 '독일 군국주의'의 타파, 프랑스에서는 알사스-로렌지방의 회복이라는 전쟁목표를 표방했으며, 독일에서는 영국과 프랑스 식민지의 재편성이나 영국 해군력의 파괴를 통한 자국의 최강국화를 운운하게 되었다. 정부의 공식적인 언명이나 신문 논조뿐만 아니라 1916년에는 여러 비밀협정까지 만들어지고, 전쟁에 이길 경우 각국이 획득할 영토에 대해 구체적인 합의가 이루어졌던 것이다.

그러나 전리품의 리스트를 아무리 늘어놓는다고 해도 실제 전장에서 아무런 진전이 없는 한 전쟁에 대한 회의감, 나아가서는 반대하는 움직임이 출현하는 것은 막을 수 없었다. 그래서 일부이기는 하지만 전쟁 자체에 대한 강한 반감과 동시에 평화에 대한 동경이 생겼던 것이다. 대전 초기 평화론은 매우 제한된 현상이었고, 영국의 철학자 버트런드 러셀(Bertrand Russel)의 무조건 평화주의는 예외 중의 예외였다. 1914년 이전까지 반전론·비전론(反戰論·非戰論)을 주창하던 사회주의자들의 대부분이 "국가가 있고 사회주의가 있다"는 논리로 전쟁을 지지했던 것은 잘 알려져 있다. 그때까지 정치문제에 커다란 관심을 갖고 있지 않았던 시인이나 음악가들도 적극적으로 전쟁을 찬미하고 '정의'를 위해 기쁜 마음으로 전장에 나갔던 것이다.

그런데 1916년경이 되면 염전(厭戰) 분위기가 확대되기 시작해 무엇을 위해 피를 흘려야만 하는가, 이 전쟁은 정당화할 수 있는 것인가에 대한 의구심이 깊어져 갔다. 물론 전시(戰時)였기 때문에 표면적으로 반전운동을 전개하는 것은 불가능했지만, 각국의 지식인·예술가·사회주의자 등 일부에서 빨리 전쟁을 수습하고 평화를 재건해야 한다는 움직임이 있었다. 전쟁이라는 것은 당초에 믿고 있었던 것과 같이 정의를 위한 고상한 전쟁이 아니었으며 국가를 위해 피를 흘리는 아름다운 행위도 아니라, 추하고 무의미한 것이며 죽은 본인뿐만 아니라 국가를 위해서도 아무런 가치나 이익을 가져다주지 않는다는 생각이 예를 들면 영국의 지그프리드 서순(Siegfried Sassoon)의 시에도 잘 나타나 있다. 한편 정치운동으로서는 독일이나 오스트리아-헝가리제국의 일부 사회주의자들에 의한 '교섭에 의한 평화'의 움직임이 표면화하게 된다.

전쟁을 교섭에 의해 수습하고 휴전협정을 체결한 후에 평화상태를 회복한다는 것은 종래의 전쟁론에도 존재하고 있었다. 다만 클라우제비츠류의 전략에서는 적의 전투능력이나 의지를 파괴시킬 정도의 타격을 가한 후에 강화조약을 체결하는 것이 바람직한 것으로 여겨졌다. 제1차 세계대전의 경우에도 각국 모두가 그러한 생각을 출발점으로 했던 것은 의심의 여지가 없다. 그렇지만 전쟁이 2년이 지나고 3년째로 들어가자 상대방의 괴멸을 기대하기보다는 어떠한 형태로든 대화를 통해서 평화를 회복해야 한다는 의견이 일부에서 생겨났다. 이것은 현실의 전쟁이 당초의 이미지와는 현저하게 달라졌다는 것을 반영하고 있었다. 더 이상 전쟁을 계속해도 클라우제비츠적인 의미에서의 승리는 불가능하다고 보았으며, 만약 그러면 가능한 한 교섭에 의해 빨리 휴전협정을 체결하는 것이 국가나 사회에 손해를 최소한도로 줄일 수 있다는 생각으로 이어져 갔다.

모든 국가에서 그러한 움직임이 동시에 있었던 것은 아니었지만, 영국이나 프랑스, 독일 측도 1916년 후반 일부의 세력, 특히 사회주의 정당이나 좌파 정치가, 지식인 사이에 교섭에 의한 평화론이 고조되어 갔다. 그래서 러시아에서는 이러한 움직임이 대규모의 정치운동으로 확대되어 1917년의 2월혁명으로 이어져 갔다. 다른 국가에서는 그러한 변혁적인 움직임을 형성하지는 못했지만, 적어도 평화와 국내정치와의 관련이 어슴푸레하게 표면화했던 것은 흥미롭다. 즉, 승리가 아니라 타협을 주창하는 사람들은 좌파 혹은 자유주의파에 많았으며 최후의 승리를 위해 전쟁을 계속하고자 하는 세력들은 보수파나 우파가 중심을 이루고 있었다. 전쟁과 평화의 문제가 다시 한 번 정치문제화됐고, 이데올로기에 의해 좌우되었다고 할 수 있다. 만약 1916년 말 혹은 1917년 초의 시점에서 대전이 끝났다고 한다면 그것은 국내정치에서의 자유주의파나 좌파의 승리를 의미하는 것이었다.

그러나 당시 교섭에 의한 평화가 이루어지기 위해서는 많은 장애물을 극복할 필요가 있었고, 결국은 실패로 끝난다. 그 이유 중의 하나는 각국의 군부나 정부 지도자가 여전히 승리는 가능하다고 보고 있었다는 것이다. 특히 독일에서는 정당이나 의회의 많은 세력이 타협에 의한 평화를 지지하고 있었음에도 불구하고, 해군의 전쟁계속론이 정부를 설득해 잠수함 U-보트를 사용함으로써 승리를 쟁취하고자 했다. 영국과 프랑스 측도 여기에 호응하는 형태로 미국과 손을 잡고, 다시 대독 전쟁을 완수하려고 했다. 그러나 U-보트 작전이 없었다고 해도 당사국 간의 교섭을 통해 평화를 가져올 수 있었을까는 의문이다. 어떠한 평화를 추구할 것인가에 대해서 유럽의 국가들 간에 일치점을 간단하게 찾을 수는 없었을 것이기 때문이다.

물론 1914년 7월의 상태로 돌아감으로써 평화를 회복시키는 것도 하나의 안이었지만, 여기에 대해서는 프랑스가 절대반대의 입장이었을 뿐만 아니라(알사스-로렌지방의 프랑스에의 복귀는 평화의 최소한의 조건이었다), 독일이나 영국의 평화파조차 옛날로의 복귀가 바람직하다고 생각하는 사람들은 적었다. 1914년으로 돌아가는 것만으로는 또다시 언제 전쟁이 재발할지 몰랐기 때문이다. 그렇다고 한다면 어떠한 타협이 가능한가, 교섭에 의한 평화의 회복을 주창하는 사람들 사이에서도 쉽게 공통점을 찾을 수는 없었다.

자유주의파 내지는 좌파세력도 더 이상 전쟁을 계속하는 것의 무의미함을 이해했지만, 어떠한 평화가 바람직한가에 대한 구체적인 안을 갖고 있지 않았다. 이것은 궁극적으로 평화에 대한 비전을 갖고 있지 않았기 때문이다. 즉 어떻게 정의된 평화가 보다 바람직하고 지속성이 있는 것일까, 이러한 파괴적인 전쟁 대신에 보다 안정된 국제질서를 만든다고 한다면 어떠한 원칙을 수립해야만 하는가에 대한 충분한 사고가 형성되어 있지 않았다. 따라서 각국의 자유주의자나 사회주의자가 각국 정부를 움직여 평화에 관한 교섭을 시작하기 전에 대전은 제2단계로 돌입해버렸다. 그리고 그 단계에서 유럽 이외의 세력, 특히 미국이 결정적인 역할을 하게 되는 것도 우연은 아니었다.

2. 미국의 역할

지금까지 이 책에는 미국이 거의 등장하지 않았다. 그것은 물론 미국이 전쟁이나 평화에 대해서 생각하지 않았기 때문이 아니다. 18세기 말 미국 건국 이래 국제문제에 대한 관심은 언제나 존재하고 있었고, 독립전쟁과 남북전쟁이라는 국가의 존망을 둘러싼 사건도 대외관계와 밀접한 관계가 있었던 것이다. 전자가 영불(英佛)전쟁과 궤를 같이하고, 후자가 유럽의 평화시대와 중복되어 있었던 것은 미국 역사상 결정적인 의미를 갖고 있었다. 더욱이 20세기 초 세계적인 강대국으로서 세계무대에 새롭게 등장한 미국에서 전쟁과 평화에 대해서 많은 논의가 이루어졌던 것은 당연하다. 특히 1905년경이 되면 세계의 평화와 안정을 위해 가장 효과적인 공헌을 위해서 미국은 무엇을 해야 하는가에 대해 정부나 여론의 지도자들은 진지한 논의를 하게 된다.

다만 제1차 세계대전의 시점에서 보면 미국에서 대부분의 논의는 자국과 직접적인 관련이 있는 방위문제를 다룬 것이거나 유럽의 사상을 답습한 것이어서 전쟁과 평화에 대한 독특한 견해를 담은 것은 거의 없었다. 예를 들면, 전자의 예로서는 호머 리(Homer Lea)의 저작이 유명하다. 그는 태평양 연안의 여러 주(州)가 일본군의 침입 위기에 직면해 있다고 경고하고, 미국 대륙에서의 미·일전을 상정한 시나리오를 발표했다. 그러나 이 경우에도 리의 관심은 미국인들에게 위기의식을 심어줌으로써 국방을 강화하는 데 있었고, 보편성 있는 전쟁론에는 이르지 못했다.

일반론으로서의 전쟁과 평화에 관한 견해의 대부분은 유럽으로부터의 직수입에 지나지 않았다. 앞에서 언급한 전쟁과 평화에 대한 견해가 대부분 미국에 소개되어 미국인 자신의 생각이 되어갔다. 그 중에서도 특히 영향력이 있었던 것은 스펜서적인 평화론이었다. 스펜서의 사고 속에는 고도의 산업사회는 보다 문명적이기 때문에 평화적이라는 견해, 그럼에도 불구하고 문명국 사이에 분쟁이 발생할 경우 협조(대화)에 의해 문제를 해결할 수 있다는 낙관론이 두 줄기를 이루고 있었다. 양자 모두 미국인들에게 많은 영향을 주었다. 윌리엄 태프트(William Howard Taft) 대통령 등이 주장했던 경제적 국제주의(선진국은 무역이나 투자활동을 통해 평화에 공헌할 수 있다는 견해)는 전자의 영향을 받았고, 엘리후 루트(Elihu Root) 등의 법률가가 제창했던 중재제도(仲裁制度)를 비롯한 국제법 질서의 수립이라는 움직임은 두 번째 측면을 반영한 것이었다.

요컨대 1914년 이전 미국인의 전쟁과 평화론은 대개 유럽의 그것과 다르지 않았고, 따라서 국제적인 영향력을 갖고 있었던 적은 적었다. 대전이 발발하기 전의 전쟁론 중에서 가장 많이 읽혀졌던 것은 아마도 미·일전을 상정했던 리의 『무지의 용기(*The Valor of Ignorance*)』였으며, 평화론 중에서는 앞에서 지적한 영국의 저자 노먼 에인절의 『거대한 환상』이었다는 것은 이때의 사정을 잘 보여주고 있다. 유럽의 국가들과 같은 차원에서 변화를 논하던가, 아니면 대일문제와 같은 특수한 사정에 의한 전쟁을 상정하는 것이었고, 미국 자신의 주도하에 국제질서에 공헌할 수 있는 것인가에 대한 깊이 있는 저작은 발표되지 않았다.

이러한 상태는 유럽에서의 대전 발발과 장기화에 의해 크게 변하게 된다. 경제적으로 가장 발달한 문명국이 사투를 거듭하고 서로를 파괴하려는 현상은 미국인들에게 충격적이었으며 미국과 유럽의 차이를 인식시키기에 충분했다. 미국은 전쟁에 휘말리지 않았다. 그것은 왜인가? 유럽의 제국이 문명이나 경제의 발달에도 불구하고 야만적인 전쟁을 되풀이하지 않으면 안 되었던 것은 왜인가? 앞으로의 세계는 어디로 어떻게 갈 것이며, 미국은 어떠한 역할을 할 것인가? 이러한 문제를 연구하는 과정에서 전쟁과 평화에 대한 논의가 과거와는 비교가 되지 않을 정도로 전개되었고, 미국적이라고 부를 수 있는 견해가 점차 윤곽을 분명하게 드러내 갔다.

1914년부터 1917년까지 미국이 중립적인 입장을 취했던 시기의 외교정책에 대해서 여기서 언급할 수는 없다. 다만 이 책의 중심 테마인 전쟁과 평화의 사상이 현실의 전쟁 속에서 어떻게 발전해 갔는가를 살펴볼 필요가 있다.

우선 첫 번째로 유럽의 대전은 결코 우발적인 것이 아니었으며, '구세계(舊世界)'의 구태의연한 세력균형외교의 산물이라는 견해가 재인식되었다. 신구 대륙을 구별하는 견해는 이전부터 있었지만, 특히 유럽의 권력외교나 세력균형정책을 비판했으며, 그것이야말로 국제정치를 가장 불안정하게 하는 요소라는 신념이 급속하게 고조되었다. 원래 그것은 유럽의 전쟁에 미국이 휘말리지 않았던 것을 반영하는 것이었다. 유럽의 국가들처럼 '구식외교'에 매달리는 한 전쟁은 피할 수 없으며, 미국의 평화를 지키기 위해서도 권력정치적인 길을 걸어서는 안 된다는 신조로 이어져 갔다. 이러한 차원에서는 세력균형이 파괴되었기 때문에 전쟁이 일어난 것이 아니라, 원래 세력균형적인 발상법 자체가 전쟁의 가능성을 가지고 있었다는 것이 된다. 따라서 장차 전쟁이 없는 국제사회를 구축하려고 한다면 미국으로서도 다른 국가들과 이러한 원칙 이외의 새로운 방식으로 국제사회를 건설하지 않으면 안 된다는 것이었다.

그렇다면 어떤 방식이 있을 수 있는가? 1914년부터 1917년

초에 걸쳐 미국에서는 전후 평화에 대해 세 가지 견해가 있었다. 첫 번째는 전전의 경제적 국제주의의 영향을 받은 것으로 세계평화는 다국 간의 경제교류에 의해서 유지되고 촉진된다는 것이다. 1914년 봄 제1차 세계대전 발발 전야 우드로 윌슨(Woodrow Wilson)은 심복이었던 에드워드 하우스(Edward House) 고문을 유럽에 파견하여 영국, 프랑스, 독일의 지도자들에게 지금이야말로 경제협조를 추진하여 전쟁의 위기를 회피해야 한다고 설득하도록 지시했다. 이것은 다각적인 경제활동과 국제질서의 안정을 관련지어 생각했던 좋은 예였다. 그러나 실제로 하우스 사절단의 공작은 실패로 끝났고 전쟁에 돌입한 후에도 그러한 생각은 미국에서 쇠퇴하지 않고 오히려 더욱 강화되었다. 전쟁 때문에 무역이나 해운 질서가 혼란해지고 중립국인 미국의 경제활동에도 장애물이 발생했다. 이것은 전쟁을 경제적인 측면에서 보려고 했던 견해가 일반화되었다는 것에 의거한 것이었다. 동시에 미국 자신의 경제력이 상대적으로 증대되었다는 것을 반영하고 있었다. 미국의 상선이 영국과 독일의 해군에 의해서 부당하게 나포되거나 공격당했음에도 불구하고 미국의 대외무역은 비약적으로 증가했고 대외적인 대부활동도 활기를 띠었다. 그때까지 자본 수입국이었던 미국이 처음으로 수출국이 되었던 것이다. 그렇게 경제를 강화했던 미국이 전후 세계에서 지금까지와는 비교도 되지 않을 정도의 역할을 담당할 것이라고 기대되었던 것도 당연한 일이었다. 미국의 국제적인 역할은 경제적인 것이 될 것이라고 예상되었고, 전후의 평화도 국제경제활동의 부흥과 촉진에 달려 있다고 생각되었다.

이 점과 관련해서 두 번째 견해, 즉 국제협조에 의한 평화의 유지라는 관념이 생겨난다. 경제적인 국제주의는 원래 상호의존적인 국제환경을 전제로 하고 있었다. 그러나 그러한 환경은 결코 자연발생적인 것이 아니며, 대단히 기반이 취약한 것이라는 것도 1914년 이후의 사태가 잘 보여준다. 따라서 평화의 재건과 유지를 위해서는 통상국가가 적극적으로 협조해서 두 번 다시 세계경제교류의 혼란이 발생하지 않도록 하지 않으면 안 된다는 생각이 강해져 이전보다는 훨씬 체계적인 국제협조의 관념으로 이어져 갔다. 항해의 자유라든가 기회의 균등이라는 원칙은 이미 미국정부가 때때로 주장해왔던 것이었지만, 대전 중에는 이런 원칙을 전후 국제질서의 기초로 하기 위해서는 국제법적인 힘을 부여하고 구속력을 높이기 위한 어떤 형태의 국제조직을 설립해야 한다는 생각으로 발전했다. 즉 이전처럼 통상항해조약으로 국제경제활동을 보호하고 규정하는 것에 그치지 않고 일종의 정치조직을 만드는 것이 바람직하다고 여겨졌던 것이다.

그 구체적인 예가 '평화를 실행하기 위한 연맹(The League to Enforce Peace)'이었다. 젊은 저널리스트 월터 리프먼(Walter Lippmann)이 '근대사에서의 일대 분기점'이라고 표현했던 이

조직은 종래의 권모술수적인 외교 대신에 '세계정치의 국제화'를 추구하자는 것이었으며, 많은 국가들이 참가함으로써 평화적인 질서를 유지하고자 했던 것이다. 1916년 윌슨 대통령도 이 안에 동의했고, 전후 미국은 적극적으로 이러한 종류의 국제조직에 참가할 것임을 확약했다. 조직의 내용은 아직 막연한 것이었지만, 경제적 국제주의의 원칙을 지키고 비밀협정이나 배타적인 군사동맹 대신 다국 간의 협조관계를 유지하기 위한 동맹이 될 것이라는 것은 분명했다. 즉 막연하게 평화를 추구하는 것이 아니라 경제력에만 의존하지 않고 주요 국가 간의 정치적 협조의 장을 만드는 것이야말로 평화에 이르는 길이라는 신조에 기초를 두고 있었다. 여기에서도 평화에 대한 재정의 특히 미국을 중심으로 한 평화관의 발전을 발견할 수 있다.

세 번째로 미래의 평화는 각국의 국내개혁에 달려 있다는 국내질서 중시파가 미국 내에서 강해졌다는 것이다. 이것은 이미 앞에서 지적했던 것들과도 관련이 있지만, 전쟁이라는 것은 어차피 파괴적이고 비문명적인 행위이며 그 행위를 하는 것도 각국의 정치가 봉건귀족이나 군벌들에 의해서 좌우되기 때문이라는 미국적인 유럽관에 기인하고 있다. 따라서 보다 안정된 평화를 수립하려 한다면 통상의 회복이나 국제기구의 설치와 함께 주요 국가에서 국내개혁이 필요하다고 보았던 것이다. 이러한 견해는 대전의 장기화가 분명해졌던 1916년경부터 미국에서 대단한 영향력을 갖게 되었다. 파괴적인 전쟁을 하루라도 빨리 종결시켜야 함에도 불구하고 각국이 평화를 추구하지 않고 쓸데없는 피를 흘리고 있는 것은 정부나 군부의 지도자들이 구태의연한 승리를 추구하고 국민의 희생을 강요하기 때문이라는 것이었다. 따라서 보다 국민의 의향을 반영한 지도자가 출현하지 않는 한 평화의 도래는 기대할 수 없으며, 또한 역으로 미국이 주도하여 평화를 회복시킨다면 그만큼 각국의 개혁파에게 용기를 심어줄 수 있을 것이라는 것이었다. 그러한 신념이 1916년 윌슨 대통령의 타협에 의한 평화의 제안으로 이어져 갔다.

당시의 표현대로 한다면 관대한 평화(a liberal peace)는 국내개혁(liberal politics)에 달려 있다는 것이다. 미국으로서는 '승자의 평화'가 아니라 '승리 없는 평화'를 추구하고 싶었던 것이다. 그렇지 않으면 다시 한 번 전쟁이 발발할 위험이 있었기 때문이다. 1917년의 단계에서는 영국, 프랑스, 독일 그리고 러시아 모두 주전론자(主戰論者)가 정부나 군부를 지배하고 있었던 것처럼 보였고, 미국으로서는 '관대한 평화'를 주장함으로써 각국의 정치동향에 영향을 주어야 한다는 의견이 미국에서 고조되어 갔다.

이것은 매우 미국적인 시각이라고 할 수 있다. 물론 유럽에서도 예를 들면 사회주의자들은 국내정치체제와 대외관계와의 관련성을 일찍부터 주장했고, 국내의 동향과 전쟁이 밀접한 관계를 갖고 있었다는 것은 이미 지적한 바 있다. 그러나 미국적인 견해에 따르면 보다 구체적으로 자유주의(liberalism)의 대내외적인 표현과 불가분의 관계가 있으며, 궁극적으로 세계평화는 정치의 개혁을 기초로 하지 않으면 안 된다는 것이다. 국내질서와 국제질서의 상호보완성을 상정한 이러한 견해는 그 후에도 커다란 영향력을 갖게 된다. 특정 정치체제는 그에 상응하는 대외정책을 수립한다고 하는 개념이 미국에서 현저하게 발달했던 것도 미국의 중립과 정치개혁의 실적을 반영한 것이었다. 윌슨 대통령을 비롯한 미국의 지도자들은 이와 같은 방정식이 다른 나라에도 적용될 것이라고 믿고 있었다.

1917년 제정러시아에서 혁명이 일어나 새로운 정권이 수립되었을 때 미국 정부나 여론이 재빨리 이를 환영했던 것도 그러한 사상적인 배경이 있었기 때문이다. 그때까지 유럽에서 가장 반동적이라고 간주되었고, 평화의 장애물처럼 보였던 러시아에서 '민주적'인 혁명이 일어났던 것은 당연히 러시아의 대외정책에도 영향을 미쳤을 것이고 보다 타당한 평화가 도래할 가능성을 그만큼 높였던 것으로 기대되었다.

그렇지만 얄궂게도 러시아가 결국은 정전에서 평화 상태로 들어간데 반해서, 미국 자신은 유럽의 전쟁에 개입하게 되었고 영국 및 프랑스와 연합하여 독일과 전쟁을 하게 되었다. 그때까지 대전을 유럽제국의 구태의연한 야심과 비밀외교의 산물이라고 간주해왔던 미국이 100만이 넘는 군대를 전선으로 보내 1년 이상 전쟁을 하게 된다. 한편 러시아가 전선에서 이탈하자 미국과 러시아의 관계는 대단히 미묘해졌다. 1917년 이후 러시아는 평화의 세력이 되어버린 것이다. 그럼에도 불구하고 미국은 계속해서 '관대한 평화'를 추구한다. 따라서 이때의 사정을 이해하기 위해서는 러시아혁명이 전쟁관과 평화관에 미친 영향을 고찰해 볼 필요가 있다.

3. 볼셰비즘과 평화

2월 혁명 이후 성립되었던 러시아의 정권들(케렌스키 정권을 포함하여)은 유럽의 대전을 계속해서 수행하려는 방침을 관철시키려고 했다. 국내정치개혁을 통해 이전보다 효과적으로 전쟁을 계속하여 영국·프랑스 측의 승리에 기여하는 것이 기대되었던 것이다. 그런 자세는 미국의 의향과도 일치한 것이었다. 미국에서도 1917년 초 정치개혁과 평화문제를 관련지으려는 의식이 고조되어 러시아혁명은 바로 이러한 도식에 들어맞는다고 생각되었던 것이다. 한편 독일은 이때를 기점으로 무제한 잠수함작전을 채택하여 수렁에 빠져버린 대전을 일단락 짓고 일거에 적을 항복시키려고 시도했기 때문에 대미관계는 악화되었고, 마침내 4월에는 미국의 참전을 초래하였다.

그때까지 중립을 지키고 유럽의 전쟁을 반동정권 간의 구태의연한 파워게임에 지나지 않는다고 보고 있었던 미국이 유럽의 일부 국가와 손잡고 다른 한편의 국가에 대해서 선전포고했던 것은 이론적으로는 모순된 일이었다. 외교나 전략상의 고려는 차치하고 미국의 참전을 사상적으로 어떻게 정당화해야 하는가, 윌슨 대통령을 비롯하여 여론의 지도자들이 몹시 고심했던 것도 당연했다. 그리고 그들이 도달했던 것이 '전쟁을 없애기 위한 전쟁', '민주주의를 위한 전생', '십자군(crusade)으로서의 전쟁' 등과 같은 개념이었다.

그때까지 전쟁을 죄악시하고 국내개혁에 의한 관대한 평화(liberal peace)를 주장했던 국가가 이번에는 전쟁을 통해 개혁을 추진한다는 입장으로 바뀌었던 것은 사상적인 역전을 보여주는 것이었지만, 동시에 그러한 의미를 부여하지 않는 한 참전을 정당화할 수 없다고 믿고 있었던 것을 말해주는 것이었다. 즉, 미국의 참전 없이는 다른 국가에서 국내개혁이나 관대한 평화는 쟁취할 수 없다는 것이었다. 궁극적인 목표는 변함이 없지만 수단이 중립에서 참전으로 바뀐 것이고, 전쟁에 대해 그만큼 사상적·정치적인 중요성을 부여하게 된다. 따라서 1917년 이후 미국의 전쟁관과 그 이전의 평화관과는 사상적으로 연결되어 있다고 할 수 있다. 미국의 참전에 의해서 대전의 성격은 바뀌어 '평화를 위한 전쟁'이 되었다.

이것은 아마도 독선적인 시각이었다고 할 수 있지만, 적어도 어떤 차원에서는 사상적인 일관성을 갖고 있었다고 인정해야 할 것이다. 윌슨 대통령이 의회에 제출했던 참전교서에도 지적되어 있듯이 평화에서 전쟁으로 바뀌었다고 해도 미국의 사상에는 조금도 변함이 없었던 것이다. "우리가 추구하는 것은 항상 평화와 정의이고, 우리들은 세계의 평화와 세계 인민의 해방을 위해서 싸운다"는 것이다. 평화를 위해서 싸운다는 것은 고전적인 전략론에서 보면 상식이었지만, 윌슨의 경우 '평화'라는 것은 '모든 국가의 사람들이 자신들의 생활양식을 선택할 권리를 갖는 상태', 즉 민주주의를 의미했고 여기에서 '민주주의를 위한 전쟁'이라는 슬로건도 생겨났던 것이다. 민주주의의 적(敵), 구체적으로는 독일 '독재'정권이 존재하는 한 진정한 평화는 있을 수 없다는 것이다.

그렇다고는 하지만 독일 '독재'정권은 1917년 이전에도 존재하고 있었기 때문에 그것을 타파하는 것이 평화를 위해서 필요하다면 미국은 훨씬 더 빨리 참전했어야 하지 않았는가 하는 의문이 생긴다. 또한 역으로 그때까지 독일과 대동소이하다고 보았던 영국과 프랑스가 왜 갑자기 '민주주의' 측에 서게 되었는가? 미국의 참전이 과연 다른 국가들의 내정개혁을 가져올 수 있는가? 그때까지 전쟁과 개혁은 양립할 수 없다고 여겨지고 있었음에도 불구하고 갑자기 전쟁에 의존하지 않으면 개혁은 있을 수 없다고 하는 것은 모순이 아닌가?

그러한 의문은 윌슨적인 전쟁관에 대해서 미국 국내에서도 제기되었으며, 그러기 때문에 미국 정부는 여론정보위원회

(The Committee on Public Information)를 설치하여 국민의 사상을 지도했던 것이다. 윌슨의 견해에 대한 가장 통렬한 비판은 러시아, 특히 볼셰비키당에 의해서 제기되었다.

2월 혁명 이후 러시아는 민주국가가 되었고, 4월 이후에는 미국과 러시아가 공동으로 민주주의를 위해서 독일과 싸운다는 것이 윌슨의 견해였지만, 러시아의 과격파 특히 볼셰비키당은 처음부터 이와 정면으로 대립하는 자세를 보였다. 그들에 의하면 자본주의 국가 간의 전쟁은 어떠한 구실 하에 이루어지든지 제국주의적인 항쟁에 다름 아니고, 노동자나 농민의 이익과는 아무런 관계가 없었던 것이다. 블라디미르 레닌(Vladimir I. Lenin)이 유명한 『제국주의론』을 저술했던 것은 1915년부터 1916년에 걸쳐서다. 당시 스위스에 있었던 그는 유럽의 내전은 식민지의 재분할을 둘러싼 제국주의 국가 간의 다툼이라고 했으며, 프롤레타리아는 그러한 전쟁에 협조해서는 안 된다고 주장했다. 그러나 동시에 전쟁이 자본주의 경제를 피폐시키고, 그 결과 프롤레타리아에 의한 혁명의 가능성은 높아진다고 그는 보았다. 따라서 각국의 혁명주의자나 노동자 계급은 우선 전쟁이 계속되는 것에 저항해야 하며, 상호 간의 살육을 멈추고 혁명적인 수단에 호소함으로써 정권을 획득해야 한다고 주장했다.

이것은 분명히 윌슨적인 전쟁관과 정반대의 것이었다. 레닌으로 대표되는 볼셰비키의 전쟁관은 프롤레타리아의 전략과 표리를 이루는 것이었으며, 전쟁도 평화도 혁명달성과의 관련 속에서 의미를 갖는 것이었다. 그래서 무엇보다도 먼저 전쟁을 종결시키고 그 위에 세계혁명을 기도하려고 했기 때문에 전쟁을 계속해 민주적인 개혁을 추진하려고 했던 미국의 입장과는 대조적이었다. 다만 양자는 모두 전쟁과 평화를 정반대의 것으로 보지 않았으며, '평화를 위한 전쟁(윌슨)'이라든가, '혁명을 위한 전쟁과 평화(레닌)'라는 식으로 상대화해서 보고 있었던 것은 주목해야 한다.

어쨌든 볼셰비키는 '평화와 빵'을 슬로건으로 걸고 전쟁 계속의 방침을 관철시키려는 케렌스키 정권과 대립, 1917년 여름부터 가을에 걸쳐서 러시아 각지에서 폭동과 데모를 일으킨다. 페테르스부르크로 돌아온 레닌의 지도하에 11월에 케렌스키 정부를 타도하고 프롤레타리아 혁명정권을 수립하자 곧바로 휴전과 화평을 주장했다. 이때 '무배상 무영토병합'이라는 원칙을 제시했는데, 이것은 미국 정부의 주장과도 합치한 것으로 매우 흥미롭다. 사실 1918년 초 윌슨 대통령은 평화에 관한 '14개조' 원칙을 발표해 관대한 평화의 청사진을 제시했다. 이것은 미국이 러시아로부터 평화에 대한 주도권을 회복하려는 의욕의 표시였다고도 할 수 있다. 볼셰비키도 미국도 전쟁의 조기 종결을 바라고 있었지만, 실제로 독일에는 그럴 의사가 없었으며 평화는 그로부터 수개월 후에야 도래했다. 그러나 볼셰비키로서는 휴전이 절대적인 명제였으며, 3월에 독일과 단독으로 정전협정을 맺게 된다. 러시아로서는 그것이 대단히 불리한 조건(우크라이나 지방의 독일 병합을 포함한 것이었음)하의 '평화'였다고는 해도 혁명을 성취하기 위해서는 전쟁을 계속하는 것보다 낫다고 판단했기 때문이다.

그런데 한 가지 대독 전쟁을 끝낸 러시아가 또 다른 전쟁(영국, 프랑스, 미국 그리고 일본에 의한 간섭전쟁)의 가능성을 고려하지 않으면 안 되었다는 것은 아이러니다. 유럽의 대전은 제국주의 전쟁이라고 규정되었으며, 러시아혁명을 성취하기 위해서 독일과 굴욕적인 화평을 맺었지만 혁명정권이 세력을 늘려감에 따라서 자본주의 국가들이 협력해서 간섭해 올 것이 예상되었던 것이다. 그때까지의 제국주의 전쟁론과 함께 새롭게 사회주의 국가 대 자본주의 국가의 전쟁이라는 방정식이 완성되어 갔다. 그것은 레닌이나 레온 트로츠키(Leon Trotsky)의 혁명론이나 역사관과 밀접한 관련성을 갖고 있다. 요컨대 사회주의 혁명의 성공은 일국에만 그치는 것이 아니라, 세계 각지로 확대되지 않으면 안 되었기 때문에 그러한 과정에서 반혁명세력은 무력으로 저항할 것이다. 따라서 새로운 유형의 세계전쟁이 발발하는 것은 피할 수가 없다는 것이다. 그래서 유럽의 제국이 대전으로 약화되었기 때문에 자본주의 진영은 미국이 지휘하게 될 것이라는 시각이 이미 트로츠키 등에 의해 공유되어 있었다. 러시아혁명에 대한 간섭전쟁은 피할 수가 없다고 보였지만, 볼셰비키로서는 가능한 한 그 규모를 최소한으로 막아두고 우선 혁명을 성공시킬 필요가 있었다. 그렇게 하기 위해서도 어떤 형태든 미국과 접촉하는 것이 현명하다고 생각되었다.

전쟁에 대한 관념적인 견해, 혁명의 수단으로서의 평화 그리고 전쟁과 평화의 상대화라는 것을 여기에서 볼 수가 있다. 이것과 미국에서의 전쟁·평화론을 비교해 보면 흥미롭다. 실제로 일어난 대전에 자신들이 참전한 후 미국은 도덕적인 의미를 부여하고 있었는데 비해서 러시아는 전혀 이것을 무의미한 것으로 보았다. 한편 미국에서 이 전쟁은 '모든 전쟁을 없애기 위한 전쟁'이었는데, 레닌 등은 머지않아 찾아올 사회주의와 자본주의 국가 간의 전쟁을 염두에 두고 있었다. 그러나 전쟁과 평화에 대한 양측의 구별은 매우 애매했다고 할 수 있다. 즉, 미국은 전쟁 속에서 평화를 묘사했고 러시아는 평화 속에서 전쟁을 생각하고 있었다. 양자 간의 경계선은 막연했다. 그러한 점에서는 윌슨도 레닌도 평화를 절대적인 것으로 보는 종래의 평화주의나 상시임전체제(常時臨戰體制)를 상정했던 영구전쟁국가론과도 다른 개혁(미국) 내지는 혁명(러시아)의 수단으로서의 전쟁과 평화라는 이념을 만들어냈던 것이다.

어쨌든 1917년부터 1918년의 단계에서 미국과 러시아는 (성격이 서로) 다른 전쟁을 하고 있었던 것이다. 미국의 입장에서 본 전쟁이라는 것은 독일 전체주의-군국주의의 타파를 위한 전쟁이었고, 러시아에서는 비사회주의 국가의 간섭을 피해 국내 전 지역에 혁명정권을 확립하기 위한 투쟁이었다. 이 두 개의 전쟁이 하나의 전쟁이 되었던 것은 1918년 여름의 시베리아 출병이었다. 윌슨 대통령에게 이것은 독일에 의한 러시아 지배를 막고 반독일 반혁명분자를 도와 대독일전을 계속하려는 목적에 기초를 두고 있었기 때문에 근본적으로는 대전의 일환이었다. 그런데 볼셰비키 정권에는 시베리아 출병이나 같은 시기에 있었던 영국, 미국 그리고 프랑스 군에 의한 아르한겔스크 파병은 자본주의 국가들에 의한 간섭전쟁의 시작이었다. 러시아의 신정권이 가장 두려워했던 것은 영국·프랑스 측이 대독전을 멈추고 독일을 유인하여 함께 대대적으로 반혁명전쟁을 시작하는 것이었다. 레닌이나 트로츠키적인 견해에 따르면 그럴 가능성은 충분히 있었던 것이다.

그런데 미국 정부는 이 시점에서 대규모의 반볼셰비키 간섭전쟁을 일으킬 의도도 없었고, 오히려 영국과 프랑스 나아가서는 일본군과 행동을 같이함으로써 이들 국가들의 행동을 견제하려고 했다. 윌슨에게는 현실적으로 싸움이 전개되고 있는 전쟁은 하나이고, 시베리아 파병을 구실로 타국이 러시아와 전쟁을 하는 것에는 정면으로 반대했다. 그렇기도 해서 소위 간섭전쟁은 소규모에 지나지 않았으며 시베리아 동부에서도 전투다운 전투는 거의 없었다. 재미있는 것은 유일하게 전투다운 것이라고 한다면 유럽의 대전이 끝난 1920년 니콜라예프스키 시(市)에서 일어난 일본군과 적군(빨치산)과의 무력

충돌이었다. 일본은 미국을 비롯한 국가들의 지지를 도저히 받지 못했으며 수백 명의 사망자를 낸 후 어쩔 수 없이 철군했다.

일본이 이러한 형태로 제1차 세계대전에 등장했던 것은 의미 있는 일이다. 다음 절에서 일본인의 전쟁과 평화관에 대해서 살펴보기로 한다.

4. 일본에서의 전쟁과 평화

메이지유신(明治維新, 1868)이 보불전쟁과 거의 때를 같이해서 시작되었으며 메이지 천황의 죽음(1911)이 유럽에서의 대전 전야와 일치하고 있었던 것은 매우 상징적이다. 근대 일본의 시작을 고하는 메이지시대는 유럽에서 40여 년간의 평화와 전쟁준비 기간에 해당한다. 따라서 메이지의 지도자나 언론계가 전쟁과 평화에 대해 생각할 경우 당시 유럽의 사상적인 영향을 많이 받았던 것은 당연했다. 국제사회의 일원이 되었던 일본을 영국이나 독일 등과 동일시하고 이들 국가들에서의 전략론, 권력정치사상 혹은 평화주의 등이 일본에도 들어맞는 것은 당연하다고 보았던 것이다.

다시 말해 당시의 일본에서 독특한 전쟁과 평화론을 찾아보기는 어려웠다. 메이지시대의 일본은 청일전쟁과 러일전쟁이라는 전쟁을 두 번 치렀지만, 이 두 전쟁에 대한 시각과 그것을 정당화하는 논리 혹은 반대 논리는 거의 모두가 유럽적인 사고의 번역에 지나지 않았다. 따라서 그것을 하나하나 거론하지는 않겠다. 다만 유일하게 '일본적'인 의미를 갖고 있었던 아시아주의 내지는 인종론적인 국제관에 대해서는 언급할 필요가 있다.

일본이 구미제국을 배우고 선진국의 전략론이나 평화의 개념을 흡수하는 데 전념하던 메이지시대에도 일본이 아시아의 일원이며 인종적 문화적으로 서양제국과 다르다는 인식이 없어진 적은 없었다. 다만 대부분의 경우, 이러한 인식은 그렇기 때문에 더욱 서구에 수용되도록 국력을 충실히 하고 국제무대에서도 이들 국가와 동등하게 행동하지 않으면 안 된다고 보았다. 전쟁과 평화론의 발전과정에서 가장 단적인 예는 삼국간섭(1895)에서 러일전쟁(1904~1905)에 이르는 시기의 일본의 입장이었을 것이다. 모처럼 청나라와의 전쟁에서 이겨 승자의 평화를 획득하고도 러시아, 프랑스 그리고 독일의 간섭에 의해서 그 평화(남만주의 권익)를 포기하지 않을 수 없었던 것, 10년 후 이번에는 미국, 영국 그리고 프랑스의 암묵적인 양해 하에 러시아를 상대로 전쟁을 시작해 남만주에서의 지위를 획득했다는 것은 일본에게 전쟁과 평화가 얼마나 구미열강의 이해를 바탕으로 하고 있었는가를 보여주었다. 아시아에 고립되어 있어서는 전쟁도 평화도 바람직한 방향으로 이끌어갈 수 없다는 것이었다.

그렇지만 러일전쟁에서 승리한 후에도 일종의 고립감은 사라지지 않았다. 미국이나 캐나다에서 일본인의 이민 배척, 독일에서의 '황화론(Yellow Peril)'의 고조 등은 일본인의 국제의식에도 영향을 주었으며, 전쟁과 평화에 대한 사고에도 영향을 주었다. 그것의 극단적인 예가 인종전쟁론이다. 이것도 원래는 유럽의 일부에 있었던 것이지만, 메이지 말기가 되면 일본 국내에서 유색인종 대 백색인종의 숙명적인 대립과 전쟁의 가능성이라는 생각이 정부 지도자들 사이에 퍼지게 된다.

인종 간의 대립은 불가피하기 때문에 일본은 아시아의 국가로서 또는 유색인종 국가로서 그런 전쟁에 대비해야 한다는 것이다. 그렇기 때문에 다른 아시아의 국가들과 협력해서 혹은 그들을 지도하는 맹주가 되어 유색민족의 단결을 도모하고 백인세력을 타파해야 한다는 생각이 아시아주의의 기초를 이루었다. 물론 중국이나 그 밖의 국가들과 협력하는 것과 그들 위에 서는 것과는 성격이 다르다. 당시 전자를 대표하는 견해는 매우 제한되어 있었으며, 아시아주의자들의 대부분은 일본 지도하의 반백색 국가연합을 주장하고 있었다. 그러나 그러한 경우에도 곧바로 유색인종과 백색인종과의 전쟁이 발발할 것이라고 보았던 사람들은 적었고, 오히려 평상시에 아시아의 국민들 사이에 일본의 세력을 넓혀 최종적인 인종전쟁에 대비해야 한다는 생각이 일반적이었다.

이토 히로부미(伊藤博文)가 '평화의 전쟁'이라고 불렀던 개념이 그것의 좋은 예일 것이다. 이토가 반드시 인종적인 대립을 비관적인 것으로 보았던 것은 아니었지만 열국들은 평상시에도 자신들의 세력신장에 급급해 있었다. 그러한 의미에서 보면 평화라고는 해도 전쟁과 질적으로 다르지 않았으며, 평상시의 세력의 성쇠가 전시에 성공할 것인가의 열쇠를 쥐고 있다는 그의 생각에 구미국가를 두려워해야 한다는 관념이 있었던 것은 분명하다. 그래서 일본으로서도 항상 국력의 융성을 위해 힘쓸 필요가 있고, 그 일환으로 아시아에서 세력을 확장시켜야 한다는 관점에 서면 평시야말로 대륙에 진출할 수 있는 좋은 기회라고 할 수 있다. 도식화해서 말하면 미래의 인종전쟁에 대비해서 평화로운 때일수록 일본은 아시아에 자신들의 힘을 부식시키지 않으면 안 된다는 것이다. 러일전쟁 후의 '전후경영(戰後經營)'사상이나 제1차 세계대전 당시 야마가타 아리토모(山縣有朋)가 전후에 구미제국이 협조해서 아시아에 공세를 가하기 전에 일본은 중국에서 지위를 굳혀 두어야만 한다고 주장했던 사실은 그러한 견해의 전형적인 예이다.

일본적인 평화의 개념을 더욱 명백하게 주장했던 것이 고노에 후미마로(近衛文麿)의 「영·미 본위의 평화주의를 배격한다」(1918)일 것이다. 이 소론(『일본과 일본인』에 발표된 10쪽짜리 논문)은 대전 후의 강화회의 이전에 써진 것으로 일시적으로 주목받았으며, 특히 유명해진 것은 1930년대 후반 고노에가 귀족원 의장과 내각총리로서 정계에서 중요한 역할을 하고 나서의 일이다. 평화라는 것은 무엇인가에 대해서 일본이 구미제국과 다르다는 것을 의식하고 연구했던 것이 흥미롭다. 고노에의 말을 빌리자면 '일본인 본위로(중심으로) 생각'했던 평화론이었다.

일본인 본위의 생각이라는 것은 서양 특히 영·미적인 사고를 모방해서 유럽의 대전을 선과 악의 싸움이었다고 하는 대신에 "현상유지를 도모하는 국가와 현상타파를 도모하는 국가와의 전쟁"이었다는 인식을 말한다. 영국, 미국 그리고 프랑스 등에 의해서 지배되었던 세계의 현상을 독일이 "타파하려고 하는 것은 진심으로 정당한 요구"였고, 역으로 "영·미의 평화주의는 현상유지를 도모하는…… 정의나 인도와는 어떤 관계가 없는" 것이었다. 현상유지 국가는 이미 "거대한 자본과 풍부한 천연자원을 독점"하고 있었기 때문에 무력에 의존하지 않고 '경제적인 제국주의'에 의해서 세계에서 군림하고자 했던 것이라는 것이다. 이에 비해서 "영토가 좁고 원료품이 없고 인구도 많지 않아서 제조공업품의 시장으로서 빈약한" 일본이 영·미 본위의 평화주의에 심취하는 것은 전혀 무의미하다. 진정한 평화를 위해서는 일본은 다른 '후진국'들과 함께 경제적인 제국주의를 타파하고, 특히 '황색인종에 대한 차별대우의 철폐'를 요구하지 않으면 안 된다. 그것이 불가능하다면 일본도 "자기생존의 필요상 전전의 독일처럼 현상타파적인 행동으로 나오지 않을 수 없을 것"이라고 고노에는 경고했다.

여기에서 우리는 선진국·현상유지국에 대해서 후진국·현상타파국으로서의 일본이라는 이미지를 볼 수가 있다. 둘 사이에는 본질적으로 긴장관계가 존재하고 있다고 주장하였다. 따라서 전쟁의 위기는 항상 있다고 보는 점에서 종래의 전쟁과 평화론의 폭을 넓혔던 것이다. 선진국에 의해서 정의되었던 평화와 '세계를 개조한' 후에 비로소 도래할 수 있는 평화를 구별하고 있는 것이다. 더욱이 고노에는 마르크스-레닌주의자들처럼 프롤레타리아 혁명이나 사회주의 국가 대 자본주의 국가의 전쟁을 상정하고 있었던 것은 아니었다. 독일에 의한 전쟁을 정당화했던 것은 선진국들 사이에서도 소위 '기성의 강국'과 '미완의 강국'과의 대립을 고려할 때 일본을 포함한 후자가 자기의 '생존권'을 행사해서 식민지를 확대하는 것도 있을 수 있다는 것을 암시하고 있었다. 어쨌든 1918년의 시점에서 윌슨과 레닌의 전쟁·평화론과 함께 제3의 시점이 제공되었던 것이다.

이러한 생각이 당시 일본인의 사고를 대표하고 있다고는 말할 수 없다. 소위 다이쇼(大正) 데모크라시시대의 언론계나 정계의 지도적 이념은 세계 각지의 정치개혁에 토대를 두었던 평화를 주장하는 윌슨주의에 공명하고 일본도 이러한 '세계의 대세'에 보조를 맞추어야만 한다는 것이었다. 그렇지만 한편으로 메이지 말기부터 있었던 인종 간의 대립관이나 '평화의 전쟁'적인 의식도 여전히 힘을 가지고 있었으며, 영·미의 '자본주의적 침략주의'(후쿠다 도쿠조(福田德三))에 대한 의구심도 강하게 남아 있었다. 따라서 고노에 같은 사고도 결코 고립되어 있었던 것은 아니었으며, 특히 인종문제가 어떻게 발전하는가에 따라서 한층 영향력이 강해질 가능성도 있었다. 그러한 점에서 파리강화회의는 대단히 중요한 의미를 갖고 있었다.

5. 파리강화회의의 의미

결론적으로 말하면 강화회의(1919~1920)에서 형성되었던 '평화'는 윌슨, 레닌, 고노에의 어느 쪽 견해와도 공유할 수 없는 것이었다. 따라서 전쟁의 가능성을 내포하고 있었던 일시적인 휴전이라고도 부를 수 있었다. 그럼에도 불구하고 평화라는 것이 과거에 이 정도로 진지하게 논의되었던 일은 없었다. 강화회의의 산물인 국제연맹과 그 규약은 적어도 대부분의 국가에서의 전후 평화를 정의한 것이었다.

1918년 11월의 정전은 윌슨 대통령이 같은 해 1월 성명을 통해 발표했던 '14개조'를 기초로 하고 있었다. 이 성명은 전후평화의 대강(大綱)을 설명했던 것으로 유럽에서의 구체적인 영토문제(구체적으로는 알사스-로렌지방의 프랑스로의 복귀) 이외에 비밀외교의 포기. 항해의 자유, 경제적인 기회의 균등, 군비축소, 민족자결, 국제연맹의 설치 등의 원칙을 제시했다. 그래서 독일정부가 14개조를 수용하는 형태로 정전에 응했던 것은 종전이 무조건항복이 아니라 조건부의 것이었다는 것을 보여준다. 적어도 미국과 독일 사이에는 윌슨적인 강화에 대한 이해가 성립되어 있었다고 할 수 있다.

그런데 파리(베르사유)강화회의에서는 그러한 평화에 대해 영국과 프랑스, 일본 등이 난색을 표했기 때문에 실제의 평화조약은 독일의 입장에서 보면 훨씬 가혹한 것이 되어버렸다. 독일만 군비가 제한된다거나 거액의 배상금이 부과되었던 것이다. 이 과정을 상세하게 살펴볼 수는 없지만 하나의 전쟁이 끝날 때 평화에 대해서 어떠한 생각을 갖고 있었는가를 이해하는 데 강화회의의 의사록은 중요한 자료를 제공해준다.

개괄적으로 요약해 보면 당시 평화에 대해 크게 세 가지 견해가 있었다. 하나는 독일에 대한 징벌적인 평화, 즉 평화라는 것은 독일을 처벌하고 두 번 다시 전쟁을 일으키지 못하도록 하는 것이었다. 이러한 견해는 영국과 프랑스에 강했고 전후의 독일을 약체화, 분할, 빈곤화하는 것이 평화를 유지하는 것이 된다는 것이었다. 나아가 독일의 대외진출을 저지하기 위해서는 해외영토를 포기시킴과 동시에 중유럽과 동유럽에 새롭게 몇 개의 국가를 만들었다.

여기에 나타난 평화의 개념은 국제정치에서 독일을 고립시키고 제외시키는 것을 목적으로 한 것이었지만, 강화회의에서는 그것과는 별도로 독일도 포함한 새로운 국제질서를 구축해 가자는 흐름도 있었다. 이것은 건설적인 평화의 구상이라고 할 수 있었다. 이는 14개조의 원칙에 입각해서 국제주의를 기축으로 한 평화를 정의했으며, 그 속에서는 승자도 패자도 없고 새로운 질서의 안정화에 기여해야 한다고 했다. 그렇다고는 하지만 구체적으로 국제연맹의 설립 이외에 볼만한 성과는 없었다. 대독일 강화조약과는 별도로 국제연맹 규약(covenant)이 채택되었던 것은 평화에 대한 결의를 표시했던 것으로서 의의가 크다. '규약'이란 말이 보여주듯이 이 규약은 세계 각국이 자주적으로 참가해 새로운 질서에 공헌하기 위한 대강(大綱)을 제공한 것이고, 국제협조의 개념을 법으로 체계화한 것이라고 할 수 있을 것이다.

리프먼도 지적한 바 있지만, 영국과 프랑스는 징벌적인 대독강화를 미국이 받아들이도록 하기 위해서 연맹의 규약에 서명했으며, 반대로 미국은 연맹설치라는 비원을 달성하기 위해서 14개조 원칙과는 전혀 거리가 먼 가혹한 강화조약에 동의하지 않을 수 없었는지도 모른다. 강화조약과 연맹규약은 처음부터 표리일체를 이루었으며, 1918~1919년의 '평화'도 매우 애매모호하고 모순이 많은 것이었다. 그렇지만 이 사실은 연맹을 통한 국제질서의 정의라는 역사적인 중요성을 약화시키는 것은 아니었다.

규약 중에서 특히 강조되었던 것은 국제분쟁의 평화적인 해결이라는 원칙이었으며, 거기에는 두 가지의 측면이 있었다. 하나는 선진국 간의 관계였으며 강화조약에 의해서 결정된 새로운 국경을 '현상(現狀)'으로 인정하고 그것의 변경은 무력에 의하지 않고 교섭에 의해 해결한다는 것이었다. 그럼에도 불구하고 '영토의 보전'이 침범된 경우에는 연맹 가맹국은 공동으로 대처해야 한다는 소위 집단안전보장의 원칙이 제시되었던 것이다. 즉 여러 개의 군사동맹이 아니라 국제적인 힘을 결집하여 평화를 유지하려는 자세를 엿볼 수가 있다.

둘째로 독일과 터키(전쟁 중 독일의 동맹)의 해외 영토에 관해서 국제연맹은 새롭게 위임통치제도를 만들었다. 이것은 과거의 전쟁처럼 승자가 패자의 식민지나 영토를 분배하는 대신에 국제기구의 관할 하에 두고 주요 국가에 '위임'하는 형태로 관리하면서 미래의 자치나 독립에 대비한다는 것이었다. 여기에서도 국제문제의 평화적인 해결이라는 원칙이 관철되어 있었다. 구식민지에서의 급격한 변화나 대국 간의 분쟁을 피하기 위해 국제연맹의 지도하에 점진적인 개혁을 실시하고 지역적인 안정에 기여하고자 했던 것이다. 윌슨적인 평화 개념의 일면을 잘 보여주고 있다.

그러나 14개조와 비교해 보면 연맹의 규약에는 윌슨주의의 색채가 약화되어 있었다는 것을 부정할 수 없다. 그렇기 때문에 1919년의 '평화'는 진정한 의미에서의 윌슨적인 평화가 아니었으며, 미국뿐만 아니라 여러 국가에서 비판을 받게 된다. 특히 연맹의 규약이 국제정치에서의 '현상'유지를 중시하고 있었으며 평화의 이상과는 거리가 멀었다. 보다 확고한 평화의 질서는 경제적인 국제주의에 더해 각국에서의 민주주의 위에 구축되어야 한다는 입장에서 보면 1919년에 정의되었던 평화는 불충분한 것이었다.

바꿔 말하면 베르사유강화회의는 일본에서 고노에 등이 주장했던 경제적인 평등의 원칙에 입각하고 있었던 것은 아니었다. 또한 인종평등의 원칙도 무시되어 있었다(일본은 이 원칙을 연맹의 규약에 넣을 것을 주장했지만 구미제국의 반대에 부딪혔다). 따라서 고노에적인 입장에서 보면 1919년의 평화는 매우 '현상유지'적인 것이었으며, 자원이나 해외시장이 부족했던 일본의 입장에서 보면 불공평했던 것이었다.

그러나 그럼에도 불구하고 일본이 강화조약과 연맹규약을 비준했던 것은 외교적인 의도 이외에도 1919년에 규정되었던 평화가 '세계의 대세'를 반영하고 있었으며, 미국 주도형의 국제정치의 시작을 의미했다고 믿었기 때문이다. 일본의 입장에서 보면 비록 불철저한 평화였다고 해도 종래의 국제정치보다는 안정되어 있었으며 새로운 질서에 참가함으로써 이러한 질서를 더욱 강고한 것으로 만들기 위해 구미제국과 협력해야 한다는 견해가 지배적이었기 때문이다.

독일에 대한 징벌적인 측면과 신협조주의적인 측면에 더해 1919년의 평화에는 제3의 측면이 있었다. 이 평화는 처음부터 러시아의 사회주의 정권을 제외한 것이었다. 독일에 대한 승자의 평화라는 형태 혹은 국제연맹의 규약에 의해 정의된 질서라는 측면에서도 혁명적인 국가의 가입은 고려되지 않았다. 이것은 윌슨적인 평화의 이상이 레닌주의와 대립하고 경제적인 국제주의라든가 민주주의가 볼셰비키 지도자들로부터 '부르주아의 몽상'에 지나지 않는다고 조소되었기 때문이다. 또한 위임통치제도에 대해서 러시아는 코민테른을 설치하는 것으로 대응했다. 세계각지에서 반식민지주의투쟁을 일으키려고 기도했던 점이 양자 간의 차이를 두드러지게 했다. 그런 상태에서 연맹 참가국의 '규약'이 반혁명적인 의미를 갖는 것은 피할 수가 없었다. 러시아는 강화회의에도 국제연맹에도 초대받지 않았으며, 1919년의 평화에서 국외자에 지나지 않았다. 그러한 사태를 평화라고 부를 수 있었는가에 대해서 적어도 러시아의 지도자들에게는 대단히 의심스러운 일이었으며, 그들은 1919년의 국제질서를 자본주의와 사회주의의 투쟁 과정으로 보았던 것이다.

요컨대 제1차 세계대전을 치르는 몇 년간 전쟁과 평화에 대해서 과거에는 볼 수 없었던 논의가 거듭되었으며, 간신히 도달했던 베르사유의 질서도 그 성격이 모호했다. 그럼에도 불구하고 850만 명의 전사자를 기록했던 미증유의 전쟁이 인류의 평화관에 미쳤던 영향은 이루 헤아릴 수 없다. 앞으로 전쟁과 평화를 고려하는 경우 단순한 전쟁(war)과 평화(peace)가 아니라, 특정한 전쟁(the war)과 특정한 평화(the peace)에 대해서 논하는 것이 늘어날 것이다. 이것은 어떤 의미에서는 불행한 일이다. 왜냐하면 특수한 전쟁이나 평화에 관심을 갖기 때문에 일반론으로서의 전쟁과 평화에 대한 관념이 발달하지 못하기 때문이다. 이것이 전쟁과 평화의 논의를 역사적으로 제약했던 1914~1919년이 갖는 의의였다고 말할 수 있을지 모른다.

제4장

1920년대의 평화사상

1. 평화의 기반으로서의 군축과 통상(通商)

1918년부터 1931년까지의 십수 년은 비교적 평화적인 시기였다. 소규모의 전쟁(러시아와 폴란드, 터키와 그리스 간의 영토분쟁)이나 해외파병(일본의 산둥반도 출병, 미국의 니카라과 파병 등)은 끊이지 않고 있었지만, 1910년대나 1930년대와 비교해 보면 국제관계는 매우 안정되어 있었다. 이것을 평화의 시대라고 부를 수 있는가는 차치하고, 당시 각국 정부나 여론 지도자들이 평화문제를 진지하게 생각하고 국제질서를 보다 안정적인 것으로 만들기 위해 많은 제안을 했던 것도 사실이다. 실제로 대규모의 전쟁은 없었기 때문에 평화사상을 발전시킬 기회가 있었다고 할 수 있다.

1920년대의 평화사상에는 어떠한 것이 있었을까. 물론 그 출발점이 되었던 것은 1919년의 강화였으며, 따라서 초기에 평화=베르사유체제(peace=the peace)라는 견해가 일반적이었다는 것은 이미 앞 장에서 언급한 대로다. 그러한 관점에 서면 언제까지나 독일을 약체화해 두거나 국제연맹을 기능시키는 것이 평화라는 협의의 평화론밖에 존재할 수 없다. 그러나 실제로는 독·프간의 긴장이 고조되고 미국이 국제연맹에 참가하지 않음으로써 1919년 체제를 동결시키는 것은 불가능했다. 따라서 더욱 현실성을 띤 평화질서를 제창할 필요가 있었고, 베르사유 강화조약이나 국제연맹 규약을 초월한 혹은 양자를 포함한 보다 포괄적인 평화의 개념을 모색하지 않으면 안 되었다.

그 과정에서 1914년 이전의 평화사상이 상기되었던 것은 당연하다. 제2장에서 살펴본 바와 같이 제1차 세계대전 전 구미에서는 상당히 다양한 평화론이 발표되었다. 특히 영향력을 갖고 있었던 것은 문명과 경제의 진보를 평화와 결부시키는 소위 스펜서적인 개념이었다. 그러나 현실적으로는 문명과 경제가 가장 발달한 국가들이 미증유의 전쟁에 휘말려버렸기 때문에 단순히 문화나 산업의 발달이 평화를 보장한다고 할 수는 없다는 반성이 생겨났다. 그렇다고 해서 그러한 발달을 막아야 한다고 주장한 사람은 거의 없었고, 중요한 것은 문명국 간에 두 번 다시 똑같은 비극을 거듭하지 않기 위해서 어떻게 해야 하는가 하는 것이 문제였다.

사회주의자나 마르크스주의자 이외에는 선진국 간의 전쟁은 반드시 필연적인 것은 아니라는 것이 전전의 일반적인 견해였는데, 전후 이러한 신념은 더욱 강화된다. 또한 강화되어야 한다고 보았다. 평화가 하나의 이상(理想)으로서 이전보다 훨씬 중심적인 의미를 갖게 되었다. 예를 들면 프랑스의 정치가 아리스티드 브리앙(Aristide Briand)은 "평화야말로 가장 중요한 목표이며, 평화 앞에서는 어떠한 특수 사정도 희망도 희생되지 않으면 안 된다. 어떠한 것보다 더욱 평화를 지켜가지 않으면 안 된다."고 했지만, 이전보다 평화라는 것이 한층 도덕적인 의미를 갖게 되었음을 알 수 있다. 역으로 말하면 그만큼 전쟁을 비도덕적인 것으로 죄악시하게 되었던 것이다. 물론 이 경우 세계대전의 경험과 기억이 전쟁관의 기저에 있었던 것은 분명하다.

에리히 마리아 레마르크(Erich Maria Remarque)의 유명한 『서부전선 이상 없다』가 독일에서 출판된 것은 1929년이었고 곧바로 영어로도 번역되었는데, 이 소설뿐만 아니라 당시 유럽에서 출판된 소설이나 회고록 대부분이 대전의 무의미함이나 허무함, 전선의 장교나 병사들의 흉포함이나 무기력함, 혹은 젊은이들을 전쟁터로 보내놓고 자신들은 타락한 생활을 했던 국내의 지도자들의 위선을 묘사함으로써 전쟁이 '인류에 대한 범죄'라는 이미지를 심어주었다. 이러한 전쟁을 세계에서 추방해야 한다는 것이 '전쟁의 비합법화'론을 지탱하고 있었던 것은 의심할 여지가 없다. 전쟁은 부도덕한 것이기 때문에 이것을 비합법화(outlaw)하자는 움직임이 브리앙 같은 정치가나 여론 지도자들 사이에서 고조되었기 때문에 1928년의 파리 부전조약(不戰條約)으로 이어져 갔다.

이미 1923년 미국의 윌리엄 보라(William E. Borah) 상원의원은 전쟁을 '공적(公的)인 범죄'로 규정하고, '전쟁 대신 사법적인 제도'를 설치해야 한다는 결의안을 제출했으며, 세계에서 전쟁을 추방해야 한다는 여론이 미국을 비롯한 각국에서 고양되었다. 보라가 말한 대로 세계의 유수 여론은 전쟁의 비합법화를 바라고 있었으며, 전쟁을 일으키는 것은 범죄자로서 처벌해야 한다고 했다. 이러한 움직임은 전쟁을 절대악으로 보는 견해가 일반화됐음을 보여준다. 모든 국가의 사람들이 전쟁을 증오하고, 전쟁 주모자에게 협력하지 않을 것을 서약한다면 지구에서 전쟁은 없어질 것이라는 낙관주의를 찾아볼 수 있다. 평화와 '세계 여론(world public opinion)'을 동일시하는 논의가 많았던 것도 그러한 일단을 보여주고 있다.

그러나 과연 일반 시민들의 여론이 본질적으로 평화를 지향하는 것일까? 제1차 세계대전과 강화회의는 오히려 그들(시민)이 감정적이며 배타적이 되어 무의미한 살육조차 할지도 모른다는 것을 보여주는 것이 아니었을까? 실제로 '세계 여론'이라는 것이 일을 수 있는가? 그러한 의문이 당연히 생길뿐만 아니라, 1920년대에는 군중이나 대중의 심리나 개인의 무의식적인 비합리성에 대해서 많은 책들이 발표되었다. 특히 유명한 것이 월터 리프먼(Walter Lippmann)의 『여론(*Public Opinion*)』으로, 근대 시민들은 전쟁이나 평화 문제에 대해서 어떠한 판단을 강요받고 있지만 실제로는 거의 예비지식을 갖고 있지 않아 프로파간다나 편견에 싸여 세상을 본다는 비관론을 펼쳤다. 따라서 정확한 정보나 지식이 없는 일반 시민은 국제

문제에 관심도 없고 논할 자격도 없으며, 전쟁이나 평화의 문제도 지적 엘리트들에게 맡기지 않으면 안 될 것이라고 리프먼은 결론지었다.

이러한 극단적인 견해에 따르면 과연 엘리트가 일반 시민보다 평화적인가 하는 것은 매우 의심스러우며, 사실 이 점에 대해서 지식인이나 문화인들은 심각하게 반성하게 된다는 것은 다시 언급하기로 한다. 다만 막연하게 '세계 여론'에 호소한다는 것뿐만 아니라, 구체적으로 어떠한 방법으로든 평화를 지키려는 노력을 해야 한다는 점에서 많은 지식인들은 의견의 일치를 보았다. 평화가 도덕적인 것이며 전쟁이 범죄적인 것이라고는 해도 실제 문제가 되는 것은 어떠한 평화를 어떻게 구축할 것인가 하는 것이다. 1920년대에도 당연한 것이지만 몇 가지 구체적인 방안이 제시되어, 실행되었지만 여기에서는 특히 중요한 두 가지에 대해서만 살펴보기로 한다. 첫 번째는 평화=군축이라는 생각, 두 번째는 평화의 경제적 정의라고 부를 수 있는 견해다.

평화를 지키기 위해서는 군비의 축소가 필요하다는 견해는 전전부터 존재하고 있었으며, 14개조 선언에도 잘 나타나 있다. 그러나 강화회의에서 실제로 군축이 결정된 것은 독일과 그 동맹국들에 대해서였고, 전승국의 군축은 언급되어 있지 않다. 사실 전후에도 영·미·일 등은 여전히 해군확장계획을 실행하려 했다. 이러한 상태에서 더 안정된 평화가 군축을 전제로 한다는 논의가 활발했던 것은 조금도 이상한 일이 아니다. 특히 미국에서는 미국이 국제연맹에 가맹하지 않은 만큼 군축운동은 매우 활발했다. 국제연맹 밖에서 더구나 국제연맹 같은 활동을 하려고 한다면 군축은 적당한 운동이었으며, 평화 운동을 전개하는데도 미국이 지도적인 지위를 차지하기 위해서도 중요하다고 생각했던 것이다. 1921년에 조직된 군축평의회(National Council for the Limitation Armaments)는 한 예에 불과하다. 전쟁을 없애기 위해서는 우선 군비를 제한하지 않으면 안 된다는 사상에서는 다른 단체들도 마찬가지였다. 더욱 중요한 것은 보라 의원을 비롯한 정치가 궁극적으로는 미국 정부 자신도 군축에 의한 평화를 지지했다는 것이다.

1920년대가 갖는 독특한 다른 하나는 군축이라는 목표가 일부의 여론뿐만 아니라 영국·미국·프랑스·일본 등 대국의 지도자들에 의해 수용되었다는 것일 것이다. 워싱턴 군축회의(1921~1922)와 그 후에 개최된 몇 번의 군축회의에는 물론 각국의 전략이나 힘의 균형에 대한 관심이 교차되어 있었던 것은 분명하지만, 군축이 평화를 달성하는 하나의 길이라는 사상이 그 배경에 존재하고 있었던 것도 분명하다. 역으로 말하면 군비는 전쟁으로 이어지는 것이고, 군비확장이 전쟁의 가능성을 높인다는 발상이다. 평화라는 것을 각국의 군비가 축소된 상태라고 정의하고 있었던 것이다.

그러한 정의가 1920년대에 특히 중요성을 더했던 것은 경제적 국제주의가 그것을 뒷받침하고 있었기 때문이었다. 세계 평화는 통상해운이나 해외투자의 확대를 통해 촉진될 수 있다는 관념이 1914년 이전에 이미 출현했었다는 것은 이미 제2장에서 살펴보았는데, 전후 그것이 급속도로 영향력을 확대해 갔다. 그 근본적인 이유는 미국의 압도적인 경제력 때문일 것이다.

원래 경제적 국제주의는 미국에서 특히 영향력을 갖고 있었다. 그리고 1919년 이후의 국제경제가 미국의 자본, 기술, 무역에 의존하게 되자 이러한 생각도 당연히 일반화되었다. 정치적으로는 미국이 국제연맹에 참가하지 않았기 때문에 평화를 위해 자국이 공헌할 수 있는 것은 경제면에서라고 생각했던 것도 당연하다. 그것은 단순히 미국 한 나라의 역할에 그치는 것이 아니라, 하나의 세계 규모의 경제질서를 건설하는 것을 목적으로 하고 있었다. 집단안전보장체제나 국제연맹보다 상호의존적인 개방적인 국제질서를 만드는 것이 평화를 가장 확실히 보장하는 길이라고 보았던 것이다.

예를 들면, 당시 비약적으로 발전했던 미국 자동차산업을 대표하는 헨리 포드(Henry Ford)는 1929년에 출판했던 『나의 산업철학(*My Philosophy of Industry*)』에서 산업이나 농업 기술의 혁신에 의해 미국인의 생활이 윤택해졌고 나아가 다른 국가들에서도 같은 현상이 일어나고 있다는 것을 지적하면서 경제적인 것이 근본적인 문제이기 때문에 소련이나 중국에서조차

'미국의 진보'를 모델로 함으로써 윤택해질 수 있다고 했다. 또한 '정치적인 경계나 사상보다는 경제적인 조건'이 진보를 가능하게 하고 '국제적인 이해'를 촉진한다고 주장했다. 이러한 움직임이 '평화애호를 위한 힘'이 될 수 있고, 이러한 힘을 결집하면 '전쟁애호세력'을 억제할 수 있다고 포드는 주장했다. 조금은 막연한 논의지만 평화의 기초를 경제의 발달과 상호의존성에 두었다는 점에서 당시의 전형적인 견해였다고 할 수 있다.

그래도 포드는 '평화의 힘'을 결집하기 위해서는 군사력도 필요하다고 했지만, 1920년대에는 오히려 반대로 경제발달과 군비의 증강은 서로 모순된 것이라는 주장이 일반적이었고, 그것이 군축운동의 사상적인 기반을 제공했다. 즉, 군비의 확장은 국제적인 긴장을 조장할 뿐만 아니라, 각국 경제에 무거운 부담이 되어 통상이나 산업화에 사용될 자원을 낭비하게 된다. 특히 정부의 지출을 늘려 결과적으로 국가 재정의 합리화를 어렵게 하고 증세나 적자재정을 강요하게 된다. 그러한 사태는 통화의 가치를 하락시켜 인플레이션을 초래하게 된다. 그 결과 궁극적으로 국제무역이나 투자활동에 혼란을 초래해 버릴 것이다.

이러한 견해가 국제경제질서에 대한 일종의 안정 상태를 상정하고 있었다는 것은 당연하지만, 그것이 평화로 이어질 것이라는 점에서 몇 가지 중요한 시사점을 제공한다. 첫째로는 군축을 종합적으로 뒷받침했다는 것이고, 둘째는 각국 간의 자유로운 교역이나 투자활동은 외환의 자유화를 상정하고 있었기 때문에 그러한 활동을 가능하게 하는 경제질서, 즉 평화와 표리일체를 이루는 것으로 여겨졌다. 셋째로는 국제질서와 국내질서의 관련성이라는 측면에서 평화라는 것은 양자가 함께 안정된 상태를 가리킨다고 보았다.

특히 세 번째가 무엇보다도 중요하다. 국제질서(평화)와 국내질서(안정성)의 상호의존성에 대해서 윌슨 대통령이 강조하고 있었던 것은 이미 앞에서 서술한 대로다. 다만 윌슨은 국내질서의 정치적인 측면 즉 민주주의 정치를 강조했었던 반면 1920년대에는 경제적인 측면이 전면에 등장하게 되었다. 국제경제질서의 안정 지향은 곧 각국의 경제가 그 질서에 편입되는 것을 의미하고, 특히 통화가치의 안정성을 유지하고 인플레이션을 회피함으로써 국제경제질서를 유지하는 것이 중요하다고 보았기 때문에 국내경제의 일부 특히 농민이나 노동자는 저수입을 감수하는 희생을 강요받았던 것도 사실이다. 그러나 거시적인 시야에서 보면 번영이야말로 평화를 보장한다는 신조가 있었고, 그를 위해서는 자본주의의 유지가 전제되어 있었기 때문에 1920년대의 평화는 자본주의적 국제주의에 의해 정의되었다고 말할 수 있다. 실업가의 평화라고 부를 수 있을 것이다. 앞에서 언급한 포드 외에도 은행가인 토머스 라몬트(Thomas Lamont), 벤저민 스트롱(Benjamin Strong), 찰스 도

즈(Charles Dawes) 혹은 유럽 각국의 중앙은행 간부들이 1920년대의 평화를 위해 노력한 일부를 대변하는 세력이었다.

2. 혁명적 평화론의 성쇠

그러나 자본주의 국가나 은행가만이 1920년대의 평화론을 전개했던 것은 아니었다. 당시의 세계에는 구미와 일본 등 경제선진국 외에도 후진국, 식민지, 혹은 위임통치지역이 많이 존재하고 있었으며, 사회주의 국가 러시아(소비에트 연방)도 착실하게 지반을 다지고 있었다. 그들의 전쟁과 평화론이 자본주의 국가의 것들과 같을 수 없다는 것은 당연하다. 그러나 또한 양자가 완전히 별개의 것이었다고도 할 수 없다. 만약 두 개 혹은 세 개의 국가군 사이에 전쟁과 평화에 대해서 어떠한 일치점도 없었다고 한다면 국제정치는 분쟁을 회피할 수 없었을 것이다. 그러나 실제로는 1920년대는 선진국과 후진국, 자본주의 국가와 사회주의 국가 간의 관계가 비교적 평화적이었다.

가장 가까운 예는 앞에서 언급한 부전조약(1928)일 것이다. 이 조약에는 미국 외에 소련, 터키 그리고 국제연맹에 가맹하지 않았던 국가들을 포함하여 거의 모든 독립국가들이 서명했다. 이것은 각국에 공통의 평화개념이 존재하고 있었던 것을 보여준다. 평화라고 해도 이 조약은 전쟁을 '비합법화(불법화)'했을 뿐이었기 때문에, 바람직한 평화라는 것이 어떻게 정의되어야 하는가에 대해서 반드시 일치된 견해가 있었던 것은 아니다. 그렇지만, 적어도 세계 각국들이 정치나 경제제도의 차이에도 불구하고 부전조약에 서명했던 상징적인 의의는 매우 크다.

문제는 선진국과 후진국, 자본주의 국가와 사회주의 국가 사이의 평화를 어떻게 규정하는가 하는 것이었다. 특히, 1920년대에는 소련의 영향 하에 혁명적인 국제 관념이 영향력을 증가시키고 있었기 때문에, 이것이 자본주의적 국제주의와 어떤 관계에 있었는가가 당시 가장 큰 문제였다.

혁명적 국제 관념이라는 것은 요컨대 레닌주의의 영향을 받아 반제국주의를 근간으로 한 전쟁·평화론이었지만, 여기에서는 이미 언급한 대로 전쟁과 평화가 상대화되어 사회주의 혁명의 수단으로서의 의미밖에 갖지 못한다. 특히 1920년에 들어서면 코민테른의 사상적 지도하에 각국의 공산당, 혁명주의자나 반자본주의운동이 반제국주의의 기치 하에 결집하여 반식민지투쟁을 전개했던 것이다. 이러한 시각에서 제창되었던 전쟁이나 평화가 자본주의 국가가 정의하는 것과 달랐던 것은 당연하다. 반제국주의 투쟁이나 식민지 해방전쟁을 바람직한 전쟁으로 보았기 때문에 선진국간의 경제질서유지라는 형태의 평화에는 반대한다. 전쟁을 절대악으로 하는 시점은 여기에는 존재하지 않는다. 제국주의를 약화시키고 자본주의를 근절시키기 위해서는 때로는 평화적 수단에 의하지만, 경우에 따라서는 전쟁도 불사한다고 보았다. 이러한 전쟁은 바람직한 전쟁이었지만 제국주의 국가 간의 전쟁은 자본가를 배부르게 할 뿐이었기 때문에 반대하지 않으면 안 된다는 것이 코민테른의 테제였다.

'민족해방운동'이라는 개념이 일반화되었던 것은 이때였다. 예를 들면, 이오시프 스탈린은 1924년에 저술한 『레닌주의의 근본 개념』에서 '피압박 민족에 의한 해방운동'에 대해 언급하면서 식민지나 종속국에서의 반제국주의 투쟁을 지지한다고 했다. 선진국의 노동계급도 이 투쟁을 지지하지 않으면 안 된다는 것이 레닌이나 스탈린의 혁명전략이었다. 그런 의미에서 자본주의나 제국주의가 존재하는 한 안정된 평화는 존재할 수 없고, 오히려 선진국 간의 평화는 혁명세력에 불리하기 때문에 여기에 반대하지 않으면 안 되었다.

그렇지만, 소련이 부전조약에 서명했던 것은 마르크시즘의 평화론이 자본주의 국가군과 사회주의 국가 사이의 평화(가령 그것이 일시적인 것이라고 해도)의 가능성을 인정하고 있었다는 것을 보여준다. 그 이론적인 근거는 어디에 있었는가.

하나는 레닌의 '평화공존론'일 것이다. 이 개념은 이미 1919년경부터 레닌이 사용하기 시작했으며, 볼셰비키 정권과 자본주의 국가 간의 공존이 가능하다는 견해를 보여주고 있다. 거기에는 전술적인 측면도 있었겠지만 특히 영구혁명론을 주장했던 마르크스주의자들의 입장에서 보면 불순한 이론이었을 것이다. 그러나 레닌은 한편에서 민족해방투쟁을 지지하면서 다른 한편에서는 자본주의와의 공존을 주창한다. 그것은 세계 각지에서의 사회주의 혁명은 전쟁이라는 수단에 의하지 않고 정치운동이나 프로파간다 등 '평화적'인 수단으로도 달성할 수 있다는 생각을 반영하고 있다. 예를 들면, 미국과 소련은 전쟁에 의하지 않고 정치나 경제적인 측면에서 경쟁하면서 다른 나라에 대한 세력 확대를 위해 노력하면 그만이고, 궁극적으로는 사회주의 세력이 승리할 것이기 때문에 그때까지는 평화공존이 가능하다는 것이다.

더 나아가 미국 주도형의 자본주의도 소련 영향하의 사회주의도 1920년대에는 특히 국제주의적인 지향을 강조하고 있었던 것이다. 레닌이나 스탈린에 의하면 자본주의의 발달은 국가 간의 장벽을 제거하여 자본과 그 밖의 경제활동의 국제화를 가져온다. 이것은 바로 자본주의적인 국제주의 이론과도 같으며 포드 같은 실업가의 주장과도 같은 것이다. 다만 자본주의 국가의 실업가는 그렇게 국제화된 경제가 즉 평화의 조건이라고 보았던 데 대해서 마르크스주의자는 이러한 상태는 다음 단계, 즉 사회주의로 가기 위한 준비기간에 지나지 않는다는 점에서 다를 뿐이다. 스탈린이 지적한 대로 "진정한 국제주의는 프롤레타리아 혁명에 대비하여 각국의 노동자가 밀접한 관계를 형성하는" 것이고, 이러한 조건은 '통일된 국제경제조직'이 이루어졌을 때 가능하게 된다. 이렇게 궁극적인 비전은 서로 달랐지만 경제적인 국제주의의 역사적 의의를 인정했다는 점에서 양자는 공통점이 있었다. 그리고 부전조약으로 집약된 평화공존도 경제의 국제화의 한 과정이 세계정치의 형태로 나타난 것이라고 할 수 있었다.

셋째로 1920년대에 소련의 지도자가 미국의 산업제도, 특히 그 능률성에 대해 갖고 있던 동경에 가까운 감정에 대해 언급할 필요가 있다. 스탈린의 말대로 한다면 진정한 혁명가는 '러시아의 혁명 의식과 미국의 능률성'을 겸비하지 않으면 안 된다는 것이다. 즉, 능률성이라는 것은 '어떠한 장애물에도 맞서는 정신력, 비즈니스적인 인내력, 최후까지 해내는 힘'이라고 스탈린은 말하고 있지만, 포드도 같은 말을 사용했을 것이다. 이와 같이 동일한 가치를 인정했다는 것은 경제관념이 (특정 레벨에서) 국제화했다는 것을 말해준다. 그리고 공통의 가치 기준을 서로 인정하는 곳에 평화의 기반이 구축된다는 포드의 견해를 소련의 지도자들이 부분적으로 받아들였던 것이다. 체제가 다른 국가 간의 평화를 유지하는 것도 그런 점에서 정당화될 수 있었던 것이다.

한편 자본주의 국가의 사람들은 혁명정권이나 반제국주의 투쟁과 국제평화를 어떻게 관련지었는가? 당시 아직 자본주의와 사회주의 간의 숙명적인 전쟁론도, 반대로 평화공존론도 계통적으로 전개되고 있지는 않았고 대부분의 논자들은 어떠한 형태로든 혁명정권이 변화하고 보다 평화적이 될 것이라고 믿고 있었던 것 같다. 그 중심적인 개념은 경제발전론, 즉 근대화론이었고 사회주의 정권도 경제발달을 필요로 하는 이상 자본주의 국가로부터 자본이나 기술을 바라지 않으면 안 될 뿐만 아니라, 그 과정에서 양자 간에 평화로운 관계가 유지될 것이라는 것이다. 이것이 자본주의적 국제주의의 개념에 입각한 평화론의 한 측면에 지나지 않았던 것은 물론이다. 따라서 레닌주의의 전쟁·평화론에 대해서 새로운 논리를 전개했다고는 말할 수 없다.

비교적 새로웠던 것은 식민지나 종속국의 반제국주의투쟁에 대한 선진국의 반응이었다. 1920년대의 평화문제에 대해서 특히 중요했던 것은 후진국의 내셔널리즘과 선진국과의 대립을 어떻게 해서 완화할 것인가 하는 것이었다. 때로는 이 내셔널리즘이 혁명적 반제국주의로 되기 쉬운데, 멕시코나 중국의 예를 보면 잘 알 수 있다. 식민지해방이나 제국주의 타도를 외치는 국가들의 지도자 내지는 민중과 선진자본주의 국가 간에 과연 평화로운 관계가 성립할 수 있는가는 윌슨 대통령이 민족자결원칙을 지지했었기 때문에 미국에는 특히 심각한 도전이었던 것이다.

내셔널리즘의 폭풍에 대해서 무력으로 대응하는, 즉 해외파병으로 국지적인 전쟁을 하면서 선진국 측의 권력과 권위를 유지하는 것도 하나의 방법이었으며, 일본에 의한 산둥반도 출병(1927년과 1928년)은 그러한 좋은 예이다. 당시의 경향은 그러한 수단에 의하지 않고 경제적 평화적으로 타협하는 것을 목표로 했던 움직임이 주도적이었다. 이것이 위에서 서술했던 경제주의적 관념에 의해 뒷받침되어 있었던 것은 물론이지만, 특히 흥미로웠던 것은 내셔널리즘에 대한 이해를 표시함으로써 양자 간의 대립을 완화하고 과격한 반제국주의 운동의 발전을 저지해야 한다는 논객이 많았던 것이다. 동시에 평화적인 내셔널리즘과 타협하는 것이 자본주의 체제에도 유리하다는 판단도 있었다.

예를 들면, 석유권익문제를 둘러싸고 미국과 멕시코가 긴박하게 대립했을 때 리프먼은 라틴 아메리카의 지도적인 내셔널리스트들에 대해서 미국은 결코 자신들의 적이 아니라, 오히려 자신들과 협력해서 문제를 해결하고 싶다고 전해야만 한다고 주장했다. 그렇지 않으면 미국은 무력개입 이외에 다른 방법이 없으며, 그것이 전쟁으로 발전할 가능성도 고려하지 않으면 안 된다는 것이다. 전쟁을 회피하고 어떠한 형태든지 멕시코와 평화로운 관계를 유지하려 한다면 우선 후자의 내셔널리즘을 인정하고 그것이 과격화하지 않도록 하는 것이 유일한 길이라고 보았던 것이다. 이런 생각은 온건한 내셔널리즘을 지지·육성함으로써 선진 자본주의 국가와 후진국 간에 평화를 유지한다는 정책으로 이어져 간다. 요컨대 양자 간의 제휴관계(collaboration)를 형성하여 그것을 축으로 국제질서의 안정화를 도모한다는 방식인데, 이 관계의 축을 이루는 것이 경제발달의 개념이었다. 후진국의 내셔널리즘 운동은 다분히 경제의 근대화를 목표로 한 움직임이었고, 선진국으로서도 자본과 기술을 제공함으로써 후진국가도 국제경제질서 속에 편입될 수 있다는 것이다. 그러한 점에서는 소련 등 혁명정권에 대한 견해와 다르지 않다.

다만 1920년대의 특징은 경제적 국제주의의 개념이 전면에 나오면서 제국주의나 식민지주의에서의 경제적인 측면이 강조되어 그 결과 포괄적인 평화질서의 개념이 전개될 수 있었다는 것이다. 내셔널리즘도 혁명주의도 나아가서는 제국주의도 국제경제질서 속에 편입된 결과, 점차로 과격성, 적대성을 약화시켜 온건한 형태로 변형된다. 그래서 이것이 즉 세계평화를 지탱한다는 인식이 높아지는 것이다.

이러한 논의를 전개했던 많은 저작 가운데 전형적인 한 예를 들어보자. 미국의 종교가이며 평론가였던 라인홀드 니버(Reinhold Niebuhr)의 많은 잡지 기사는 매우 시사적인 것이었다. 1920년대 후반 이후 그는 국제문제나 사회문제에 대해 논평하면서 크게 활약했는데, 당시 그가 강조했던 것은 미국과 세계 전체의 번영과는 밀접한 관계가 있고, 그러한 번영은 평화의 기초가 될 수 있다는 것이었다. 특히 중요한 것은 선진국의 경제력이 후진국에서 무력에 의해 지켜지는 것이 아니라, 평화적인 수단 즉 실업가나 기술자의 손에 의해 이식되는 한,

그리고 선진국 본국에서도 경제력이 군사력으로 이어지지 않는 한 평화를 유지하는 것이 가능하다는 것이다. "우리들은 경제의 시대에 살고 있다." 그리고 "우리들의 해외에서의 지위는 해군이나 식민지총독에 의해서가 아니라 은행가에 의해서 유지되고 있다."는 것이다. 이러한 상태가 계속되는 한 국제사회 전체의 이익을 생각하고 평화를 이상으로 삼는 태도를 배양하는 것이 가능하다고 니버는 말한다. 역으로 가령 군사력이 증강되어 무력으로 경제문제를 해결하려 한다면 미국 사회의 안정은 물론 세계평화도 위협받게 될 것이라고 예언하고 있다.

리프먼이나 니버의 전쟁·평화의 개념은 제1차 세계대전 전의 스펜서적인 이론을 더욱 발전시켜 후진국 문제를 고려한 것이라고 할 수 있다. 여기에는 철저한 경제주의적인 입장이 있다. 평화를 국제경제질서와 동일시하고 나아가 내셔널리즘도 그 속에 수용하려고 했다는 점에서 이 견해는 장래에 대한 커다란 포석이 될 것이다.

3. 지적 교류

그렇지만, 1920년대에는 경제주의적 평화사상과 함께 사상, 교육, 문화적인 측면에서 평화의 기반을 모색하는 움직임이 현저했다. 구미제국이나 일본의 지식인이 국제문제에 대해서 적극적으로 서로 연락을 취하면서 세계평화를 보다 확고한 것으로 하려는 움직임이 있었다. 이것은 대전 중 학문이나 예술 분야에서 활동하고 있었던 사람들조차 배타적인 애국주의에 사로잡혀 결과적으로 무의미한 전쟁에 협력한 것에 대한 반성에서 출발했다. 그 최초의 움직임이 유럽의 지식인에 의한 '지적 독립선언'일 것이다. 이것은 1919년 휴전 직후 영국, 프랑스, 독일 및 이탈리아의 학자와 예술가가 서명한 것으로 로맹 롤랑(Romain Rolland), 헤르만 헤세(Hermann Hesse), 베네데토 크로체(Benedetto Croce) 등이 발기인으로 참가했다. 그들은 전쟁 중 유럽에서 내셔널리즘의 영향을 받아 예술가나 지식인까지 국가의 하수인이 이 되어 문화활동이나 정신활동까지 왜곡돼버렸다는 인식하에 두 번 다시 그러한 잘못을 범하지 않도록 지식인의 '독립'을 선언했던 것이다. 그들은 국경으로 분단된 국가 단위가 아니라 국제적인 시야로 상호연대하면서 정신적인 자유를 고무함으로써 평화를 구축하고자 했던 것이다. "우리들은 복수의 국민(people)은 인정하지 않는다. 우리가 인정하는 것은 보편적인 인간(the people)뿐"이라는 선언 속에서 우리는 정신적인 국제주의의 동향을 볼 수 있다.

당시의 지식인 중에는 그러한 국제주의는 비현실적이고 무지한 일이라면서 반대하거나 무시했던 사람들도 적지 않았다. 한편에서는 볼셰비즘의 영향 하에 계급투쟁을 지지하는 것이야말로 인텔리의 의무라고 했으며, 다른 한편에서는 내셔널리즘의 불길을 태우는 것이 예술가의 역할이라는 견해가 강하게 남아 있었다. 예를 들면 전자는 프랑스의 앙리 바르뷔스(Henri Barbusse), 후자는 이탈리아의 가브리엘레 단눈치오(Gabriele D'Annunzio)가 대표적 인물이었다. 두 사람 모두 전전의 사조로부터 영향을 받았다. 한쪽은 사회주의혁명이 각국에서 성공해야 비로소 세계는 평화로울 수 있다고 주장하고, 다른 한쪽은 평화보다도 전쟁을 찬미했으며 국가의 존재 그 자체는 전쟁을 전제로 한다고 주장했다.

이 양자에 대해서 문화적 국제주의를 평화의 기반으로 하고자 했던 움직임은 비교적 새로운 것이었으며 취약하기도 했다. 그러나 각국의 지식인 중에 그러한 평화, 국제적인 연대 의식에 입각한 세계질서를 목표로 했던 흐름이 있었다는 것은 부인할 수 없다. 이것이 1920년대의 하나의 특징이었다.

지적 교류에 입각한 국제평화라는 것은 구체적으로는 각국의 지도적인 지식인들이 국가의 대표로서가 아니라, 인텔리로서 횡적으로 연대하여 세계의 문제를 토의하거나 의견을 교환함으로써 국제적인 이해를 증진하고 나아가서는 평화에 공헌하고자 했던 것이다. 그 구체적인 좋은 예는 국제연맹 내에 설치된 '국제지적협력연구소'일 것이다. 이 연구소는 세계 각지의 지적인 지도자들에게 의견 교환 장소를 제공하기 위해 만들어진 것이었는데, 이것은 '지적 협력'이 국제이해와 평화에 불가결하다는 인식을 반영하고 있다.

이 연구소의 중심적인 존재로서 활약했던 사람이 일본의 니토베 이나조(新渡戸稲造)였으며, 그는 지적 교류나 국제이해의 대명사가 되었다. 그의 주장은 복잡한 것이 아니었다. 요컨대 평화는 각국 국민의 접촉을 통해서만 가능하다는 것이었다. 그는 수년간 국제연맹의 차장을 역임한 후 1927년에 귀국해 영자신문『오사카 마이니치(大阪每日)』에 짧은 논평을 연재했다. 특히 그 속에서 니토베가 주장했던 것은 평화는 정치나 경제 문제가 아니라, 근본적으로는 사람들의 마음의 문제이고 세계 대다수의 사람들은 평화를 사랑하기 때문에 이러한 감정을 정책에 반영시키기 위해서도 적극적인 국제교류가 필요하다는 것이었다. "경제적인 이해관계가 각국의 국민들을 연결해준다는 것은 부정할 수 없지만, 그 밖의 보다 정신적인 면에서의 관계를 간과해서는 안 된다."고 그는 말했다. 보다 정신적인 것이라는 것은 종교, 교육, 학술, 그리고 문화적인 것이고, 이러한 분야에서 각국의 사람들은 특히 지도적인 지식인이 교류와 협력을 증진하는 것이 평화를 강고하게 하는 불가결한 조건이라고 주장했다.

이러한 의욕적인 자세에도 불구하고 니토베 자신도 국제연맹의 지적협력연구소도 문화교류를 위해 최선을 다했다고 할 수 없다. 이 연구소에서 했던 가장 유명한 행사는 1932년 지그문트 프로이트(Sigmund Freud)와 알버트 아인슈타인(Albert

Einstein)의 평화에 대한 공개적인 논쟁이었다. 후술하는 바와 같이 이 논쟁의 시기가 너무 늦었기 때문에 현실성이 결여되어 있었다. 그러나 어쨌든 전략이나 경제 이외의 분야에서 국가 간의 관계를 증진시키고, 국제적인 이해의 향상을 위해 기여하려했던 움직임이 생겨난 것은 1920년대의 중요한 유산이라고 말하지 않으면 안 된다.

앞에서도 말했듯이 1920년대의 국제질서는 다분히 미국의 힘(특히 경제력)에 의한 것이 크지만, 당시 미국에서 문화적 국제주의나 지적 교류를 확대하려는 움직임이 고조되었던 것은 주목할 만하다. 일반적으로 1920년대의 미국 사회는 물질적, 자기중심적, 배타적인 것으로 해석되면서 문화면에서 국제평화에 공헌했던 것은 무시되기 십상이다. 특히, 1924년의 이민법은 명백한 인종의식에 입각해 북유럽이나 서유럽으로부터의 이민을 우선하였고, 동유럽이나 남유럽계를 차별했으며 나아가 아시아를 완전히 배제하고 있었기 때문에 친미파인 니토베조차 이 이민법이 폐기되지 않는 한 두 번 다시 미국 땅을 밟지 않겠다고 분노했을 정도였다. 그러나 한편 일본이나 중국을 대상으로 했던 학술, 종교, 교육 분야에서의 교류 활동이 활발했던 것도 1920년대였다는 것을 잊어서는 안 된다. 예를 들면 이민으로서의 동양인은 배척하면서 일본이나 중국의 유학생은 환영하기도 했다. 사실 1929년의 시점에서 전체 유학생 약 1만 명 중에서 가장 많았던 것은 중국이었으며(3천 명),

일본의 학생도 약 2천 명 있었다. 물론 아시아에 국한하지 않고 라틴아메리카나 유럽의 학생도 있었기 때문에 당시의 미국에는 이들을 받아들이려는 분위기가 있었다고 할 수 있다. 교육 분야의 교류가 국제적인 이해와 세계평화에 기여한다는 인식이 그 바탕에 있었던 것은 분명하다.

원래 미국은 이민의 나라였으며, 수백만 명의 사람들이 유럽이나 아시아로부터 미국으로 건너왔던 것도 미국에 정치적인 자유나 그들을 필요로 하는 경제적 조건이 있었기 때문이었다. 그러나 1920년대에 종래의 이민정책이 변경되었고, 문화면에서 외국인과의 교류가 강조되었던 것은 흥미롭다. 당시 미국 사회학의 제1인자였던 로버트 파크(Robert Park)에 의하면 인종이나 국민들 사이에는 결코 경제적 실무적인 관계만은 있을 수 없고, 정치적·문화적인 의미를 갖는다고 했다. 그들이 공존할 수 있는 정치적·도덕적인 질서가 없으면 전쟁에 의해서 새로운 일종의 질서를 만들려고 한다는 것이다. 전쟁의 궁극적인 결과는 '질서가 존재하지 않는 지역에 새로운 질서를 만드는 것'으로 나타난다. 그러나 인종 간 그리고 국민들 간의 접촉이 깊어지고 있는 현대 세계에서 사람들은 많은 공통적인 경험을 함으로써 많은 측면에서 동질화하는 경향이 있다. 따라서 전쟁에 의해서가 아니라 문화적인 접촉을 통해서 세계에 일종의 도덕적인 질서가 형성되고 있다고 파크는 보았다.

그러한 인식이 가령 일부 식자들에 한정되어 있다고 해도 전쟁·평화론에서 1920년대가 차지하는 공헌을 간과할 수는 없다. 사실, 국민들 간의 교류 확대를 통해 국제적인 이해를 촉진하고 나아가 세계평화에 기여한다는 생각은 당시 미국에서 많이 유행했던 대중문화의 개념과도 일맥상통한 부분이 있다. 대중음악(재즈), 라디오, 영화 등에 의해 전형적으로 표현되었던 문화생활은 미국인이 즐기기 위한 것만이 아니라, 국제성을 갖고 있다고 믿고 있었다. 예를 들면, 1920년대 후반에는 할리우드에서 제작된 영화가 유럽의 영화관에서 상영된 영화의 80%를 차지했다. 유럽뿐만 아니라 일본이나 중국 나아가 소련에서 개봉되기도 했는데, 각국의 식자들 중에는 문화생활의 '미국화'를 우려하기도 했다. 그러나 동시에 문화의 미국화 경향은 시대적인 조류였으며, 세계 각국은 미국적 문화의 영향으로 이를 매개로 서로 연결되어 있다고 지적하는 사람도 있었다. 그러한 시각에서 보면 대중문화의 획일성을 통해 세계의 평화가 촉진되게 된다. 적어도 국가 간의 경계가 종전만큼 엄격하지는 않았으며(파크의 말대로 하면, "영화는 현대의 국제관계가 정치·경제면 이외에 문화면을 갖고 있다"는 것을 보여주었다), 국제적인 문화운동을 통해서 각국 국민들의 견해나 심리상태가 변화해 간다고 하면, 이것은 '세계의 미래를 구축해 가는 데'는 중요한 역할을 한다고 할 수 있을 것이다. '인종 박물관(melting pot)'은 미국뿐만 아니라 세계 어디서나 찾아볼 수 있을 것이라고 파크는 말했다. 영화나 라디오를 통해 각지의 사람들은

'공통의 문화, 공통의 역사체험'을 갖게 되었으며, 이것이 국제이해 나아가 평화에 미친 영향은 헤아릴 수 없다.

이것은 너무나 낙관적이고 순진한 견해였을지도 모른다. 문화교류가 평화에 기여한다는 희망적인 관측을 통해서 대중문화의 발달을 이해하려는 경향이 있다. 그러나 1920년대의 전쟁·평화론에서 이러한 견해가 영향력을 강화했다는 것은 바꿀 수 없는 사실이다. 동일한 생각은 대중문화 이외의 측면에서도 나타난다. 예를 들면, YMCA는 기독교를 통해서 미국의 청소년에게 교류나 사회활동의 장을 제공하고자 1890년대에 창설되었으며, 1920년대에는 각국에 지부가 설립되어 상호접촉을 통해 국제적인 연대를 강화해 갔다. 또한 실업가들의 자선과 친목 단체였던 로터리 클럽도 1920년대에 지부가 758개에서 3,178개로 증가하였고, 그 가운데 725개의 지부가 외국에서 설립되었다. "실업가나 기술 전문가의 세계적인 연대를 통해 상호이해, 우호 및 국제평화에 기여한다"는 것이 클럽의 목표였다. 그들은 "로터리의 원칙이 세계 각지에 퍼지면 국가 간의 적대관계는 사라질 것"이라고 자신 있게 말했다.

마지막으로 아시아·태평양 지역의 평화와 관련하여 역시 당시 설립된 태평양문제협의회(The Institute of Pacific Relations)에 대해서도 간단히 언급하기로 한다. 이것은 미국의 학식 경험자를 중심으로 캐나다, 영국, 일본 및 중국 사람들도 포함되어 있었다. 상호 의견교환을 통해 국제문제에 대한 이해를 증진하고자 설립되었는데, 태평양의 안정과 평화는 국제교류와 이해를 전제로 한다는 이념으로 일관되어 있었다. 정부의 기구로서가 아니라, 민간조직으로서 설립되었다는 점에서 의미가 있었다. 그리고 당초부터 '국제적'인 시야를 갖는 것의 중요성이 강조되었고, IPR의 사업으로서 특히 교육 활동에 초점이 맞추어져 있었던 것은 1920년대의 조류를 반영하고 있었던 것이다. 각국의 전문가가 자유롭게 의견을 교환할 뿐만 아니라, 각국 국민을 계몽하기 위해 노력하는 것이 국제이해를 증진하게 될 것이라고 보았던 것이다.

4. 반(反)평화주의

지금까지 살펴본 움직임이 국제평화를 보다 견고하고 영속적인 것으로 만들려는 노력이었는 데 반해서, 이에 비판적 혹은 부정적인 견해가 존재했던 것도 사실이다. 반평화주의라고도 부를 수 있는 논의의 대부분은 1914년 이전에 존재했던 전쟁론을 계승한 것에 지나지 않았지만, 동일한 견해라도 1920년대에 그것이 반체제적인 인상을 주는 경우가 많았던 것은 당시의 주도적인 사조(思潮)가 평화주의였던 것을 말해준다.

평화의 개념을 국제협조, 군비축소, 경제적 상호의존, 문화교류 등에서 찾으려했는 데 비해서, 전전(戰前)과 비교해 본질적으로 국제관계는 어떠한 변화도 없고 여전히 국제사회에는 대립이 존재하고 있다는 회의론자도 많이 존재하고 있었다. 국가라는 단위가 엄연히 존재하는 이상 국익의 추구는 근본적인 명제였고, 복수의 국가가 각각의 이익을 추구하는 결과 전쟁은 피할 수 없다는 고전적인 견해는 각국에 여전히 남아 있었다. 특히 패전국인 독일에서 강했던 것은 이상한 일이 아니었다. 패전국 측에서 본 전후의 '평화'는 다분히 전승국의 에고(ego)나 현상유지적인 지향으로 보였기 때문이다.

예를 들면, 1928년 독일의 정치학자 카를 슈미트(Carl Schmitt)는 "오늘날 이미 국제관계는 도덕과 법의 지배를 받고 있으며, 모든 국민의 사고나 감정은 이미 탈정치화하고 있다고 상정하는 사람들이 있다면 그것은 무책임한 자기기만이다."라고 말했다. '탈정치화'라는 것은, 즉 국제관계를 경제나 문화의 측면에서 고찰하여 국가 간의 횡적인 연계성을 강조하는 견해이며, 이전과 비교해서 정치적인 대립은 부차적이며 혹은 그러한 과정에 있다는 낙관론을 펼친다. 이러한 관점에 입각한 평화론이 영향력을 더해 가고 있었기 때문에 슈미트는 여기에 이론(異論)을 제기했던 것이다.

그의 견해에 따르면 국가 간의 관계에 커다란 변화는 없었다. 세계는 여전히 고도로 정치적인 상태에 있었으며, 피아(彼我)를 구분하고 있었다. 즉, 17~18세기 이후의 국제관계의 본질(힘의 관계, 정치적인 잠재적인 대립)에는 조금도 변화가 없고, 경제 문화 사상적인 측면에서의 상호의존성이나 상호이해가 전쟁과 평화의 성격을 변질시키지는 않았던 것이다.

여기에서도 역시 정치, 즉 국가가 여전히 무엇보다도 확실하게 존재하고 있었다는 인식을 찾아볼 수 있다. 그리고 복수의 국가가 존재하는 이상 탈정치화는 있을 수 없고, 탈정치화를 주장하는 것 자체가 정치적인 행동이라는 것이다. 철저한 고전적인 국가론이었으며, 1920년대에 영향력을 가졌던 각종 평화론에 대한 도전이기도 했다. 즉, 당시의 평화 논리는 전승국이나 현상유지 지향 국가의 이익을 반영하는 것으로, 현상(現狀)에 불만을 품은 국가에게 이익이 되는 것은 아니라는 것이다.

독일에서 그러한 반평화주의가 발표되었던 것은 이상한 일이 아니었다. 그러나 1920년대에 이것이 지배적인 사상이었던 것은 아니다. 적어도 1920년대 후반 바이마르공화국은 전후 국제질서의 일원으로서 국제연맹에도 가입하였으며 영국, 미국 및 프랑스 등과의 협조를 기축으로 한 외교를 전개했다. 가령 슈미트가 말하는 국익론이나 국제평화에 대한 회의론이 일반적이었다고는 해도 그것이 그대로 전쟁긍정론으로 이어졌던 것은 아니었다. 독일 국내의 반전감정은 전술한 레마르크의 『서부전선 이상 없다』가 압도적인 베스트셀러가 되었다는 것을 보면 잘 알 수 있다.

적극적인 전쟁론은 오히려 고전적인 국가관이나 국익 개념을 초월한 것을 추구하고자 했던 일부 논자들에 의해 전개되었다. 하나는 파시즘으로 대표되는 신국가론이었으며, 다른 하나는 감성·로맨티시즘·불합리성 등을 통해서 '근대'를 극복하고자 했던 신인간주의였다. 두 가지 모두 전혀 새로운 것은 아니었지만, 1920년대의 전쟁·평화론에 영향을 미쳤다는 점에서 흥미롭다.

파시즘에 대해서는 다양한 정의가 가능하지만, 전쟁과 평화의 사상과의 관련에서 보면 매우 명백하다. 지그문트 노이만(Sigmund Neumann)이 1924년에 출판했던 『영구혁명(*Permanent Revolution*)』에서 지적했듯이 근대의 전체주의 국가는 모두 현존하는 것에 대해서 부정적인 입장을 취한다. 반의회주의, 반자본주의, 반유대주의, 반서구문명, 반합리주의, 반개인주의적이다. 그 결과 국제정치에서는 항상 전투적인 자세를 취하기 때문에 '상시전쟁태세(常侍戰爭態勢)'가 자연스럽다.

그러한 자세가 반평화적이며 호전적이었던 것은 물론이다. 평화에 의한 국제질서 혹은 국제경제나 국제교류에 대해서 철저하게 반발했으며, 전투적인 태도를 보였다. 이것은 단순히 전술적인 것이 아니었으며, 바로 파시즘의 본질을 잘 보여주었다. 현상타파를 목적으로 항상 전쟁을 상정하는 것이야말로 전체주의의 존재이유였으며, 따라서 평화로운 세계는 파시즘의 정당성을 부정하는 것이 될 수밖에 없었다.

이것이 1920년대에 유일하게 파시스트 정권을 수립했던 이탈리아가 세계에서 가장 전투적이며 공격적인 국가였다는 것을 의미하는 것은 아니다. 구체적인 사실(史實)로서는 이탈리아의 외교정책은 비교적 온건했으며 서구제국과 협조하여 유럽의 전후 질서의 안정을 위해서도 공헌하기도 했다. 그러나 중요한 것은 개개의 정책이 아니라, 전쟁과 평화의 개념이었다. 이 점과 관련하여 파시스트적인 견해는 1920년대의 평화사상과 대조적이었다. 근본적으로는 베니토 무솔리니(Benito Mussolini)가 말한 것처럼 "구체적인 책략으로서의 평화는 별도로 하고 항구적인 평화는 그 가능성도 효용도 인정할 수 없으며", "전쟁만이 국민을 숭고한 것으로 만든다"는 것이다. 그는 『파시즘론』에서 "평화를 전제로 한 모든 원리는 파시즘과 양립할 수 없으며, 따라서 국제기관이나 국제연맹 등도 파시즘의 정신과 상반되는 것"이라고 지적한다.

여기에서 우리는 평화=국제주의, 전쟁=국가주의라는 방정식을 찾아볼 수 있으며, 1920년대의 평화개념이 국제경제나 문화와의 관계를 기조로 하고 있었던 만큼 국가주권을 절대시하는 파시즘이 평화를 배척하고 전쟁만이 자연스러운 상태라고 했던 것도 이해할 수 있다. 20세기는 국가의 세기라고 무솔리니는 말했지만, 이 경우의 국가는 절대적인 주권국가를 말하는 것이고, 전통적인 '야경국가'와는 본질적으로 다르다. 1929년에 행한 연설에서 그는 국가는 개인의 평화나 번영을 수호하는 기관이 아니라, 개인보다도 먼저 존재하고 "과거·현재·미래를 관통하는 존재이다"라고 주장했다. 이러한 국가관에는 다른 국가와의 협조나 평화, 특히 국제교류를 전제로 한 세계질서 등은 있을 수 없었다.

무솔리니의 국가관에는 로맨틱한 측면도 있었다. 개인을 전체 속에 매몰시키고, 과거나 미래를 자기와 동일시하는 것은 사리사욕의 추구나 금전, 혹은 직장을 통한 인간관계를 어딘가 부족한 것으로 생각하는 사람들에게 하나의 숭고한 이상을 제공하는 것처럼 보였기 때문이다. 근대 기계문명의 합리주의나 경제중점주의는 인간의 본성에 반하는 것이라면서 인간의 혼(魂)을 왜곡하고 있다고 느끼는 사람들에게 개인을 다시 자유롭게 하고 해방하기 위해서는 비경제적, 비기계적 존재인 국가에 몸을 바치는 것이 유일한 길이라는 것이다. 진정한 자유를 위해서는 국가에 대한 복종이 필요하다고 하는 역설은 신개인주의라고도 할 수 있고, 로맨틱한 인간상(人間像)과 전체주의을 결부시키면서 전쟁과 평화의 논리에 독특한 의미를 부여했던 것은 분명하다.

국가를 위해서 피를 흘리는 것이 개인의 해방으로 연결된다는 로맨틱한 견해가 1914년 이전에도 있었다는 것은 제2장에서 서술한 대로다. 이것이 1920년대에 들어와서도 하나의 사조로서 지속되었던 것은 당시의 합리주의, 효용중점주의적인 문명이 이전보다 더 지배적이 되었다는 것에 대한 반발이었다. 미국의 평론가 조지프 크러치(Joseph Wood Krutch)가 『현대인 기질(*The Modern Temper*)』에서 지적한 대로, 근대문명의 합리화는 멈출 줄 모르고 개인의 생활은 커다란 기계의 일부에 지나지 않는다는 인상이 강하다. 또한 심층심리학의 발달로 인해 인간은 자신들의 깊은 곳에 있는 비합리적인 무엇인가의 존재에 눈을 뜨고는 있지만, 이 양자를 이어주지는 못하고 불안감이 고조될 뿐이다. 이러한 심리상태에 있는 사람들은 무엇인가 로맨틱한 것 혹은 영웅의 출현을 기다리는 마음이 강하다.

당시 대다수의 지식인들은 이러한 사태가 전쟁으로 이어진다는 것을 인정하지 않았고, 오히려 합리주의적 문명이 평화의 가능성을 높일 것이라고 환영했다. 그리고 근대인이 꿈과 로맨스를 추구하고 있다고 한다면, 그러한 욕구를 충족시키는데 국제이해라든가 세계평화와 같은 이상보다 더 중요한 것은 없다고 믿고 있었던 것이다. 그런데 일부의 사람들은 이와는 반대로 철저한 반평화론, 전쟁찬미론을 주창한다. 평화는 합리적, 경제적, 객관적인 사태이기 때문에, 인간의 정신이나 영혼의 해방을 위해서는 전쟁 이외에는 없다는 것이다.

프랑스의 생물학자 르네 켕통(René Quinton)은 인간의 정신이나 정열(情熱)의 중요성을 강조하고 그러한 인간의 본성을 회복하기 위한 전쟁은 신비스러운 것이고, 전장(戰場)은 성스러운 곳이라고 적고 있다. 또한 오스트리아의 논객 프란츠 하이저(Franz Haiser)는 "외국을 증오하고 자신들의 종족을 사랑

하는 것은 인간의 의무이며 즐거움"이라고 주장했지만, 당시로서는 소수의견에 지나지 않았을 것이다. 양자에 공통하고 있었던 것은 종족주의(tribalism)라고도 할 수 있는 배타주의, 다른 사람 또는 다른 문화를 이해하려고 하는 모든 노력을 배척하고, 적대관계야말로 인간의 자연스러운 모습이라는 세계관, 그리고 배타적인 자기, 국가에 매몰된 개인의 주관적인 주장이나 힘의 과시를 가장 아름답다고 하는 비합리주의다.

이러한 전쟁관은 극단적인 국가주의와 결부되어 전체주의적인 전쟁을 정당화하려고 하지만, 이러한 움직임은 1920년대에 아직은 매우 제한적이었다. 그만큼 합리주의나 근대 물질문명을 긍정하는 세력이 강했다고 할 수 있다. 전쟁을 비합리주의적인 입장에서가 아니라, 문명의 진보를 위한 필요악이라 했던 루돌프 슈타인메츠(Rudolph Steinmetz)조차 전쟁은 점차로 모습을 감출 것이라고 했을 정도다. 그는 1929년 출판된 600쪽이 넘는 대저 『전쟁의 사회학(*Soziologie des Krieges*)』에서 원시시대부터 현대에 이르는 전쟁이 어떻게 문명의 발달과 밀접한 관계를 갖게 되었는가에 대해서 서술하고 있다. 즉, 정치사회의 발전이나 기술의 진보는 집단의 방위의식이나 조직에 의해 뒷받침되고 있기 때문에 전투능력이 없는 민족은 멸망할 뿐이라고 주장한다. 그런 의미에서 전쟁은 합리적이다. 그러나 근대사회가 합리성을 띠게 되면서 전통적인 전쟁과는 또 다른 형태로 싸우게 된다고 슈타인메츠는 말한다. 근본적으로는 스펜서적인 견해였는데 후자만큼 평화의 가능성에 대해서 낙관적이지 않다. 그러나 그럼에도 불구하고 1929년의 단계에서 전쟁이 필연적이 아니라고 인정한 것은 당시의 풍조를 반영한 것이었다. 역으로 말하면 그만큼 로맨틱한 전쟁론은 퇴색해버렸다는 것이다.

마지막으로 제국주의 전쟁론 혹은 식민지 해방투쟁론에 대해서 언급할 필요가 있다. 이미 살펴본 바와 같이 전쟁을 제국주의 국가 간의 필연적인 상태 혹은 반제국주의 운동의 표현으로서 정당화할 수 있는 것이라고 보는 견해는 볼셰비키혁명의 영향으로 급속하게 확대되었다. 특히 1920년대에는 후자가 식민지나 후진국의 이데올로기로서 일반화되었다. 이 경우의 전쟁이라는 것은 민족해방운동을 가리키는 것이고, 이미 당시 '민족해방운동'이라는 단어도 사용되었다. 이 운동이 제국주의 본국에서의 프롤레타리아 혁명 운동과 호응하여 자본주의를 타파하고 사회주의 정권의 수립을 목적으로 했던 것이 마르크스-레닌주의의 이론이었다. 혁명과 전쟁이 표리일체를 이루었던 것이다.

그러나 1920년대의 사회주의이론에서 전쟁과 평화론에 특별히 진전이 있었던 것은 아니었다. 오히려 역으로 민족해방운동과 국제질서와의 관계에 대해서 사상적으로 상당히 동요했던 흔적이 있다. 하나는 이미 살펴본 대로 레닌이 평화공존론을 주창하고, 스탈린이 미국의 효율주의를 찬미한 것에서도 알 수 있듯이 사회주의 국가와 자본주의 국가의 근본적인 대립이라는 명제가 약해져 갔으며, 국제사회와 여러 국가와의 관련성에 대해서 혁명 이론은 새로운 시야를 제공할 수 없었다. 스탈린에 의하면 "통일된 국제경제질서 속에서 국가 간의 제휴를 촉진하는" 것이 사회주의의 목표였는데, 이것은 당시 주류를 이루었던 견해와 대동소이하다. 즉, 여기에서 강조되는 것은 전쟁보다는 평화였다고 할 수 있다. 식민지 해방운동이 대규모의 전쟁으로 이어지는 것을 코민테른이나 다른 혁명주의자들이 환영했던 것은 아니다.

국가의 독립(민족자결)과 상호의존적인 국제경제를 통한 세계평화가 자본주의 국가뿐만 아니라, 사회주의자의 목표이기도 했다면 양자의 평화관에 커다란 차이가 존재했었다고는 할 수 없다. 그리고 아시아와 아프리카의 민족해방운동과 반제국주의 투쟁은 당시 커다란 운동이었는데도 불구하고, 이것이 대국을 끌어들인 전쟁으로 이어지지 않았던 것은 근본적으로 국제질서가 경제적·사상적으로 안정되어 있었기 때문이 아니었을까. 예를 들어 중국에서 쑨원(孫文)의 삼민주의(민족주의, 민권주의, 민생주의)는 국민당의 혁명외교를 지탱했던 이데올로기였는데, 이것은 본질적으로 구미의 국제질서를 위협하는 것이 아니라, 오히려 중국의 주권회복이나 세계질서에의 편입은 자본주의 국가로서도 환영할 일이었다. 1928년에 국민당 정권이 성립하자, 곧바로 다른 국가들이 이를 승인하고 경제적, 기술적 원조를 시작했던 것도 우연은 아니었다. 중국의 혁명주의자(일부 공산주의자를 제외하고)들이 품고 있던 전쟁·평화관은 결코 반체제적이었다고는 할 수 없었다. 라틴아메리카의 국가들도 마찬가지였다. 쿠바, 멕시코 등에서는 미국의 압도적인 경제적 지위에 반발하여 민족주의적인 경제정책(외국인의 투자 규제 등)을 실시하고자 했다. 그러나, 사상적으로는 국제협조주의를 내걸고 미국의 자본주의나 기술의 도입과 민족자결의 원칙에 입각한 평화를 상정하고 있었던 것이다. 원래 이러한 이념은 미국의 견해와 다른 것이 아니었다.

이렇게 1920년대 전반에 걸쳐 세계 각지에서 평화의 이념이 일반화되어 일부 사상가나 정치가에 의한 전쟁론을 상회하는 영향력을 갖고 있었던 것은 흥미롭다. 전쟁보다는 평화가 통상적인 것이며 혁명조차 평화를 위협하는 것은 아니라고 했다. 당시 여러 국가간의 모순이나 계급간의 대립이 여전히 존재하고 있었음에도 불구하고, 전체적으로 보아 투쟁이나 전쟁보다는 협조, 질서, 평화 등의 개념이 널리 받아들여져 있었다. 이와 같은 현상이 그 후에 존재하지 않았던 만큼 주목할 만하다.

안토니오 그람시(Antonio Gramsci)의 말을 빌리면, 1920년대의 평화는 많은 국가에서 주도적인 이념(헤게모니)이 되었다. 그람시는 당시 이탈리아의 공산당원으로서 대부분을 형무소에서 보냈지만, 문화와 정치의 관련성에 대해 옥중에서 많은 집필을 했다. 특히 (언론인이나 관료를 포함한) 지식인이 특정한 사회질서를 유지하기 위해 교육이나 문화활동을 통해서 대중의 사상이나 행동을 지배한다는 소위 '문화적 헤게모니'의 개념을 만들어낸 것은 잘 알려져 있다. 그람시의 경우 이탈리아에서 혁명운동이 성공하지 못했던 원인을 규명하고자 지식인과 대중과의 문화적 지배관계에 생각이 이르게 되었다. 같은 개념이 전쟁과 평화의 논의에 적용될지도 모른다. 단순화해서 말하면, 1920년대 세계 각지에서 지배적이었던 '문화'가 평화의 사상으로서 소수의 예외를 제외하고는 각국의 (넓은 의미의) '지식인'은 국제질서를 유지하기 위해서 평화, 상호의존, 협조 등의 관념을 강조하였으며, 대중도 마찬가지로 그 영향 하에 놓이게 되었다는 것이다. 원래 이러한 도식화는 인위적인 것이지만, 적어도 1930년대 이후와 비교하여 평화에의 지향이 일반화되어 있었으며, 그 근저에 학자, 관료, 실업가, 교사, 저널리스트 등이 세계 각지에서 평화의 사상을 '지배적 문화'로 보는 경향이 강했었다고 하는 점이 있었다고 말할 수 있을 것이다.

제5장

평화론의 붕괴

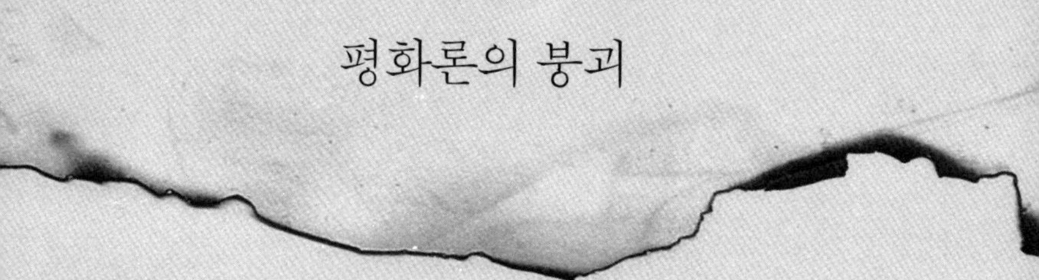

1. 1930년대의 특징

앞에서 서술한 것처럼 만약 1920년대에 '지배적 문화'가 있었다고 한다면 그것은 국제협조, 국제주의, 문화교류, 상호의존적 경제 등을 긍정하고 선(善)이라고 보는 견해, 즉 평화사상이었다. 그런데 1930년대는 이와는 정반대로 전쟁을 긍정하고 평화를 악으로 생각하는, 혹은 평화에 대해서 회의적·비관적인 견해가 지배적이었다.

그것은 어떤 이유 때문인가? 원래 전쟁·평화의 사상을 현실 사건(만주사변에서 시작된 일본의 침략전쟁, 독일에서 나치의 대두 등)의 반영으로서 다룰 수 있으며, 1930년대는 1920년대와 비교해서 전쟁이 빈번히 발생하였기 때문에 전쟁이나 평화에 대한 견해도 필연적으로 변했다고 할 수 있다. 그러나 사실은 보다 복잡하다. 1930년대에는 사실(史實)로서의 구체적인 전쟁이 발생했었으며, 동시에 개념으로서의 전쟁에도 이전과 비교해서 커다란 변화가 보였기 때문이다. 그리고 이 양자의 복잡한 관계를 살펴보는 것은, 당시의 문화나 사상을 이해하는 데 하나의 열쇠를 제공해줄 것으로 생각한다. 평화에 대해서도 또한 그러하다. 1920년대에 나타난 평화개념이 다음 시기에는 어떻게 변했는가? 그리고 문화와 권력과의 관계에 대해서 어떤 견해가 주도적으로 되었는가? 이러한 문제는 1930년대라는 비극의 시대를 알기 위해서도 피해 갈 수 없는 일이다.

1930년대 특징은 1920년대적인 국제사상이나 세계관이 붕괴했던 것이라고 말할 수 있다. 앞 장에서 언급한 1920년대적인 사고방식의 하나하나가, 1930년대에는 영향력을 잃고, 그것과는 대조적인(많은 경우 정반대의) 사상에 의해 대체되었다. 전쟁·평화의 논리는 그 좋은 예이며, 그때까지 일반화된 평화관 그리고 그 근저를 이루는 가치기준의 많은 것이 약체화되어버렸다. 그리고 1920년에는 세계 각지가 하나의 평화의식에 의해 연결되어 있었던(적어도 유대관계가 시작된) 것과는 대조적으로, 1930년대에 들어서서 국제사회는 정치적으로도 사상적으로도 분할되어 갔다. 각국을 연결시키는 통일적인 힘이 약해질 때 종래 이상적으로 생각했던 평화는 이미 존재가치를 상실하고, 그 대신 전쟁의 사상이나 새로운 평화개념이 힘을 갖게 된다.

1920년대 평화론이 국제경제질서의 존재를 전제로 하였다는 것에 대해서는 이미 언급한 대로지만, 1930년대에는 이러한 구상, 즉 상호의존적 국제경제만이 평화의 기초라는 견해는 결정적인 타격을 받는다. 그것은 원래 1929년에 시작된 대공황이나 세계경제의 일대 혼란을 반영하는 것이었지만, 만약 그것뿐이었다고 한다면, 경제회복과 함께 국제질서나 평화도 회복될 것이라는 낙관론이 지속될 수 있었을 것이다. 사실 그러한 견해를 고수하는 사람들도 있었다. 자본주의 여러 국가의 은행가나 대기업 경영자들 가운데서는 그러한 생각을 가진 사람들이 많았고, 미국의 허버트 후버(Herbert Hoover) 대통령은 그들의 견해를 정책에 반영하려 하였다. 그러나 1930년대 은행가나 대기업가들의 영향력은 이미 1920년대와는 비교가 안 될 정도로 약해졌고, 그 결과 그들의 의견이 지배적이지는 못하였다.

실업가의 영향력 저하, 그리고 그들이 가진 경제주의적 국제론의 약체화는 단적으로 말해서 자본주의에 대한 신뢰가 약해졌다는 것을 보여준다. 1930년대에 접어들면, 유럽, 미국 그 외 국가들에서 자본주에 대한 비관론이 활발하게 전개되었으며, 그 결과 국제경제질서에 기초한 국제평화론도 자취를 감추게 되었다. 그러한 시점을 반영한 좋은 예가 로마교황 피우스 11세가 1931년에 공표한 교서일 것이다. 교서에서 교황은 미국에서의 '자본주의 지배'나 개인주의를 정면으로 공격하고, 자본가에 의한 계급지배가 사회(Community)의 연결고리를 약화시켰다고 말했다. 사회일반의 번영과 복지를 다시 회복하기 위해서는 생산수단의 공유화 이외에 방법이 없다고 말하는 이 교서는 개인주의적 자본주의 경제로부터 사회주의 혹은 국가사회주의로의 전환을 정당화하는 것이었다.

가톨릭교회에서조차 이와 같은 견해가 전면적으로 지지되

었다고는 말하기 어렵지만, 적어도 자본주의의 위기를 심각하게 인식하고, 대공황 때문에 결과적으로 세계경제의 양상이 일변해 결코 이전 상태로는 돌아갈 수 없다는 점에서 피우스 11세의 교서는 당시의 풍조를 반영하였다고 말할 수 있다. 그리고 그와 같은 견해가 종래의 국제 관념에 커다란 영향을 미쳤다는 것도 쉽게 상상할 수 있다.

1920년대의 평화개념이 국제자본주의 질서를 전제로 한 이상, 자본주의에 대한 공격은 단적으로 말해서 그와 같은 평화사상에 대한 공격이었다. 경제적 국제주의 사상은 예전에 없었던 위기에 직면했다. 자본주의 국가들끼리의 경제적 관계가 정치적 협조를 가능하게 하고, 나아가서는 평화를 가져올 것이라는 낙관론은 자본주의 그 자체가 체제적 위기에 처한 이상, 더 이상 유지되기 어렵게 되었다. 그때까지의 자본주의적 국제질서를 지탱했던 미국에서 경제적 국제주의에 대한 공격이 거세지는 것은 상징적이었다. 1920년대에는 존재가 희미했던 개혁파(progressive) 정치가가 1930년대 다시 영향력을 신장시켰지만, 그들 모두가 서부나 남부 출신으로 동부의 금융자본과는 분명하게 구별되었고, 사상적으로도 반(反)국제주의적이었다는 것은 의미가 크다. 하이럼 존슨(Hiram Johnson), 제럴드 나이(Gerald Nye), 조지 노리스(George Norris) 같은 상원의원은 경제적 국제주의에 반대하고, 미국은 무엇보다도 먼저 국내경제를 재건해야만 하고 세계경제에 대한 관심은 부차적인 것으로 봐야 한다고 주장했다.

자본주의에 대한 회의 혹은 반감은 원래 미국에 국한된 것이 아니라 1930년대에는 유럽 각국과 일본에서도 나타난 현상이었으며, 반자본주의 사상이 반국제주의적인 풍조가 되는 것도 각국에서 공통되어 있었다. 일본에서는 경제적 국제주의를 대표한다고 생각되었던 은행가 이노우에 준노스케(井上準之助)나 단 다쿠마(團琢磨)의 암살은 정말로 상징적이었으며, '정당, 재벌의 부패'로부터 나라를 지킨다는 테러리스트의 사상은 당연한 것이지만 종래의 국제 관념과도 모순되는 것이었다. 암살이라는 극단적인 수단에 의하지 않더라도 유럽, 미국 등에서도 자본주의 체제에 대한 공격이 심해지고 국제주의 대신 국가주의 혹은 국익이란 개념이 다시 영향력을 갖게 되었다.

물론 1920년대에 민족주의나 국익의 개념이 약했었다는 것은 아니었다. 그러나 각국 간의 잠재적인 대립을 막고 극단적인 국익추구가 국제질서의 안정을 위협하지 않도록 국제협조사상이 보급되었던 것은 앞에서 서술한 대로다. 그런데 1930년대에는 국제주의보다는 국가주의, 국익주의가 우선되었다. 이것은 경제적인 상황을 반영함과 동시에 사상적으로도 흥미있는 현상이었다. 당시의 전쟁·평화에 대한 논의도 이러한 사상적 동향과 밀접한 관계를 가지고 있었다.

국익우선주의, 말하자면 National Interest 개념이 1930년대에 다시 영향력을 증대시킨 것은 그때까지의 낙관적·이상주의적 국제관의 약화와 표리일체를 이루었다. 앞 장에서 언급했지만 1932년에 아인슈타인과 프로이트는 전쟁과 평화에 대한 공개적인 논쟁을 벌였다. 아인슈타인은 주권국가의 '권력지향'은 조금도 약해지지 않았으며, 일반대중이나 인텔리도 국력의 증대를 환영하고 있는 것 같기 때문에 국제긴장은 좀처럼 진정되지 못하고 있다, 따라서 각국이 각각의 주권의 일부를 '무조건 포기'하지 않는 한 평화는 있을 수 없지 않은가라고 말했다. 극단적인 민족주의나 국익개념이 국제질서와 상반한다는 것을 인식한 것이다. 그러나 아직 당시의 시점(時点)에서 아인슈타인은 이러한 경향이 불가피한 것이라고 생각하지 않았으며, 각국의 지도자 특히 지식계급이 국가 간 대립의 어리석음을 인정하고 국제협력을 촉진함으로써 전쟁위기로부터 인류를 지키는 것은 가능하다고 말하였다. '전쟁을 방지하기 위한 인텔리의 제휴'가 무엇보다 중요한 것이라는 아인슈타인의 견해는 1920년대적 발상법을 집약시킨 것이었다라고 말할 수 있다.

한편 프로이트는 더욱 낙관적이어서 근대인은 본질적으로 평화를 지향하고 있다고 주장했다. 물론 아인슈타인처럼 그도 근대국가의 민족주의나 파괴력이 강해지고 있다는 것은 인정하였고 그렇기 때문에 미래의 전쟁은 적대하는 한쪽 혹은 양쪽 모두를 완전히 파괴해버릴 것이라고 예언하였다. 그러나 그렇기 때문에 전쟁이 발생하지 않도록 모든 노력이 이루어질 것이며, 특히 근대인은 문화적·심리적으로 전쟁을 기피하고 서로를 사랑하는 본능(에로스)을 강화시켰으며, 그 결과 앞으로도 전쟁을 가능한 한 불가능하도록 하기 위해서는 이 본능을 더욱 발전시켜 '문화적 발달'을 촉진시키는 것이 필수적이며, 그렇게 하기 위해서도 '자유롭게 사고하는 엘리트층'의 국제협력이 필요하다고 하였다. 아인슈타인처럼 문화와 전쟁을 상반되는 힘으로 보고 전자를 대표하는 지식층의 제휴를 강조했다는 점에서 프로이트도 1920년대적 풍조를 반영했다고 할 수 있다. 국제협력, 문화교류, 합리성, 사랑의 힘에 의한 전쟁 본능의 극복 등이야말로 바로 20년대의 중심 개념이었다.

그러나 이와 같은 생각이 공표된 1932년에는 이미 아주 다른 견해, 대조적인 개념이 일반화되어 있었으며, 국제주의에 대한 국가주의, 지적 교류에 대한 지적 민족주의, 문화주의에 대한 문화부정(혹은 국가권력과 연계된 신문화주의)이 영향력을 넓혀갔다. 국경을 초월한 인류의 연대감(프로이트의 이른바 에로스)을 대신해 '증오하고 파괴하려는 충동'(아인슈타인)이 각국에서 거세졌다. 적어도 높아져가는 것 같은 인상을 심어주었으며, 외교관계나 전쟁·평화에 관한 논의도 이것을 전제로 해서 전개되었다.

이와 같이 보면, 1930년대 풍조는 다만 대공황이나 전체주의 대두와 같은 현상 면에서뿐만 아니라 국가의식, 경제관념,

그리고 근본적으로는 인간관, 윤리관의 변화를 동반하는 것이었다는 것을 알 수 있다. 그때까지 비교적 낙관적이었던 세계관이 냉소적인 것으로 되고 인간관계나 국가관계에서 힘의 역할이 강조되었다. 국제관계는 다시 제1차 세계대전 이전의 권력정치시대 혹은 더 거슬러 올라가 17세기의 열국 대립시대까지 소급된 것 같은 인상을 주었다. 니버가 1934년에 저술한 『어느 시대의 종언(*Reflections on the End of an Era*)』에서 말한 것 같은 1920년대적 세계, 즉 합리성, 조화, 자유주의 같은 사조가 융성하고 자본주의 경제가 국제질서를 규정한 상태는 어차피 일시적인 것에 불과했을지도 모른다. 그가 말하는 '자유주의 문화'(자유주의에 의해 유지되는 문화양식)는 근대문명의 도달점으로 오래도록 역사를 지배하는 것이라고 생각되었지만, 이제 이것은 일시적인 꿈에 불과하고 모두 환상이었지 않은가. 그리고 실제 세계는 추악한 힘이나 파괴본능, 인간의 집단폭력 지향, 야만성, 악마성 등에 의해 좌우되고 있는 것은 아닌가?

이와 같은 자각은 1930년대적인 것이었다. 니버도 말하는 것처럼 한 시대는 끝났다. 그리고 다음 시대, 그때까지와 비교해 훨씬 추하고, 파괴적인 시대가 시작하려하고 있다. 그러한 의식이 차차 일반화되어 가고, 1920년대적인 세계에 결별을 고하게 되었다. 그리고 이윽고 1920년대적인 낙관주의에 대한 비판이 되었고 새로운 개념을 수립하려 하는 의욕으로 이어져 갔던 것이다. 뒤에서도 언급하는 것처럼 1920년대적 세계상은 완전히 소멸하지 않고 사실 결국은 부분적으로 되살아나지만 1930년대에는 아주 대조적인 사조가 지배적이었다. 그 정도 당시의 사람들의 의식 변혁은 현저했었다고 말할 수 있다.

2. 전쟁의 필연성

그와 같은 사상적 경향 아래서 전쟁·평화관념이 크게 변화한 것도 이상한 일은 아니다. 전쟁은 국가들이 대립하는 한, 혹은 각국의 내정의 발로로서 필연적인 것으로 간주되고 반대로 평화는 불가능 혹은 바람직하지 않은 상태라고 간주되어지고 있다. 이하에서는 다소 구체적으로 당시 어떠한 전쟁관, 평화관이 있었는가에 대해 언급하고 싶다.

앞에서 이야기한 니버의 책은 1934년 시점에서 가까운 장래에 전쟁은 불가피하다고 보았다. 그는 "다음 전쟁이 서양문명에서는 자살 같은 행위"라는 것을 알고 있으면서도, 그렇다고 해서 전쟁을 막으려는 움직임은 보이지 않는다고 말하고, 이러한 상태야말로 '근대문명의 병리'를 보여주는 것이라고 단정했다. 프로이트나 아인슈타인, 더욱 거슬러 올라가 스펜서에 이르는 근대 역사상(歷史像), 즉 근대문명은 전쟁 가능성을 조금씩 줄여나가는 것이라는 사고방식을 뒤집고, 배척한 비관론이다. "서양문명은 확실히 붕괴과정에 있다." 따라서 서구 국가들이 서로를 파괴하려 하는 것도 당연하고, 이미 이것을 막으려는 의지도 능력도 없다는 철저한 견해는 자타가 공인하는 니버 자신도 오랫동안 유지하지 못했다. 그렇지만 이것은 1930년대 중반의 지식인의 자신감 상실현상을 아주 적확하게 보여주고 있다고 말할 수 있다.

전쟁이 불가피하다고 말할 경우 니버는 구체적으로 두 가지 원인을 들었다. 하나는 예전부터의 집단폭력, 국가의 대외지배지향으로 이것이 제1차 세계대전 후 일시적으로 억제되긴 하였지만, 결국 인간의 본성이나 국가의 배타성을 변화시키지는 못해 다시 힘의 의지(will to power)의 시대가 되었다는 인식이다. 다른 하나는 자본주의 경제가 미증유의 위기에 직면하고, 각국 내에서의 계급대립 및 각국 간의 이해의 모순이 격화되고, 그 결과 전쟁 가능성이 증대했다는 것이다. 각국의 지배계급은 자본주의의 파탄으로부터 스스로를 구하기 위하여 극단적인 방법(전체주의)으로 권력을 결집시켜 대외적으로도 힘을 발전시키려 하고 있다. 경제위기가 심각하면 심각할수록 대외전쟁 등은 무리하게 행하여질 것이지만, 실제로는 빈곤이 한층 해외진출에 박차를 가할 것이다. 해외시장을 독점하고 국내시장으로부터는 외국을 쫓아내려 한다. 그와 같은 경향이 "전쟁의 불씨를 안고 있다"는 것이 니버의 결론이었다.

니버가 말하는 전쟁이라는 것은 서양 국가 사이에서 발생하는 전쟁을 예언한 것이지만, 당시 유럽 어디에서도 전쟁은 발생하지 않았으며 사실 대규모 전쟁이 시작되는 것은 1940년이 되어서였다. 그럼에도 불구하고 1930년대 전반에 니버와 같은 견해가 일반화되었다는 것은 흥미롭다. 그리고 여기서 예언·상상되었던 전쟁이라는 것이 종래의 전쟁과는 규모가 다르고 혹은 이질적인 것이라는 것도 많은 논자들이 지적하였다.

하나는 니버도 강조한 것처럼 자본주의 경제의 정체, 파탄은 불을 보는 듯했기 때문에 다음 전쟁은 세계경제 재편성을 위한 사투가 될 것이라는 이미지가 있었다. 국제시장이나 자원을 둘러싼 자본주의 국가 사이의 전쟁이라는 개념은 이미 제1차 세계대전 이전 제국주의 논의 가운데서 중심적 위치를 차지하였지만 1930년대는 당시와 비교가 안 될 정도의 경제적 위기감이 있었으며, 그것에 대응하는 데 국제경제가 분할되고 있었기 때문에 한층 현실감을 띠었다고 말할 수 있다.

그러나 경제적 대립이라 해도 예를 들면 영국과 미국 혹은 영국과 프랑스 사이의 전쟁을 상정하는 사람은 없었고 유럽은 독일·이탈리아, 아시아에서는 일본이 그 주역을 담당할 것이라고 생각되었다. 이것은 이들 국가들이 '신체제' 이데올로기 아래서 적극적으로 기존 국제질서의 타파를 표방했기 때문이며, 1930년대의 전쟁 개념이 종래와 달랐던 것도 경제적 대립이라는 요인에 더해 정치적·사상적인 움직임을 고려했기 때문이다.

독일에서의 신체제의 이념은 무정하리만큼 명쾌하였다. 현존 국제체제 속에서는 독일의 생존은 보장되지 않고 따라서 생명권을 주장하기 위해서도 국외, 특히 동유럽으로 팽창하여야만 한다. 더욱이 무역, 원료확보, 투자, 외환 등의 경제활동도 종래와 같이 국제경제의 틀 가운데서 하지 않고, 스스로의 경제권을 설치하여 그 속에서 촉진함으로써 국력을 강화하고 국내 신체제(나치즘)의 존속도 보증한다는 것이었다. 그와 같은 자급자족 전략이 전쟁을 상정한 것은 명백하였고, 오히려 전쟁을 상정한 책략이었다고도 말할 수 있다.

이와 같이 단지 경제위기의 부산물에 그치지 않고, 정치이념의 표시로서 국제질서의 새로운 정의를 목적으로 하는 나치즘 사상 때문에 1930년대의 전쟁 개념은 종래와 비교해 훨씬 심각한 의미를 가졌었다. 이탈리아나 일본에 대해서도 마찬가지다. 이탈리아의 파시즘이 초기부터 전쟁긍정의 입장을 취한 것은 앞 장에서도 언급하였지만, 1934년에 무솔리니가 발표한 『파시즘론』이나 미국의 루스벨트 대통령을 논한 에세이 가운데서 명확하게 전쟁 예찬론을 주장했다. 다만 역사가 앨런 밀워드(Alan S. Milward)가 명저 『전쟁·경제·사회(*War, Economy and Society*)』에서 지적한 것처럼 무솔리니 정권하의 이탈리아는 실제로는 전쟁 준비체제를 취하지는 않았고, 호언장담과는 반대로 대규모 전쟁을 감행할 전략도 경제관리 체제로 정비되어 있지 않았다.

그러나 중요한 것은 사상적·심리적으로 파시즘이 전쟁긍정 풍조를 만들어냈다는 것이다. 그 근본에 국가관념, 즉 개인에 앞서서 국가가 있고, 국가의 존속과 발전을 위해서 진력하는 것이 시민의 최고 영예라는 의식이 있었다는 것은 명백하다. 이와 같은 견해가 전쟁 찬미로 이어지고 구체적인 전쟁과는 별개의 차원에서 국제질서나 세계평화에 대한 약속(commitment)을 약화시켰다.

일본의 경우는 신체제이론에서 신경제질서 개념이 현저한 특징을 제공하고 있다. 국방 국가라든가 국가총동원이라는 표현에 나타난 것과 같이, 넓은 의미에서의 나라의 생존과 안전을 꾀하기 위해서는 늘 임전상태에 있을 필요가 있고, 특히 국내정치 개혁 및 대외적으로는 적극정책을 감행하여 경제적 자급자족 태세를 갖추어야만 한다고 하였다. 예를 들면, 1931년 8월 만주사변 전야 단계에서 미나미 지로(南次郎) 육군대신은 만몽 적극책을 정당화하고 "만몽지역이 국방상·정치적·경제적으로 제국의 생존 발전상 극히 밀접한 관계를 가지고 있다."면서 그럼에도 불구하고 "국제정국의 변화 및 우리 국민의 사기 위축에 따른 대외적인 국위 퇴조"가 나타난 것은 유감스럽다고 말했다. 결국 1920년대적인 국제질서는 국가의 생존과 국위선양을 불가능하게 하는 것이라는 인식이었다. 그리고 그것을 대신하는 국제체제 및 그것을 지탱하는 국내체제를 만들어야 하며, 특히 외국에 대한 경제적 의존으로부터 벗어나기 위하여 자급자족을 원칙으로 한 국방국가를 건설해 나가야만 한다는 것이 신체제이론이었다.

독일이나 이탈리아처럼 이 논리는 반드시 구체적인 전쟁을 상정한 것이 아니었으며, 오히려 일본을 늘 임전태세 상태에 놓이게 하는 데 주안점을 두었다. 그리고 그 신호탄으로 만주의 자원을 획득하기 위하여 1931년 9월 류타오후(柳條湖)사건*을 일으키고 국내에서는 사쿠라카이(櫻會)의 암약을 통해서 군부독재정권을 수립하려 하였다. 이 경우 근저에 존재했던 것은 이미 평화를 정상적인 상태로 보지 않고 국가 간 대립이야말로 국제관계의 일상적인 현상이며, 따라서 총동원체제의 유무가 나라의 생사를 가르는 것이라는 절박한 감정이었다.

요컨대, 독일, 이탈리아, 일본 등에서는 전쟁준비를 정상적인 상태라고 생각하는 것이 국내 신체제의 과제였으며, 또한 역으로 국가총동원 체제 없이 국내 통일이 있을 수 없다는 인식이 있었다. 국제관계와 국내정치가 표리일체를 이루었던 것

* 이 사건은 1931년 9월 18일 일본의 관동군이 중국의 만주를 침략하기 위해 벌인 자작극이다. 일본어 한자 읽기에서 溝(kō)와 湖(ko)의 발음이 비슷하기 때문에 당시 보도한 기자가 실수하여 류타오거우사건으로 잘못 보도되었으나 1980년 중국학회에서 류타오후사건으로 바로잡아 수정되었다.

이다. 그러한 의미에서 독일의 나치즘, 이탈리아의 파시즘, 일본의 군부 정권 등이 계속되는 한 전쟁의 필연성은 항상 존재해왔다고 말할 수 있지만, 그렇다면 이들 여러 나라의 새로운 전쟁 개념이 종래 문화의 흐름과 어떤 관계가 있었는가, 상시 임전체제는 권력과 문화 관계를 어떻게 변화시켜 갔는가 하는 문제가 발생한다. 다음 절에서는 이러한 문제에 대하여 언급하고자 한다.

3. 전쟁과 문화

1938년 아우렐 콜나이(Aurel Kolnai)는 『서양에 대한 전쟁(*The War against the West*)』이라는 저서를 런던에서 출판하고, 나치즘이 어떻게 서양문명을 파괴하려고 해왔는가를 자세하게 썼다. 이 단계에서 아직 독일은 전쟁을 시작하지는 않았지만, 저자에게는 현실의 싸움보다 훨씬 심각한 것은 독일에서 나치가 국민정신, 문화생활을 통제하고 서구의 전통에 도전하고 있었다는 것이다. 이 경우에 '서양'이란 콜나이에 의하면 고대 그리스·로마의 흐름을 연상시키고 기독교의 영향을 받고, 근대의 '자유민주주의'에 의해 대표되는 정치사상을 기초로 한 문명체계이며, 국가나 종파를 초월한 보편성, 국제성 있는 원칙(자유, 개인의 존엄)을 표방하고 있다. 그것에 대해 나치 독일은 자국을 최고의 존재로서 국제주의를 배척하고, 기독교보다는 원시적인 힘을 존중하고, 보편성보다는 독일 국민의 독특한 전통과 특질을 강조한다. 그와 같은 교의(教義)와 정치운동은 본질적으로 배타적이기 때문에 언제나 전쟁 가능성을 내포하고 있다고 저자는 설명하고 있다.

나치즘의 전쟁관은 당시 독일인이 자주 입에 담았던 '문화(Kultur)'의 개념과 밀접한 관계를 가졌다. 독일어의 Kultur는 원래 영어의 Culture와는 다른 여운을 가지고 있고, 특히 요한 헤르더(Johann Herder)나 요한 피히테(Johann Fichte) 등에 의해 독일인의 특유성을 강조하는 개념이지만, 1930년대에는 일반적인 '문화'와의 차이가 한층 확실해졌다. 말하자면 '문화'는 근대문명의 개인주의나 물질주의, 혹은 기독교나 고대문명의 보편적 개념을 나타내고, 따라서 힘을 중요시하는 독일과는 양립하지 않는 것으로 간주되었다. 그와 같은 의미에서의 서양문명은 국제주의나 평화와 관련된다. 그런데 독일의 Kultur는 국민의 힘을 나타내고, 원시적·본능적·전투적인 것이다. 독일에서는 "부르주아 자본주의·합리주의·자유주의·인도주의를 대신해, 비합리주의나 신비주의로 대표되는 신낭만주의의 시대가 도래하였다"라고 설파되었지만, 그것이 귀착하는 곳은 반지성주의와 반이성주의, 즉 반국제교류주의였다. 그와 같은 의미에서의 Kultur만이 인정받게 된다.

히틀러는 "국가의 복지는 흑인, 독일인, 중국인, 프랑스인,

영국인 등 서로 간의 우애관계에 의해 유지되는 것이 아니라, 국민의 힘과 결의에 의해 지켜지는 것"이라고 말했다. 여기서 볼 수 있는 것은 국제이해라든가 평화에 관한 노력을 경멸하고, 육체의 강인성, 비지성적인 멸사정신 등을 선(善)으로 보는 사상이며, 그러한 사상에 바탕을 둔 Kultur이다. 이 Kultur를 표현하고 유지하는 것이 독일 국민(Volk)의 임무이며, 또한 그와 같은 국민정신(Volksseele)을 가진 자만이 독일인이라는 것이다. 그 이외의 사람, 특히 유대인은 배제되어야 한다는 것도 똑같은 관점에서 유래하고 있다.

그 결과 전쟁은 당연히 새로운 국민 '문화'의 일부이다. 실제로 다른 국가와의 전쟁이 없을 때에도 독일 국민이 자신들의 '문화'에 충실하려 한다면, 전쟁은 불가피할 뿐만 아니라 적극적인 선(善)이다. 슈미트도 말한 것처럼, 전쟁이나 파괴 없는 조직은 '정치적'일 수 없고, 따라서 국가일 수도 없다. "전쟁만이 Volk의 정신과 행동을 연결시켜, 인간의 혼을 가장 숭고한 수준으로 구현시키는 것이다"라든가, "개개인의 창조적인 혼은 전투정신에 의해 하나로 연결되어 있다."는 표현은 당시 독일에서 출판된 여러 논저에서 찾아볼 수 있다. 피를 흘리거나 파괴하는 행위야말로 가장 영웅적인 것이며, 평화를 추구하는 것은 비겁하고 비열한 행위이며 국가의 시민으로서 가치가 없다는 식의 전투의식이 일반화되었다는 것을 말해주고 있다.

콜나이도 말했듯이, 그와 같은 의식이 의미하는 것은 나치 독일이 실제로 전쟁을 시작할 준비를 했다기보다, 전쟁 상태를 전제로 정치를 했다는 것이었다. 피상적으로 전쟁을 시작하는 흔적이 없어도 궁극적으로는 호전적이며, 현실적으로 침략전쟁을 시작해서 타국의 영토를 뺏을 가능성보다도 '실질적'인 이유에서 모든 제3국을 적대시하는 경향이 더 우려스러웠던 것이다. 이런 차원에서 말하면, 구체적인 개개의 전쟁보다는 일반개념으로서의 전쟁, '다음 세계대전'에 대비해서 준비하는 것보다는 종교적 관념 및 이념으로서의 전쟁이 사회 전체에 항구적으로 존재했다는 것이다. 그러한 의미에서 문화와 전쟁은 떼려야 뗄 수 없는 관계가 되었다고 말할 수 있다.

싸우는 것 자체에 가치가 있으며, 무엇 때문에 싸우는가는 2차적인 것이다. 전쟁은 필요악이 아니라 생활 그 자체다. 그리고 나라를 위해서 전사한 자의 추모만이 국가에 정신적 존재기반을 제공해준다. 이와 같은 견해는 한편에서는 전쟁을 추상화하고 형이상학적인 개념으로 만들지만 다른 한편에서는 국가의 존재 그 자체와 관련시킴으로써 구체화된다. 요약하면 전쟁이야말로 국가와 국민의 정신적 결합의 표현이라는 것이다. 따라서 과거도 미래도 이러한 관점에서 이해되고 전장에서 산화한 영웅의 기억만이 역사에서 중핵적인 의의를 갖는다는 것이다. 무솔리니도 "국가는 과거·현재·미래에 대한 국민의 의식을 지배한다."고 말하였지만, 그와 같은 역사관,

즉 피를 흘린 선인의 추억 위에 세워진 과거와 미래라는 견해는 당시 파시즘이나 나치즘의 커다란 특징이었다고 할 수 있다.

일본의 경우는 어떠하였는가? 독일, 이탈리아와 비교해서 전쟁의 새로운 논리를 전개하는 정치가도 학자도 적었고, 관념으로서의 전쟁보다는 구체적인 정책 대상으로서의 전쟁, 혹은 국가총동원의 일부로서의 전쟁준비 개념 쪽이, 적어도 1937년까지는 일반적이었던 것 같다. 즉 해외 자원확보나 자급자족 경제의 설립을 위하여 만주나 화베이(華北)지방에서 군사행동을 시작하였다. 말하자면 클라우제비츠 이후의 국책론적 전쟁의식은 강하였지만, 전쟁을 사상적으로 이해하는 논자들은 드물었다. 그러한 의미에서 일본의 군국주의는 파시즘이나 나치즘과 비교해서 사상적 기반이 불명확하였으며 전통적인 전략론의 틀을 뛰어넘은 견해는 제공하지 못하였다고 말할 수 있을지도 모른다.

예외적인 인물 중 하나는 이시하라 간지(石原莞爾)였다. 잘 알려진 것처럼 그는 관동군 고급 참모로서 만주사변 기획에 참여한 중요인물이지만 동시에 독특한 역사관과 문명관을 가지고 있었다. 예를 들면 미·일 양국은 '동·서양 문명의 최종 주자'로서 태평양에서 서로 마주칠 것이라고 예언했다. 서양문명은 미국에 '집중완료'되고 동양문명은 일본에서 크게 성공할 것이기 때문에 양자의 대치는 불가피하다. 그리고 이것은 "우연이 아니라 신의 뜻이며, 인류문화 자연의 대세"라고 아시하라는 주장했다. 그리고 미·일 전쟁의 결과 "세계 인류의 문명은 최후의 통일을 얻어 처음으로 인류 공통의 이상인 황금 세계 건설의 제1보를 디디게 될 것"이라고 하였다.

아주 막연한 추상적인 개념이다. 그리고 나치즘의 전쟁론에 비해 체계적이지 못하고 감정적이기까지 하다. 예를 들면 파시즘이나 나치즘 사상이 전쟁을 절대선(絶對善)으로 보고 평화를 배척한 데 반해, 이시하라는 일련종(日蓮宗)의 교의를 수용하여 세계최종전쟁 후에 찾아올 '세계 대평화', '절대평화'의 관념을 받아들였다. 독일만이 전투적·배타적인 영웅적 국민이라는 나치즘과는 대조적으로, 이시하라는 일본만이 모든 나라의 문화를 '수용하고 화합'하는 능력을 가지고 있고, '세계의 모든 문명을 종합'하는 임무를 짊어지고 있으며, 영원한 평화가 통일된 세계 문명 위에 성립된다고 주장했다.

지극히 일본적인 논리지만 나름대로 일종의 문화론을 상정하고 있다고 할 수 있다. 즉 '동서 문명의 종합을 위한' 전쟁은 불가피하고, 이 임무를 완수할 수 있는 것은 일본밖에 없다. 일본은 본래 세계 모든 문화를 융합하는 문명을 가지고 있기 때문이다. '세계 최고의 문명을 창조하여 인류 문화의 황금기에 들어서기 위한' 인류 최후의 전쟁을 일본이 행한다는 것이 이시하라류의 역사론으로 문화와 전쟁의 유기적 연관성을 전제로 한다.

이러한 견해는 1930년대의 일본에 점차 영향력을 확대하게 되었다. 그 대표적 예가 문부성(文部省)이 편찬한 『국체(國體)의 본의(本義)』이다. 이 책은 1937년, 중일전쟁 시작 직전에 문부성 사상국이 전국의 각 관청과 학교에 배포한 것으로 당시의 지배적 이데올로기가 잘 나타나 있다. 특히 아직 중국과 실전에 들어가지 않은 상태에서 전쟁과 문화에 대해 언급한 것은 의의가 있다.

파시즘·나치즘과 마찬가지로 『국체의 본의』도 '우리나라(일본)에서의 모든 문화는 국체의 구현'이라면서 '국경을 초월한 추상적·보편적'인 문화의 개념을 배제하고 있다. 또한 앞에서 언급한 무솔리니의 기억, 즉 국가의 관념과 유사하여 "창조는 항상 회고와 하나"이고, 따라서 "현재와 과거는 하나가 될 수" 있다고 주장한다. 요컨대 일본의 문화란 건국 이래의 국가의 역사 그 자체이며, 복고정신을 통해 항상 국민의 의식 속에 존재한다는 것이다.

그러나 흥미롭게도 독일·이탈리아에서는 이 같은 문화 개념이 배타적·전투적 이데올로기로 연결되었음에 비해, 일본의 경우는 전통문화의 관용성 내지 평화성조차 강조된다. 『국체의 본의』에 의하면 일본인은 항상 "외래문화를 섭취 순화" 해왔으며, "세계 문화에 대한 과거 일본인의 태도는 자주적이면서도 포용적이었다." 이와 같은 태도야말로 일본인이 인도나 중국, 그리고 근대 서구제국으로부터 많은 영향을 받으면서도 "충분히 독자적인 창조와 발전을 이룩한" 원인이다. 앞으로도 일본은 외국의 문명을 완전히 모방하거나 혹은 기계적으로 배제하지 않고 모두를 흡수 동화함으로써 "새로운 일본 문화를 창조하고, 나아가 세계 문화의 진보에 공헌"해야만 한다고 결론짓고 있다.

여기서 볼 수 있듯이 일본의 국체 이념은 독일이나 이탈리아의 그것과 비교해서 포용성이 있었으며 배타적이지는 않았다. 적어도 그와 같은 이미지를 당시 권력자는 국민 일반에게 심으려고 한 것처럼 보인다. 이 점에서도 이시하라의 역사관과 상통하는 면이 있다. 그리고 이러한 문화의식 때문에 명백하게 전투정신이나 전쟁 본능을 과시하는 것은 피하면서 국가의 평화적 지향을 강조했었다는 점에서 양자는 공통점을 가지고 있다. 바꿔 말하면, 독일과 같이 싸움을 위한 싸움, 나라의 생존 그 자체를 위한 행위로서의 전쟁과 같은 개념이 아니라, 일본이 전쟁을 한다고 하면 그것은 아주 '일본적'인 것이 아니면 안 되고, 문화발전을 위한, 궁극적으로는 평화를 위한 싸움이라고 간주된 것이다.

예를 들어 『국체의 본의』는 일본 특유의 '무(武)의 정신'에 대해서, 진무천황(神武天皇: 일본의 제1대 천황) 이래 사용된 무력은 "결코 무(武) 그 자체를 위한 것만이 아니라, 화(和)를 위한 무"였으며, "우리 무의 정신은 살인을 목적으로 하지 않고 사람을 살리는(活人) 것에 주안점을 두고 있다. 그 무는 만물을 소생시키는 무(武)였고, 파괴의 무는 아니"라고 기술하고 있다. 따라서 전쟁도 "결코 다른 것을 파괴하고, 압도하고, 정복하기 위한 것이 아니라, 도(道)에 입각해서 창조의 활동을 행하고, 대화(大和), 즉 평화를 실현하기 위한 것이 되지 않으면 안 된다."고 하였다.

이와 같은 견해는 전쟁과 평화의 구별을 애매하게 하고, 전쟁에 대해서도 문화적 의의를 부여하는 것이었기 때문에 실제로 중일전쟁이 발발한 후에도, 이러한 전쟁을 문화를 위한 싸움, 혹은 '사상전(思想戰)'이라는 주장이 끊이지 않은 것도 이상한 일은 아니다. 한 예를 들면 우다 히사시(宇田常)의 『대중국 문화공작 초안』(1939)은 중일전쟁은 "인류의 올바른 진보를 약속하는 고귀한 문화의 옹호와 추진과 창조를 저해하는 자를 타도"하기 위한 '성전(聖戰)'이라 하였다. 즉 전통적인 침략전쟁이라도 나치즘이 말하는 전쟁을 위한 전쟁도 아니고, 새로운 문화의 창조를 위한 전쟁이라는 것이다.

중국 대륙에서 침략을 반복하고, 수십만, 수백만의 중국인에게 손해와 고통을 가져다주면서, 이것은 문화를 위한 성전이라고 주장한 것은 주제넘은 논의이다. 그러나 이와 같은 견해는 프로파간다로서만이 아니라 그것 이상의 의미를 가졌다고 생각된다. 전쟁 개념 그 자체가 변화했다고 할 수 있지 않을까. 평화에 대비되는 것, 혹은 국책수행의 수단으로서의 전쟁이라는 것만이 아니라, 국가 역사의 문화적 특성의 발로로서,

나아가 장래에 보다 숭고한 문명을 세계에 구축하기 위한 과정으로서의 전쟁이라는 개념이라고 할 수 있다. 이와 같은 넓은 의미의 혹은 막연한 전쟁관의 출현은 바꿔 말하면 문화의 개념이 불명확하게 된 것과도 무관하지 않을 것이다. 당시 서구나 일본에서도 근대문명의 한계가 인식되었고, 문화의 국제성에 대해서도 의문이 생겨났다. 그와 같은 시기에 전쟁과 문화의 관계에 대해서 종래에는 찾아볼 수 없었던 논의가 일반적이 된 것도 우연은 아니었던 것이다.

4. 평화사상의 좌절

그렇다면 이와 같은 동향은 1930년대의 평화관에 어떠한 영향을 미쳤을까? 독일·이탈리아·일본 세 나라에서 평화론은 전쟁 개념의 반대로 설명될 수 있기 때문에 이 절에서는 영·미를 중심으로 한 동향을 검토하려 한다.

구미 국가들이 경제뿐만 아니라 정치적·문화적으로도 심각한 사태에 직면해 있다는 인식은 종래의 평화사상에도 커다란 충격을 주었다. 근대 합리주의, 국제주의, 경제발전 등의 산물로서 평화가 존재한다면, 혹은 민주주의 사회만이 평화를 추진하는 힘이라고 한다면, 이와 같은 흐름이 약해지고, 반대 흐름에 압도당한 것 같이 보였던 1930년대 평화의 미래는 어떠한가? 그리고 바람직스러운 평화라는 것은 도대체 어떤 것인가에 대해 심각한 논의가 전개되었다는 것도 당연하였다. 그것은 단지 독일·이탈리아·일본 등의 구체적인 정책이나 전략에 대한 대응뿐만 아니라 보다 근원적으로 국제관계에서 발생할 수 있는 문제나 국제질서와 국내체제와의 관련에 대한 논쟁으로 발전해 갔다.

자유, 민주주의, 경제발달과 같은 근대 개념을 여전히 신봉하는 자(서구나 미국에서는 여전히 대다수의 사람이 여기에 포함될 것이다)에게 평화의 문제는 절실했다. 앞서 설명한 니버의 저작에도 나타난 바와 같이 가까운 장래에 다시 큰 전쟁이 발발하리라는 것은 당연히 예상할 수 있었기 때문이다. 그 경우, 어떻게 해서 평화를 지킬 것인가, 서양의 문명을 유지하고 그 기본적 가치체계를 파괴로부터 막기 위해서는 어떻게 하면 좋은가, 과연 그것이 가능한가, 서양문명을 지키기 위해서는 구미제국도 문화의 성격을 종래와 비교해 애매하게 할 필요가 있지 않은가, 하는 여러 문제가 발생한다.

근대 서양의 근본 개념, 특히 자유, 관용, 인권 등은 원래 평화를 지향하고 있고, 실제 평화의 세계에서만 추진될 수 있는 것이라는 견해는 19세기 이래 일반화되었지만, 1920년대에는 이것이 정치적·사상적인 국제주의와 연결되고, 힘 있는 평화의 이론을 형성하였다는 것은 이미 살펴본 대로이다. 바꿔 말하면, 전쟁은 이와 같은 원리를 짓밟아 뭉개고 그 유지를 어렵게 만드는 것이다. 그러나 만약 근대의 가치체계와 전쟁이 양립하지 않는다고 한다면, 1930년대와 같이 독일·이탈리아·일본 등이 임전체제를 갖추고 세계 전쟁의 위기가 고조된다면 어떻게 하면 좋을까? 예를 들어, 민주주의나 자유주의는 종래의 형태로 존속 가능할 것인가? 평화가 이들 여러 원리의 절대적 필수조건이라고 한다면, 어떻게 평화를 유지해야만 하는가?

1933년경부터 이미 유럽, 미국의 언론계는 이와 같은 문제를 심각하게 받아들였다. 그만큼 전쟁 위기의 충격이 컸다는 것이다. 예를 들면 영국의 어느 여류작가는 독일이 체력이나 전투정신을 겸비한 '영웅'의 나라인 데 반해서, 서유럽이나 미국은 '지적·도덕적 영웅'을 찬미하는 문화라고 말했지만, 동시에 그 결과 만일 양자가 싸우게 되면 체력이 뛰어난 전자 쪽이 승리를 거둘 것이라는 비관적인 견해를 내놓았다. 근대문명이라 할 수 있는 지성이나 도덕은 평화를 지향하고 전쟁이나 병사를 경시하기 때문이다. 다른 저자(미국의 여성의학자)도 서양문명의 다양성, 비판능력, 학문, 언론의 자유 등을 존중하였기 때문에 '고대 스파르타인처럼' 용맹스럽고 무조건 상관의 명령대로 싸우는 독일 병사 앞에서는 매우 무력할 것이라고 기술하였다.

이러한 관점에서 보면, 서양문명을 구하고 그 가치를 파괴로부터 지키기 위해서는 스파르타인이나 독일인처럼 만용성

(蠻勇性)을 겸비한 시민을 만들어 야만적인 힘에는 힘으로 대결하는 수밖에는 없다. 이것이 생각할 수 있는 하나의 결론이었지만, 그와 같은 견해가 일반화한 것은 1930년대 말이다. 그 이전 서구의 대응은 한층 고뇌에 찬 것이라고 할 수 있다. 예를 들면 1936년 영국의 소설가 올더스 헉슬리(Aldous Huxley)는 레너드 울프(Leonard Woolf)에게 편지를 보내 "민주주의를 지키기 위해서 무력을 사용하는 것은 민주주의를 파괴하는 것과 같다"고 말했다. 헉슬리에 의하면, 군사력을 증강해 전쟁을 준비하기 위해서 국가는 권력을 집중시켜 독재정권을 구축할 필요가 있으며, 그와 같이 되면 전쟁이 나기도 전에 민주주의는 죽어버릴 것이다. "평화를 유지하기 위해 전쟁에 대비해야 한다"는 오래된 개념은 군사기술이 급속하게 발달하고 있는 현대에는 통하지 않는다. 하물며 자유라든가 민주정치라든가를 존중하는 자가 독일을 흉내 내 군사대국화하려는 것은 자살행위라고 그는 단언했다.

그 후 헉슬리는 대독일전을 지지하게 된다. 그러나 민주주의와 전쟁과의 관계에 대해서 심각한 위기감을 오랫동안 가지고 있었으며, 1930년대 중엽 그와 비슷한 위기의식을 가진 사람들은 적지 않았다. 여기서는 전쟁은 악이며, 아주 귀중하고 자랑스러워 할 수 있는 서양문명의 전통과는 양립되지 못한다는 신념을 엿볼 수 있다. 따라서 가령 나치 독일과 파시스트 이탈리아의 야만과 폭력으로부터 스스로를 지키기 위해서라고는 해도 "악으로써 악과 싸워 이길 수는 없다"고 생각되었던 것이다.

그렇다면 문제는 평화와 문명을 유지하기 위해서 다른 어떠한 방법이 있는가 하는 것이다. 헉슬리의 말처럼 서구 민주주의=평화를 표방하는 국가와 독일·이탈리아 같은 국가 사이에 근본적으로 화해는 있을 수 없고, 게다가 양자 간의 전쟁은 절대적으로 피하지 않으면 안 된다고 한다면 쌍방이 어떠한 형태로든 회의를 열어 교섭에 의해 평화를 유지할 수밖에 없을 것이다. 그와 같은 평화는 1920년대에 묘사된 것과 같은 적극적인 국제질서의 구축이 아니라 체제나 철학이 다른 국가 사이에서 전쟁을 회피한다는 소극적인 의미밖에 갖지 못하였다. 그러나 그렇다고 해도 이것은 전쟁보다는 좋은 상태이다. 왜냐하면 전쟁은 만약 그것이 전체주의 국가에 대한 승리를 가져왔다고 하더라도, 동시에 민주주의 국가를 전체주의화시키기 때문이라는 것이 당시의 소극적 평화론을 뒷받침하였다. 파시즘이나 나치즘의 대두가 전쟁의 이미지를 바꾼 것처럼 평화가 의미하는 것도 미묘한 변화를 이루기 시작했다고 할 수 있다.

그러나 그와 같은 평화는 국제정치의 위기국면을 일시적으로 진정시킬 뿐으로 원래부터 근본적 해결책을 제공하지 못하였다. 어떤 의미에서 극히 비관적인 평화론이었다고 할 수 있다. 그렇기 때문에 더 나은 견고한 평화를 구축할 수 없는가?

1930년대와 같이 경제적·사상적으로 혼란하고, 세계가 분할된 시대에 다시 적극적인 평화를 정의하고 탐구할 수는 없는 것인가? 당연하지만 많은 식자들은 이러한 문제에 관심을 기울였다. 그리고 궁극적으로는 유럽과 미국의 많은 논자들은 힘에 의한 대결, 나아가서는 독일·이탈리아·일본 등과의 전쟁에 의한 승리 이외에는 평화를 재건하는 길이 없다고 믿게 되었지만, 그것이 전부였던 것은 아니었다. 특히 1930년대 중반에는 전쟁에 의한 평화의 재건 같은 방식 이외에 다른 두 가지 견해의 영향력이 커졌다고 말할 수 있다. 양자 모두 전혀 새로운 개념은 아니었으며, 오히려 1920년대의 흐름에 영향을 받고 1930년대의 위기 상황 속에서 그 형태를 약간 바꾸어 재등장했던 것이다.

하나는 경제적 국제주의를 통해서 평화를 구축한다는 것으로 1920년대에 특히 현저했던 사고였다. 1929년 이후, 세계경제가 분열화 경향을 강화하면 강화할수록 다시 한 번 국제주의, 상호의존주의 원칙으로 돌아가야만 한다는 것이다. 1930년대에 이 원칙은 독일이나 일본을 포함하여 모든 나라 사이의 교역이나 투자관계를 증진시키고, 원료나 시장을 평등하게 제공하는 메커니즘을 만들자는 것이었다.

경제교류가 평화의 길이라는 그때까지의 이론에 대해 1930년대에는 아우타르키(Autarky: 자급자족), 경제블록, 혹은 경제민족주의에 대한 비난(공격)이 강해지고, 서구나 미국에서도 해외무역과 투자는 평화와 직결되지만 때로는 국가 간의 마찰을 심화시킬지 모른다는 견해가 나타났다. 그러나 그러기 때문에 다시 한 번 경제적 국제주의 원칙으로 돌아가야 한다는 움직임도 있었는데, 이것은 1930년대 후반 미국에서 특히 현저하였다.

다만 1920년대와 대조적인 것은 '자원확보'라는 점이 강조되었다는 것일 것이다. 독일이나 일본이 '자원 빈국'이라는 개념을 가지고 블록화를 정당화하려 하였기 때문에 구미 민주주의 국가들로서도 '자원 부국'과 똑같이 '자원 빈국'에도 충분한 자원이 공급되도록 고려할 필요가 있었다. 1937년에 국제연맹이 원료문제연구위원회를 설치하고, 모든 나라가 필요로 하는 자원을 확보할 수 있는 방법에 대해 토론한 것도 이와 같은 관심의 표현이라고 할 수 있다. 이 문제의 해결 없이 국제긴장완화는 있을 수 없으며, 또한 독일·이탈리아·일본 등에 자원제공을 보장하는 것이 이들 국가들로 하여금 '신경제질서' 정책을 포기시키는 유일한 것이라고 생각되었던 것이다.

요컨대, 경제적 국제주의만이 평화를 보장한다는 종래의 견해를 답습한 것이지만, 1930년대에는 이러한 생각이 소위 '유화정책(appeasement)'의 이론적 근거를 제공하였다. 이 정책을 상세하게 기술하는 것이 이 책의 목적은 아니지만, 외교사상에서 국제경제와 평화에 대한 하나의 견해가 여전히 존재하였다는 좋은 예로서 주목할 만하다.

그런데 현실적으로 유화정책은 실패했고, 앞에서 서술한 국제연맹 특별위원회도 독일과 이탈리아가 보이콧을 하였기 때문에, 결국 이 견해는 당시의 국제위기 국면에 대한 효과적인 대응책이라고는 할 수 없었다. 그러나 나중에 언급하겠지만 경제적 국제주의는 그 후에도 계속 지속되어, 제2차 세계대전 후의 평화구조를 지탱하는 하나의 원칙이 되었다.

두 번째 움직임은 국내의 정치개혁을 통해서 국제평화를 지키려 하는 윌슨 이래의 사고방식이 1930년대에 재부상하여, 반파시즘 연합 이른바 인민전선(Popular Front)으로 구체화되었다. 제2차 세계대전 전야 역사에서 인민전선의 설립은 1935년의 코민테른 제8차 대회의 결정에 기초한 획기적인 움직임으로 적어도 1939년의 독소불가침 조약체결에 이르기까지 국제적인 정국에서 중요한 역할을 수행하였지만, 이 책에서는 그 배경에 있는 사조에 초점을 맞추고자 한다. 코민테른이나 각국 공산당뿐만 아니라 전쟁과 평화의 문제를 우려하는 많은 지식인들이 반파시스트 연합이라는 사고에 매력을 느꼈기 때문이다.

기본적으로 반파시즘 개념은 국내개혁만이 세계평화의 필수조건이라는 윌슨주의의 흐름을 반영하고 있다고 말할 수 있다. 나치즘과 파시즘이 명백히 전쟁을 찬미하고 있기 때문에 평화를 유지하기 위해서는 각국의 친파시스트 세력을 억압하고, 반파시스트의 민주·진보 세력을 결집하여 견고하게 만들어야 한다고 생각했던 것도 당연한 일이었다.

1930년대 중반이 되자, 이러한 견해가 더욱더 진전되어 반파시스트 세력 하에 결집한 국가들이 연대하여 국제 반파시스트 연합을 결성해야 한다는 목소리가 커져 갔다. 윌슨의 국제 민주주의 연합과 비슷한 발상이지만, 윌슨이 주장한 민주주의에 비해 1930년대의 반파시즘은 공산주의와 사회주의를 포함한 폭넓은 것이었다. 서구 자유주의나 의회 민주주의와 함께 일당 독재를 부르짖는 공산주의를 공격하고, 파시즘과 나치즘에 대항하는 것이 전쟁을 피하고 평화를 지키는 길이라고 여겼다. 이와 같은 인민전선의 견해가 구미의 일부 논자들에게 받아들여진 것은 전통적 자본주의, 민주주의, 자유주의 등이 당시의 대공황의 충격으로 설득력을 잃어 갔기 때문이다. 어느 미국인은 "오늘날 자유주의자라든가 민주주의자라고 불리는 사람들 가운데는 마치 그렇게 불리는 것이 창피한 일인 것처럼 위축되어 있는 사람이 많다"고 말했다. 경제학자 조지 솔(George Soule)도 그와 같은 상태에서 소련의 사회주의 제도로부터 배운 것도 많고, '새로운 국제주의'의 수립은 소련의 참가 없이는 생각할 수 없다고 주장했다. "지금 가장 전쟁을 할 가능성이 없는 나라는 소련"이라는 그의 의견은 사회주의는 평화의 유지를 위하여 주도권을 잡을 수 있다는 견해를 보여 주었다고 할 수 있다.

어떻든, 우선 국내의 개혁 그리고 개혁된 국가들의 연대, 이것만이 나치즘이나 파시즘에 대항하는 아주 유효한 수단이라는 생각은 국제질서와 국내질서의 상관성을 재확인한 것이었다. 당시 자본주의 국가들에서는 계획경제나 재정투자 등 종래의 범위를 넘어선 정책이 추진되었기 때문에 여기서 말하는 '개혁'에는 혁신적인 의미도 포함되어 있었던 것은 확실하다. 그리고 이 점에서는 구미 민주주의 국가와 소련 사이에 공통적인 면도 있었고, 그 결과 이들 여러 나라가 국내개혁을 추진하고, 동시에 다른 나라들에서도 개혁운동이 추진되게 한다면, 싸우지 않고 파시즘 세력을 무찌를 수가 있을 것이라는 기대감이 있었다.

그러나 이런 기대도 순식간에 어긋나버린다. 국내개혁과 국제적 반파시즘 연합이라는 개념은 1930년대 중기에는 일부 인텔리 계층에 영향을 주어 유화주의도 대(對)파시즘 전쟁도 지지하지 않는 사람들에게 제3의 길을 제시하는 것으로서 인민전선의 생각은 각지로 침투해 갔다. 그러나 기대와 달리 효과가 없어 전쟁의 위기가 멀어졌다고는 결코 말할 수 없었다. 특히 스페인 내전은 이 개념을 실행에 옮기는 좋은 기회였음에도 불구하고 프란시스코 프랑코(Francisco Franco)가 이끄는 파시스트당의 승리로 끝났고, 스페인은 독일·이탈리아 양국과 밀접한 관계에 들어갔다. 내전에 참가한 조지 오웰(George Orwell)이 스스로의 체험을 기술한 『카탈로니아 찬가(*Homage to Catalonia*)』는 반파시즘 운동의 좌절을 극적으로 묘사하고 있다. 특히 오웰이 통감한 것은 반파시스트 내의 내분, 그리고 반파시스트 국가 간의 협력관계의 결여였다. 추상적으로는 인민전선 방식은 매력적이지만, 현실적으로는 파시즘이나 전쟁의 위협에 대해서 무력했다는 것이다.

그러나 그럼에도 불구하고, 앞서 설명한 경제적 국제주의처럼 개혁주의적 평화론은 제2차 세계대전 후 다시 영향력을 갖게 되었고, 1930년대에 부분적이긴 하지만 이런 견해가 받아들여졌다는 것은 그 의의가 크다. 특히 사회주의나 공산주의가 평화와 관계되어 있다는 개념을 일반화시킨 것은 종래의 전쟁·평화의 논의에 새로운 장을 열었다고 할 수 있다.

이와 같은 각종 움직임은 1930년대에 평화의 개념이 크게 동요했다는 사실을 말해주고 있는데, 그만큼 1920년대와 비교해 보편적 혹은 지배적인 이데올로기로서의 평화가 존재감이 없었다는 것이다. 평화의 정의에 종래보다 한층 더 유연성을 부여해 독일·이탈리아·일본 등의 전쟁관이나 전투의식에 대응하려고 하였지만, 안정된 평화는 멀어져 갈 뿐이었다. 결국에는 그와 같은 상태에서 평화를 추구하는 것 자체에 의미가 있는가 하는 의문이 점차 커져 갔다. 민주주의를 지키기 위해서 혹은 국제정치의 안정을 위해서 전쟁은 피해야만 한다면서 혹은, 국제경제 재건이나 국내정치 개혁을 통해 평화를 견고하게 해야만 한다는 견해와 더불어 혹은 점차 그것을 대신해서 파시스트 국가와의 근본적인 대립이 있는 이상 평화는 존재할 수 없으며, 이때 가장 중요한 것은 나치즘과 파시즘을 파괴하는 것이고, 그 과정에서 전쟁이 발발해도 어쩔 수 없다는 생각이 강해졌다. 그와 같은 생각을 가진 사람은 1930년대 전반에도 일부 있었으며, 특히 독일이나 이탈리아를 피해 미국이나 영국으로 망명한 지식인은 대독일·대이탈리아 대결을 일찍부터 주장했었다. 특히 그들 가운데 유럽적인 권력정치의 개념을 사상적 기반으로 가진 사람들은 국제정치에서 힘의 근본적인 중요성을 역설하였다. 그리고 결국에는 힘의 논리와 전쟁도 부득이하다는 견해가 평화의 유지를 기본 원칙으로 하는 사고방식보다 우위에 서게 된다. 대전(大戰) 전야의 모습이었다.

제6장

권력구조로의 회귀

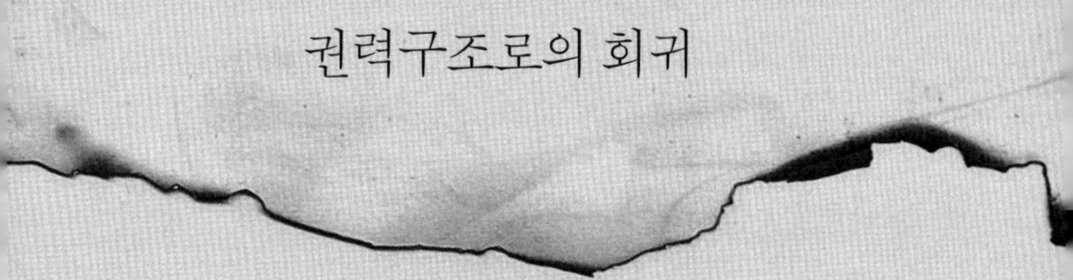

1. 힘의 대결

1939년에 시작된 유럽에서의 제2차 세계대전과 1941년에 발발한 태평양전쟁의 외교적인 원인이나 전략적인 전개과정을 묘사하는 것이 이 책의 목적은 아니다. 그러나 전쟁이 다만 전장에서의 살육이나 도시의 파괴를 가져올 뿐만 아니라 인간의 감성이나 사고와도 밀접한 관계를 가지고 있는 이상 제2차 세계대전의 사상적 배경을 살펴보는 것은 의미가 있을 것이다. 특히 이 전쟁이 그때까지의 전쟁·평화의 개념을 어떻게 변화시켰으며, 전후 세계에 어떠한 논리를 전했는가는 흥미 있는 과제라 할 수 있다.

앞 장의 끝부분에서 지적한 것처럼 이미 1939년 9월 유럽의 대전이 시작하기 전에 구미 민주주의 국가들에서는 전쟁의 필연성에 대해 어느 정도의 지적·심리적 준비가 되어 있었던 것은 아닐까? 앞에서도 언급했듯이 1934년 니버가 "전쟁이 필연적이라는 사실은 알고 있으면서 아무도 그것에 대처할 방법을 몰랐다"는 취지의 말을 했다. 5년이 지난 후에는 그와 같은 불신감이나 의심은 상당히 약화되었다고 할 수 있다. 그리고 민주주의 진영은 군사력에 호소해서라도 나치 독일이나 군국주의적인 일본 세력에 대항해야만 한다는 견해가 이것을 대신하게 되었다.

이것은 근본적으로는 힘의 용인, 즉 전쟁의 긍정에 다름 아니다. 그 배경에는 사상적으로 세 가지 중요한 요소가 있었다. 첫째, 1931년부터 1939년경까지 존재했던 '평화'는 의미가 없다는 평화에 대한 비판이다. 영국, 미국, 프랑스, 나아가 소련 등은 독일·일본과 드러내놓고 싸운 일은 없었지만, 그와 같은 '평화'는 독일·일본의 군국주의 체제나 해외세력확장을 인정하는 것일 뿐 전쟁의 위기는 결코 해소되지 않았고 오히려 파시스트 진영의 군사력, 경제력은 강해질 뿐이었다. 그와 같은 결과를 초래한 평화의 개념 그 자체가 잘못되었다는 것이다. 전체주의 국가나 전투적 국가와의 사이에 안정된 평화는 있을 수 없고 그와 같은 '평화'는 가치가 없다고 생각되었던 것이다.

이러한 견해를 발전시켜서 1930년대뿐만 아니라 1919년 이후의 국제질서 그 자체에 대해 부정적인 견해를 발표한 것이 E. H. 카(E. H. Carr)의 명저『위기의 20년(*Twenty Years' Crisis*)』이다. 이 책은 1939년 7월, 즉 전쟁 발발 2개월 전에 집필된 것으로, 그 속에서 저자는 파리강화회의로부터 꼭 20년이 지난 시점에서 전후의 '평화'가 얼마나 취약한 것이었는가를 보여주려 했다. 다만 대공황이나 나치의 대두 같은 현상만이 아니라 강화 이래의 평화 관념 그 자체에 근본적인 결함이 있었다고 하는 점에서 이채롭다. 즉, 윌슨 외교에 의해 대표되었던 전후 사상은 고전적 이상주의의 영향을 받았다. 또한 세계무역이나 투자활동은 무한히 확대시킬 수 있다는 자유주의 개념이나 민주주의와 여론의 힘은 세계 각지로 계속 확대되고 있다는 낙관론에 바탕을 두고 있었다.

카에 의하면, 그러한 평화론은 역사의 현실을 직시하지 못하고, 슬로건과 실제의 국제관계를 혼동한 추상개념에 불과하다. 모든 국가가 미국처럼 '평화'를 외친다면 그들에게 존재하는 이해의 대립이나 근본적인 모순도 사라져 세계는 평화로워질 것이라는 순진한 태도를 반영하고 있다. 또한 동시에 힘이 강한 국가가 스스로의 우위를 확보하기 위하여 현상유지를 지지하고 그것이 즉 '평화'라는 이름으로 약소국가를 억누르는 일도 있다. 이 단계에서 평화는 추상개념이 아니라 힘의 관계를 반영하는 상대적인 관념에 불과하다. 어떤 경우도 윌슨적인 혹은 1920년대적인 평화론은 현실성을 결여하고 그런 틀에서 구미의 논자들이 벗어나지 못하는 사이에 국제정치의 현상은 시시각각 변화하여 전쟁의 가능성이 커졌다고 카는 말했다.

『위기의 20년』이 전쟁평화론에 공헌한 점은 많지만 특히 중요한 것은 그것이 힘의 개념을 다시 한 번 중심에 두었던 국제정치론이라는 것이다. 무엇보다도 힘이란 군사력뿐만 아니라 경제력이나 도덕의 힘을 포함한 '정치력'을 말한다. 그때까지의 구미의 논자들이 경제나 문화면에서 평화를 논했던 데 대해 카는 힘이 불가분이라는 것, 궁극적으로는 국가 간의 관계는 정치적인 것이라면서 정치의 복원을 주창했던 것이다.

민주주의 국가라도 정치적인 집단이라는 것에는 변함이 없으며, 따라서 스스로의 존재를 위해서도, 다른 민주주의 국가의 안전을 위해서도 정치력에 호소하는 것은 당연하다는 견해는 그와 같은 관점에서는 아주 자연스런 것이다. 이것이 당시 나타난 사상의 두 번째 측면이다. 그때까지 지배적이었던 힘은 악이며 힘을 강조하는 것은 전체주의 국가를 답습하는 것이라는 견해를 대신해 힘 그 자체는 선도 악도 아닌 정치적 집합체의 근원적 요소이며 이것을 무시하고 전쟁이나 평화에 대해서 말하기는 어렵다는 것이다. 군사력에서도 그 존재 자체가 전쟁이나 평화를 규정하는 것이라기보다는 그것이 어떻게 사용되는가, 무엇을 위하여 강화되는가, 그 강화가 국제정치나 경제상황을 어떻게 변화시키는가 하는 문제를 제기하는 것만이 의미가 있다는 것이다.

셋째, 이 사고방식과 병행해서 구미제국에서 1930년대 말 민주주의에 대한 신조가 다시 고조되고 있었다는 것을 들 수 있다. 그 이전에는 민주주의나 자유주의의 위기가 고조되고 나치의 대두에 대해서도 수수방관할 수밖에 없다는 비관론이나 군사력의 증강은 민주주의를 한층 약체화시켜 전체주의화해 갈 것이라는 우려가 강했다. 그러나 1937~1938년 이후가 되면 미국·영국·프랑스 등 여러 나라에서 자신들의 민주정치가 이탈리아, 독일 혹은 소련처럼 전체주의화되지 않고 경제적으로도 어느 정도 회복되었다는 자신감, 즉 좌우의 극단적인 정치제도를 피해 가면서 내면적 개혁을 행함으로써 민주주의나 자유의 전통을 지켜냈다는 자부심이 점점 높아져 갔다. 민주주의는 지킬 만한 가치가 있는 정치형태이고, 이것을 지키기 위해서는 힘의 행사, 즉 전쟁조차 망설여서는 안 된다. 그와 같은 태도가 명확해질 무렵 독·소불가침조약의 체결과 두 나라의 폴란드 점령에 의해 제2차 세계대전이 시작되었다. 1930년대 중엽 또는 1938년 뮌헨회의 때와는 달리 1939년 가을에는 평화는 모든 희생을 치르더라도 유지해야만 하는 절대선이 아니라 정치적인 현상이며, 민주주의의 존속을 위해서는 평화에 투철한 것은 오히려 전쟁보다도 악하다는 사고방식이 영향력을 증대하였다. 전쟁·평화론은 또다시 새로운 단계에 접어들었다.

영국의 저자 에인절에 대해서는 이미 2장에서도 언급했지만, 그는 원래 스펜서적 평화론의 신봉자로 제1차 세계대전 이후에도 다시 같은 견해를 견지했다. 그런데 그는 1939년 제2차 세계대전 발발 직후에 『무엇을 위한 전쟁인가(*For What Do We Fight?*)』라는 책을 출판하여 이번 전쟁은 근대 계몽문명과 나치의 반혁명과의 싸움이며 이것에 패하는 것은 인권이나 민주주의라는 귀중한 유산을 잃는 것이라고 말했다. 전쟁이 '두

려워할 만큼 고통스러운' 것임은 확실하지만 싸우지 않고 반혁명의 적에게 항복하는 것은 근대인의 가치관념을 포기하는 것과 같다. 당장 "우리들의 생존권을 폭력으로부터 지키기 위하여" 군사력을 행사하지 않으면 안 된다고 그는 지적한다.

이것은 단지 전시 영국 지식인의 전쟁협력의 한 사례에 그치지 않고 민주주의와 평화에 대해서 변화무쌍했던 당시의 풍조를 반영하고 있었다는 것은 아직 전쟁에 참가하지 않았던 미국의 언론을 보면 잘 알 수 있다. 예를 들면, 니버는 1940년에 출판한 『기독교와 권력정치(*Christianity and Power Politics*)』에서 그때까지의 회의론이나 서양문명 비판과는 대조적으로 적극적인 대독일 참전을 주창했다. 에인절과 마찬가지로 니버도 민주주의나 근대 서구의 가치체계의 존속을 위해서는 전쟁을 선택하지 않으면 안 되는 시기가 왔다고 설명한다. 독일과 같은 전제국가가 날뛸 때 아무것도 하지 않는 것은 평화와 전제주의를 혼동하는 것이며 그와 같은 평화보다는 전쟁을 선택하는 것이 도덕적인(기독교적이기조차 한) 길이라고 주장했다. 니버는 "소위 민주주의 국가에 다소 도덕적으로 결여된 점이 있더라도 그것과 근대 전제국가의 야만적 행위의 사이에 근본적인 차이가 없다고 하는 것은 도덕적으로 잘못된 길"이라고 나무란다. 이 신학자의 입장은 E. H. 카적인 현실주의로의 개종을 의미하는 것이었다.

당시 미국은 표면상으로는 중립을 지켰지만 궁극적으로 독일 혹은 일본과 싸울 시기가 올 것이고, 오히려 적극적으로 준비하여 참전해야만 한다는 견해가 점차 강해졌다. 그리고 이 전쟁론을 사상적으로 지지한 것이 니버 같은 논리였다고 말할 수 있다. 예를 들면, 『뉴 리퍼블릭(*The New Republic*)』은 1941년 7월 말에 나온 사설에서 "공격이 최선의 방어라는 것은 예나 지금이나 변함이 없다. 전투적이지 않은 민주국가는 존재할 이유도 없다는 것을 근래 세계 각지의 사람들이 이해하는 것 같다"고 지적했으며, "현재 미국이 필요로 하는 것은 신속하고 강력하게 그리고 상대방이 예기치 못한 때에 공격을 준비하는 능력"이라고 주장했다. 기습공격을 제창하는 것 같지만, 그 후 이 잡지는 물론 일본에 의한 진주만 공격을 부도덕한 것이라고 비난했다. 그러나 일부이긴 하지만 이러한 논의가 나온 것은 미국 국내에서 전쟁을 긍정하는 태도가 확산되고 있다는 것을 나타내는 것이다. 싸우는 민주주의만이 존재할 가치가 있고, 전체주의가 대두할 때 평화만을 주장하는 것은 민주주의를 포기하는 것과 같다는 논리이다. 니버적 전쟁긍정론과 같은 종류의 것이다.

히틀러나 일본군국주의자가 제멋대로 날뛰는 한 진정한 평화는 있을 수 없으며, 따라서 보다 안정된 세계평화를 염원하는 사람은 먼저 전쟁을 통해서 독일·일본을 물리치지 않으면 안 된다. 민주주의의 '도덕적 일관성'을 지키기 위해서라도 미국은 독일과 일본에 대해 선전포고를 해야 한다고 『뉴 리퍼블릭』은 같은 해 8월에 주장했다. 윌슨시대의 '민주주의를 지키기 위한 전쟁'이라는 개념을 상기시키지만 1941년의 시점에서 '민주주의'의 내용이 제1차 세계대전 당시와 비교해서 훨씬 넓게, 다시 말해 애매해졌다는 점에 주목해야만 한다. 에인절이나 니버는 여전히 고전적인 자유주의의 전통을 중시했지만 『뉴 리퍼블릭』에 의해 대표되는 사조는 영국과 미국의 의회민주주의뿐만 아니라 소련의 사회주의, 피점령 지역의 저항이나 망명정권, 중국의 국민당 또는 아시아나 중근동의 식민지해방운동을 포함하여 독일이나 일본에 저항하는 모든 나라를 연대시킨 '국제적 민주연합'을 상정했다. 특히 1941년 6월 독일이 대(對)소련전을 시작한 후에는 미국·영국·소련 간의 사상적 관계가 강조되어 이 세 나라가 협력해 전체주의 국가와의 '사상전'에서 승리해야만 한다고 주장되었다.

이렇게 되면 중요한 것은 민주주의 원칙 그 자체보다도 구미 국가들의 방위이며, 이를 위해서는 다소 정치제도가 다른 나라와의 협조도 주저해서는 안 된다는 전략적 전쟁론이 눈에 띄는 것도 이상한 일은 아니다. '사상전(역사가 막스 러너Max Lerner가 당시 사용한 표현)'이라고는 하지만 실제로 강조되는 것은 미국·영국·소련·중국 등의 군사력을 결집해서 독일·이탈리아·일본에 맞서는 것이며, 이러한 차원에서 일어난 전쟁은 클라우제비츠 이래의 것과 다르지 않다.

이와 같은 전략적 전쟁론이 다시 영향력을 증대한 배경에는 유럽과 아시아에서의 전쟁의 전개과정에 대한 많은 관심과 함께 카나 니버로 대표되는 현실주의 사상이 점차 침투하고 있었다는 사실이 있다. 바꿔 말하면 윌슨주의 혹은 윌슨이 상징했던 이상주의가 결국 세계에 평화를 가져오지 못했다고 인식되어, 국력증강과 전쟁결의만이 보다 근본적인 필수조건이라는 견해가 제시되었다. 이러한 전환 과정에서 독일과 이탈리아에서 추방되어 영국과 미국에 이주한 학자, 예를 들면 한스 모겐소(Hans Morgenthau)나 테오도르 아도르노(Theodor Adorno) 같은 정치학자가 행한 역할도 빠뜨릴 수 없다. 그들은 영·미류의 이상주의에 대해 비판적이어서 국제정치라는 것은 결국 정치, 즉 힘의 관계나 이해관계가 지배하는 무대라는 시각을 제공하였고 군사력의 행사나 권력정치에 대한 자유주의 논자가 가지고 있던 편견이나 망설임을 극복하려고 노력하였다.

이른바 '이주학자'는 제1차 세계대전 후의 '평화'가 피상적·환상적인 것에 불과했다는 것을 되풀이해서 주장했지만, 미국이나 영국에서도 예전에 이 '평화'를 추진했던 사람들이 이제는 완전히 부정적인 견해를 보이게 되었다. 예를 들면 1920년대에 군축협정이나 파리 부전조약(不戰條約)을 지지한 리프먼은 1940년경에는 기회가 있을 때마다 '염불을 외는 듯한' 평화론을 비난하였다. 그는 문명이나 민주주의는 '부드러운' 태도로 지키기는 어려우며 '단호한' 방법만이 유일한 길이라고 강조했다.

이 단계에서는 독일·이탈리아·일본 측도 미국·영국 측도 일치된 의견을 가지고 있었다. 양쪽 모두 1920년대적인 국제 질서관을 배제하고 다시 예전의 권력구조론, 전략주의를 강조한다. 그리고 제2차 세계대전도 1920년대 평화의 비현실성 속에서 이미 싹트고 있었다고 말한다. 파시즘은 처음부터 힘을 긍정하면서 성립했지만 민주주의도 힘이 강력해야 한다는 점에서 현실주의적 전쟁론은 본질적으로 전체주의의 전쟁의식과 다른 것은 아니었다.

2. 제2차 세계대전의 사상적 기반

또한 동시에 그렇기 때문에 자신들의 전쟁·전투행위는 상대측과는 다르다는 것을 믿을 필요성도 생긴다. 양자 간에 근본적인 차이가 없고, 살육과 폭격은 누가 누구에 대해 행하여도 같은 것이라고 한다면, 레마르크의 소설에 나오는 것처럼 무엇을 위한 전쟁인가 하는 의혹 또는 단지 기계적으로 싸우는 것에 불과하다는 무관심, 무기력이 생기게 된다. 전쟁의 목적뿐만 아니라 전투 방법에서도 적과 아군 사이에는 명확한 차이가 있다는 것을 믿는 것은 전쟁 수행에 매우 중요하다. 어떻게 싸울까, 무엇을 위한 전쟁인가에 대해서 각국 정부나 언론계가 필사적으로 국민에게 호소하는 것도 그 때문이다. 이 책에서는 이것을 상세히 다루지 못하지만, 특히 전쟁·평화론에 관련해서 의미 있는 몇 가지 사례를 이야기하려 한다.

태평양 전쟁이 일어나기 얼마 전에 『굳세어라, 미국!(*Toughen Up, America!*)』이라는 책이 출판되었다. 저자는 의학자로서 전문적인 저서도 많이 냈는데, 독일에 비해 미국의 임전태세가 늦었다는 사실을 안타까워하여 이를 경고하는 책을 출간하게 되었다. 이 책에서 그는 미국 내에 '자발적 단체조직'을 편성하여 시민의 건강관리는 물론 사상경향이나 병역능력도 확인하여 만일의 경우에 대비해야만 한다고 주장했다. 그런데 이 책은 출판되자마자 이것은 '나치의 제도'를 미국에 들여오려는 것이라는 비난을 받았다.

같은 시기 영국에서는 소설가 조지 오웰이 "이 전쟁은 반동정치가가 파시즘에 대항해서 싸우는 것이다."라는 글을 써 물의를 일으켰다. 영국 정치나 사회가 구태의연한 이상 전쟁의 목표도 확실하지 않고 일반 시민과는 관계없는 것이라는 견해가 있었지만, 이러한 논쟁도 곧 반론을 불러일으켰다. 그와 같은 견해는 영·미 민주주의와 독일 전체주의 사이에서 본질적으로 차이가 없다는 비현실적인 반전론이라고 비판받았다.

싸우는 이상 승리하지 않으면 안 된다. 그러나 적을 이기는데 어떠한 의미가 있는가, 승리를 위해서는 수단을 가리지 않는가, 이러한 문제의 중요성을 두 가지 사례가 보여주고 있었다. 물론 영·미뿐만 아니라 독일이나 일본, 나아가서는 중국이나 소련에서도 전쟁의 수단과 목표는 커다란 관심사였다. 그리고 이 문제를 다루는 과정에서 전쟁의 사상적 기반이라고 할 수 있는 것이 명확해졌다. 미국의 논픽션 작가 스터즈 터켈(Studs Terkel)은 제2차 세계대전에 대한 수백 명의 추억과 생각을 정리한 책의 제목을 『좋은 전쟁(*The Good War*)』이라고 붙였는데, 미국인뿐만 아니라 거의 모든 사람들이 자신들이 행하는 전쟁은 '좋은 것'이라고 정당화하면서 적극적으로 수행할 수 있는 전쟁이라고 믿었던 것이 분명하다.

'좋은' 전쟁에는 그것에 상응하는 '좋은' 수단이 있는 것일까? 아니면 '좋은' 전쟁을 수행하더라도 수단은 적처럼 혹은 그 이상으로 '효과적'인 것을 사용해야만 하는가? 수단은 옳지 않더라도 목적이 옳다면 '좋은' 것인가? 전장(戰場)에서의 전술이나 무기뿐만 아니라, 본국의 정치체제, 스파이 방지대책, 애국정신의 발양(發揚) 등에서 적과 아군이 사용하는 수단에 차이가 있는 것인가?

그와 같은 문제를 당시 미국의 입장에서 철저하게 파헤친 명저로 인류학자 마거릿 미드의 『만일에 대비하여(*And Keep Your Powder Dry*)』가 있다. 이 책은 1942년에 출판되어 전후에도 판을 거듭한 저자의 대표작 중 하나이다. 그 속에서 미드는 독일·일본과의 전쟁이 미국에게 무엇을 의미하는가, 일본인이나 독일인과 비교해서 미국인으로서 미국다운 전쟁을 하려면 어떻게 하면 좋을까라는 테마를 중심과제로 하였다. 즉 같은 전쟁이라도 미국인에게는 적과는 다른 것이라는 것이다. 그 차이는 무엇인가? 미드에 의하면, 미국인의 특질, 즉 국민성이다. '총력전'을 수행하는 데 가장 중요한 것은 자신들은 미국이라는 역사와 문화에 의해 육성된 독특한 국민성을 가진 국민이라는 것이다. 또한 그녀는 "우리들이 미국인이라는 것" 그 자체가 전쟁을 수행하는 최대 무기라고 주장했다.

물론 그와 같은 문화적 필연론은 모든 나라에 적용되는 것이다. 미드도 독일인에게는 독일인, 일본인에게는 일본인 특유의 성격이나 문화적 유산이 있고, 그들도 그것을 최대한으로 이용해서 도전해 올 것이 틀림없다고 말한다. 그러기 때문에 미국인은 더욱 더 그들을 흉내 내지 말고 미국인으로서 싸워야 한다는 것이다. 또한 미국의 국민성 중에서도 특히 민주주의, 다양성, 기회균등의 원칙, 자유경쟁 등을 존중하는 기질은 전쟁을 수행하는 데 커다란 효력을 발휘할 것이라고 말했다. 전체주의 정부 밑에서 종군하는 병사보다는 미국 군대가 우수하다는 것은 틀림없다는 것이다.

여기서 흥미로운 것은 미국 국민성은 독일이나 일본의 그것과 비교해 보다 평화적이기 때문에 유사시 전쟁이 나면 미국의 '시민과 병사'가 독일이나 일본 군대보다 용감하고 효과적으로 싸울 것이라고 미드는 믿고 있었다는 것이다. 인간의 본능에는 전투적인 면과 평화적인 면이 공존하며, 어느 쪽이 우위에 서는가는 문화적 환경에 의한다. 미국에서는 평화적인 국민성이 발달했기 때문에 그 문화를 지키기 위하여 만일의 사태에 직면하면 용감하게 싸울 것이다. "적은 언제까지나 싸움을 계속하기 위한 전쟁을 하고, 우리들은 전쟁을 끝내기 위하여 싸운다. 그리고 전쟁 방법은 우리나 적이나 똑같다. 적과 같은 수단으로 적을 이기고, 승리 후에는 다시는 적이 바라는 전쟁이 일어나지 않게 해야 한다. 이렇게 해야 우리들은 이 전쟁에서 승리할 수 있다."고 기술하고 있다. 당시 미국에서의 대표적인 견해라고 할 수 있다.

이 해석의 약점 중 하나는 이러한 미국 중심적인 견해로는 영국·소련·중국 등과의 동맹을 문화론적으로 뒷받침할 수 없다는 것이다. 영국인도 러시아인도 중국인도, 개별적인 전통과 국민성을 가지고 있다고 한다면, 그들끼리 혹은 그들과 미국인이 과연 충분히 서로 협력할 수 있을까? 전쟁 중 미국 정부와 언론계는 '민주주의 연합'의 깃발 아래서 미·영·소·중의 결속을 과시했지만, 미드도 말한 것처럼 민주주의든 자유든 문화적으로 정의된 개념이기 때문에 모든 국가에 인위적으로 이식시킬 수는 없다. 그렇다면, 전쟁 중의 동맹은 다만 일시적인 전략적 편법에 불과하지 않는가? 독일이나 일본을 패배시키기 위한 수단으로서의 의미밖에 없는가? 일시적인 방편이 아니라고 한다면, 전후 동맹국은 어떠한 형태로 계속 협조해 가야 하는가?

이러한 문제는 모두 태평양전쟁 발발 전부터 의식되었고, 그러기 때문에 전후 평화에 대한 논의가 전쟁 중에도 활발하게 전개되었던 것이다. 이 점에 대해서는 다음 절에서 말하기로 하고, 우선 일본의 전쟁 수행론에 주목하고 싶다. 미국과는 대조적인 문화적 배경을 가진 일본에서는 전쟁의 의의와 방법에 대해서 어떠한 논의가 있었는가?

1943년에 쓰인 「미국의 국민성」이라는 논문에서 와쓰지 데쓰로(和辻哲郞)는 "민족의 진정한 저력은 도의적인 정신력이지 양적인 힘이 아니다."라고 주장했다. 앞에서 서술한 미드의 의견과 동일하다. 다만 미드의 경우, 독일인이 수에 의존하는 데 반해 미국인은 스스로의 문화적 전통을 무기로 삼아야 한다고 주장했지만, 와쓰지는 '미국의 정신'이야말로 '양(量)'의 정신이며, 게다가 미국의 국민성은 '투쟁적 성격'을 가지고 있어 '도박적이며 무리한 태도'에 의해 특징지어진다고 하였다. 미드가 독일과 일본의 호전성·무단주의(武斷主義)를 미국의 평화적 지향과 대비시킨 데 비해 와쓰지는 세계제패 야망이 미국인의 '버릇'이 되고 있다고 힐난했다. 그러한 나라와 싸워야 하는 일본의 최대 무기는 도의(道義)의 힘, '신도(臣道)'가 아니면 안 된다. 같은 시기 발표된 『일본의 신도(臣道)』에서 와쓰지는 멸사봉공(滅私奉公) 정신이야말로 '정직·자비·지혜를 국가적으로 실현시켜 주는 군주' 밑에서 일본인이 과감한 전투를 행할 수 있는 원천이라고 말했다.

비슷한 견해는 다른 곳에서도 볼 수 있다. 미국·영국과의 전쟁은 사상전이며, '일본 정신'이나 '황도(皇道) 정신'을 가진 일본인의 자각만이 최후의 승리로 이어질 것이라고 간주되었다. 미국 측의 견해와는 전혀 다르지만, 양자에 공통된 점도 많다는 것을 알 수 있다. 기본적으로 전쟁에서 중요한 것은 병사와 무기의 수가 아니라 문화적 전통이나 국민성이라고 인식되었다. 미국도 일본도 고유의 정신문화를 지키기 위하여 전통적인 정신의 발로로서 전쟁을 수행한다는 것이다. 그리고 또한, 상대방은 호전적이며 세계 지배를 계획하고 있고, 자신들은 그와 같은 야망으로부터 세계를 구하기 위하여 '의로운 전쟁(義戰)'을 치르고 있다는 주장도 양자에 공통되어 있다.

다만 미국이나 영국의 경우, 민주주의를 지키기 위하여 싸운다는 개념이 정착되어 있는 데 반해, 일본은 아시아를 '민주주의적 정치체제'로부터 해방시키기 위하여 싸운다고 주장되었다. 정보국 차장이었던 오쿠무라 기와오(奧村喜和男)의 말을 빌리면, 태평양전쟁은 "황국의 국체 명징(明徵)"을 발전시켜 "아시아·태평양권의 자기 환원을 실현하는" 것이라고 한다. 그러나 일본 특유의 국체나 '황국(すめらみくに, 일본)' 정신이 어떻게 아시아의 다른 나라들과 관련이 있는지는 문제이며, 그 점에서도 위에서 기술한 미국 측 전쟁론의 문제점과 유사하다. 그리고 다른 나라와의 연대나 동맹을 정당화시키는 원리가 미국과 일본에 반드시 필요하게 되었다. 전쟁 중 미·일

양국, 혹은 다른 참전국이 전후 세계의 비전을 제시하려고 노력했던 것은 그와 같은 사상적 흐름을 배경으로 하고 있다.

3. 전후 평화의 비전

1941년 8월 루스벨트와 윈스턴 처칠(Winston S. Churchill)은 뉴펀들랜드만의 미군 함상에서 만나 소위 대서양회담을 가졌다. 회담 후 발표된 대서양헌장(The Atlantic Charter)은 미국·영국뿐만 아니라 전쟁 중인 동맹국 측의 비전을 제시한 중요한 문서이다.

이 헌장은 8개조로 되어 있으며, '세계의 더 좋은 미래를 위해' 공통의 원칙을 제시한 것이었다. 8개조 원칙은 민족자결, 영토보전, 경제적 국제주의, 사회보장, 군비축소, 국제협조 등이며, 이와 같은 원칙이 전후 세계에서 실현될 수 있도록 하기 위해서 연합국 측은 파시스트 진영과 싸운다고 하였다. 평화의 구상을 나타낸 것이라고 할 수 있다.

8원칙 가운데 특히 주목해야 할 것은 경제적 국제주의와 국내개혁 사상일 것이다. 두 가지 모두 윌슨 외교와 1920년대의 평화 비전을 지탱하는 것이었음은 이미 말한 바 있다. 이 원칙이 다시 강조된 것은 윌슨주의의 복권을 나타내는 것에 불과하였지만, 1930년대의 시련기를 거쳐 강력하게 재확인되었다는 것에 의미가 있다. 1941년은 국제 환경도 국내 정황도 1920년대와는 현저하게 달랐기 때문에 대서양헌장은 그 점을 반영하여 두 원칙을 과거보다 한층 더 구체적으로 정의하였다. 경제적 국제주의의 개념이 특히 "승자도 패자도, 경제번영을 위해 필요한 시장과 원료를 세계 모든 지역에서 평등한 조건으로 획득한다"는 원칙을 포함하고 있는 것은 일본과 독일이 '자원 빈국'의 슬로건 아래서 세계를 분할하려고 기도했던 것에 대한 도전이며, 두 나라 모두 다시 개방된 세계에서 다각적인 경제활동을 하라고 제안했던 것이었다. 한편 국내 개혁론은 민족자결이나 사회보장제도의 확충에 의해 종래의 자본주의·민주주의 체제를 한 단계 뛰어넘어 더 살기 좋은 사회를 구축하는 것이 평화를 견고히 하는 길이라는 견해를 반영한 것이다. 파시즘에 의하지 않더라도 일반 시민을 실업이나 빈곤으로부터 구제하고 그들의 인권을 지킬 수 있다는 것을 보여줌으로써 자유주의나 자본주의가 파탄할 것이라고 세뇌되어 있던 독일인이나 일본인에게 어필하려고 했던 것이다.

여기에 묘사된 평화의 비전이 근본적으로는 윌슨주의의 흐름을 반영하고 있었던 것은 분명하다. 1930년대 말부터 1940년대에 걸쳐 군사력이나 권력정치의 중요성을 강조하는 논의가 활발해졌으며, 윌슨적 이상주의가 자취를 감춘 것같이 보였던 것도 표면적인 현상에 불과했는지 모른다. 앞에서 서술한 바와 같이 1939년부터 1941년에 걸쳐서 윌슨주의나 1920

년대의 국제주의에 대한 비판이 고조되었으며, 이런 경향은 전쟁 중에도 계속되었다. 그렇지만, 다른 한편에서는 대서양 헌장에 나타나 있는 이상주의가 그 흐름을 유지하고 있었다.

힘을 기초로 한 현실주의적 경향과 비전을 제시한 이상주의의 흐름은 다른 차원의 현상이며, 전자는 전쟁, 후자는 평화의 논리를 대표하였다고 말할 수 있다. 윌슨주의는 평화적 국제사회의 이념을 형성하는 것이기 때문에 전쟁준비나 무력행사를 강조하는 논자에게는 부적합하지만, 한편으로 전후 평화를 모색하는 자에게는 명확한 기준을 제공하였다. 미국 남부의 저명한 저널리스트 제럴드 존슨(Gerald W. Johnson)은 전쟁 중에 "조지 워싱턴 대통령의 이름이 전쟁이나 건국과 연계되고, 잭슨이 민주주의, 에이브러햄 링컨이 자유를 의미하는 것과 마찬가지로 윌슨이라는 명칭은 곧 평화를 의미하게 되었다"고 지적했던 것은 흥미롭다. 당시 미국인의 평화관을 이해하기 위해서는 아무래도 윌슨까지 거슬러 올라가지 않으면 안 된다.

그러나 실제로 전쟁과 평화사상은 그 정도로 명확하게 구별되는 것이었을까? 많은 논자들도 전쟁을 논하면서 평화를 말하지 않았는가? 평화의 비전이 있었기 때문에 전쟁을 정당화할 수 있었던 것은 아닌가? 예를 들어 미드는 앞에서 언급한 책에서 '전후 세계의 가능성'을 믿기 때문에 우리들은 싸우는 것이라고 말했는데, 이 관계를 잘 표현한 말이다. 평화를 상정하고, 그것을 향해서 노력한다. 이것만이 '미국적'인 행위라고 그녀는 설명한다. 역사가 로빈슨(G. T. Robinson)도 "중요한 것은 현재가 아니라 현재 속에 포함되어 있는 미래"라고 서술하고 있다. "자유롭게 미래상을 묘사하고, 그 실현을 위해서 민주적으로 행동하는 것"이 미국과 동맹국에 부여된 임무였다. 이러한 생각에 공통되어 있는 것은 전쟁과 평화의 경계선이 막연하여 전쟁의 의미나 수단은 평화의 구상과 따로 떼어서 생각할 수 없다는 견해이다. 그리고 가령 전투행위 그 자체에 관해서는 미국이나 독일이나 다를 바 없지만 평화의 비전이 다른 이상 동맹국 측의 전쟁은 정당화할 수 있다고 생각되었다.

추축국 측도 마찬가지다. 독일이나 일본의 '신질서'론은 미영 측의 대서양헌장에 필적한 것으로 전후 세계의 이상적인 모습을 표현한 것이었다. 다만 독일의 경우, 우수한 민족에 의한 유럽의 지배라는 관념이 너무나 노골적이었고, 아리안 인종에 의한 '열등 인종' 지배를 통해 유럽 경제를 통합한다는 계획은 대단히 독선적인 것이었다. 유대인에 대한 '최종 해결안', 즉 격리와 학살도 전후 '평화'의 구상 가운데 하나였지만, 원래부터 그와 같은 비전은 동맹국 측과 비교할 수 있는 것이 아니었다.

일본의 경우는 약간 차이가 있다. 전쟁 중에 부르짖었던 대동아공영권 이념이 수사적인 표현에 지나지 않고 중국인이나 다른 아시아 민족에 대한 지배나 억압을 미화하는 수단에 불과하더라도, 적어도 독일에 비해 전시하의 일본에서는 가능한 한 전쟁에 보편적인 의의를 부여하고 전후 이미지를 선명하게 함으로써 일본 국민뿐만 아니라 아시아 여러 민족에게도 호소하려 했던 흔적은 있다. 이 점에서는 미국·영국과 마찬가지로 전쟁 중에 평화의 구상이 존재했다고 말할 수 있다.

그 대표적인 예가 1943년에 발표된 대동아선언이다. 대서양헌장에 대한 일본 정부의 대응이라고 할 수 있는 문서이다. 물론 둘 다 전쟁 수행을 위한 노력의 일부로서 선전적인 역할을 가졌다는 것은 명백하지만, 동시에 제2차 세계대전 중의 평화논의를 이해하는 데는 귀중한 자료이다. 대서양헌장과 마찬가지로 대동아선언도 전후 세계의 이상적인 상을 표현했다는 점에서 당시 일본인(정부나 언론지도자)들이 마음속에 품고 있었던 평화의 이미지를 나타내고 있다. 즉 대동아 각국은 아시아의 '공존공영'이나 '자주독립'의 원칙 아래 상호 경제발전을 도모하고, '대동아의 문화를 앙양'함과 동시에 그 외 여러 나라와 친교를 맺고, "인종적 차별을 철폐하고, 보편적으로 문화를 교류하며, 나아가 자원을 개방하고, 세계의 진보에 공헌"하고 싶다고 지적되어 있다. 여기에 열거된 원칙은 바로 경제적 국제주의이고 그 점에서는 미국이나 영국의 평화상과 근본적으로 다른 것은 아니다. 또한 아시아의 '공존공영'이나 '자주독립' 정신을 주장한 것은 대서양헌장의 민족자결주의, 국제협조주의와도 상통하고 있다.

물론 양자의 상이점도 있다. 대동아선언에는 민주주의 원칙은 언급되어 있지 않은 대신에 문화교류 항목이 첨가되었다. 근본적으로는 대서양헌장이 모든 나라(승자·패자에 관계없이)에 대해서 보편적인 평화의 비전을 주장하려고 한 데 반하여, 대동아선언은 아시아를 중심으로 한 반(反)미·영적인 국제질서를 상정했다. 오쿠무라의 말을 빌리면, "인류 공통의 보편적인 진리인 것"처럼 주장하고 있는 '미·영적 근대정신'을 타파하고, "근대정신의 극복에 의한 인류 본래의 내적 관계의 회복, 나아가 통일된 우주적 질서로의 복귀"야말로 일본이 지향하는 세계 신질서라는 것이다.

그러나 그와 같은 추상개념이 아시아의 다른 국민들에게 받아들여질 것인가에 대한 대답은 명백하다. 중국의 어떤 지식인은 1943년 1월 『대공보(大公報)』 지상에 '아시아인을 위한 아시아' 등과 같은 망상으로부터 일본인을 해방하고 민주주의 원칙하에 '일본인을 위한 일본'이 건설되도록 중국인도 협조해야만 한다고 썼다. 일본의 독선적인 대동아주의는 중국인에게는 결코 평화의 비전을 가져다주는 것은 아니었다.

그러나 그럼에도 불구하고 경제적 국제협조주의의 견해가 일본 혹은 중국에서도 존재했었다는 것은 전쟁 중의 평화관을 이해하는 데 매우 흥미롭다. 앞에서 언급한 『대공보』에는 "전후 자유민주국가가 될 중국은 결코 '폐쇄주의'를 취하지 않고 풍요로운 자원을 개발 공급함으로써 세계경제에 협력해 갈 것"이라고 했으며, 대동아선언도 자원의 개방을 주장하고 있었다. 그와 같이 전후 평화의 경제적 기반을 모색하려고 했었다는 점에서 각국에서의 논의가 중복된 부분도 있었다고 할 수 있다.

그리고 또한 오쿠무라가 말하는 '미·영적 근대정신'에 대한 반성도 전쟁 중인 미국과 영국에서 볼 수 있었다. 근대 구미제국의 개인주의나 자유주의는 금융독점과 제국주의를 낳았기 때문에 배척해야 한다는 그의 논의는 극단적이었다 하더라도 전후 세계질서가 결코 종래, 즉 1920년대에 정점에 달한 자본주의나 자유주의를 그대로 복원시킨 것일 수 없다는 것은 미국이나 영국의 지식인들이 오래 전부터 지적해왔다. 대서양헌장 속에 사회보장이나 완전고용의 중요성이 언급된 것은 그 좋은 예이다. 전쟁 중의 사고방식을 더욱 잘 내타낸 저작은 카의 『평화의 조건(*Conditions of Peace*)』이다. 1944년에 출판된 이 책에서 저자는 1920년대적인 평화가 19세기의 자유민주주의(Liberal Democracy) 사상의 산물이며 '정지상태의 자기만족'을 나타내고는 있었지만, 새로운 시대적 조건에 부응할 수 있는 것은 아니었다고 비판했다. 새로운 시대의 조건이라는 것은 경제발전을 수반하는 노동문제, 부의 불균등한 분배, 시장과 자원을 둘러싼 민족주의의 고조 등이다. 카는 그와 같은 상태에 눈을 감고 "과거에 추앙을 받았던 정치이념을 숭배"하기만 하는 나라가 가지고 있는 평화의 개념은 현실성이 결여된 것이었다고 지적한다.

1920년대에는 현상에 만족했던 국가가 평화의 절대적 가치를 주장하고 전쟁에 대한 공포심을 심어주려고 하였지만, 이것은 국내의 특권계급이 사회질서의 안정을 강조하면서 혁명을 억압하려고 하는 것과 같다고 그는 말한다. 1930년대에 파시즘과 공산주의가 세력을 확대한 것도 변화하는 사회와 경제에 '혁명적'으로 대응하려고 하였기 때문이다. 과거에 살고 있는 서구와 미국과는 달리 독일이나 소련은 새로운 원리에 기초한 새로운 경제제도를 만듦으로써 미래에 대한 희망을 가져다줄 것이라고 많은 젊은이들이 믿었다. 그 결과 만약 제2차 세계대전 후 보다 좋은 세계를 구축하려 한다면 평화라든가 안전을 최대 목표로 하지 않고 혁명적 수단으로 사회·경제문제를 처리해나가는 자세가 중요한데, 이것이 '평화의 조건'이라고 카는 주장했다.

평화보다는 혁명을 취해야만 한다는 그의 논의는 극단적이기는 했지만, 1920년대와 1930년대의 국제정세를 경험한 사람들이 도달한 하나의 결론을 보여주었다. 이와 비슷한 인식은 전쟁 중 구미제국에서 일반화되어 갔다고 말할 수 있다. 물론 그로서도 전후 각국이 독일이나 소련을 따라 혁명정권을 수립할 것이라고 생각했던 것은 아니었지만, 적어도 대담한 사회개혁이나 정치의식의 변혁 없이 새로운 시대의 문제들을 해결하는 것은 불가능하다고 보았다. 이러한 견해는 종래의 평화관을 보완하거나 바꾼다는 점에서 전쟁 중인 추축국 측의 사조와도 공통되는 점이 있었다.

보다 바람직한 평화는 선진국이 현상유지를 위해 국제질서를 동결하려고 하는 노력에 의해서가 아니라, 부와 자원과 기회의 보다 평등한 분배를 전제로 해야 한다는 인식은 종래의 국제질서론을 더 유연하게 만들고 평화와 사회, 질서와 혁명 등에 대해서 새로운 고려를 촉구하는 것이었다. 그와 같은 자세가 일부에서 나타나기 시작한 것은 제2차 세계대전의 사상적 유산의 하나였지만, 또 하나의 유산, 즉 권력정치나 세력균형론의 복권과 어떻게 연계될 수 있는가는 명백하지 않아 전후 세계의 아주 큰 문제로 남게 되었다.

제7장

냉전

1. 1945년의 '평화'

제2차 세계대전은 전쟁과 평화의 논리에 어떠한 영향을 주었는가? 앞 장에서 살펴본 바와 같이 한편으로는 군사력, 권력정치 개념들이 복권되어 전쟁을 고전적, 즉 세력균형의 파탄에 기인한 현상이며, 힘의 대결에 의해 해결해야 한다는 '현실주의'가 영향력을 회복했다. 그러나 다른 한편에서는 평화를 새로운 시각에서 보려고 하는 노력도 이루어져 전후의 국제질서는 단지 힘(세력)의 균형과 이전 상태로의 복귀에 의해서만이 아니라 정치·경제·사회의 개혁이 수반되어야 비로소 견고해진다고 보는 견해가 우세했다.

힘의 차원에서 보는 전쟁관과 다각적으로 본 평화론은 어느 시대에나 존재했지만, 양자의 견해 차이가 1945년 이후만큼 벌어진 적은 없었다. 사상적으로 '전쟁'과 '평화'의 입장 차는 정말로 컸다. 그리고 그렇기 때문에 유일하게 일반화된 개념이 '냉전'이었다고 할 수 있다.

1945년에 하나의 전쟁이 끝남과 동시에, 또 다른 대규모의 전쟁 가능성이 대두되었다. 1918년에는 생각할 수 없었던 것이다. 제1차 세계대전이 끝났을 때 대부분의 논자는 그것이 평화를 의미하는 것이라고 생각했지만 제2차 세계대전은 달랐다. 곧 다음 전쟁이 상정되어 전쟁 준비에 대한 많은 저작이 발표되었다.

왜 그런 것일까? 원래부터 미·소 두 국가 간의 뿌리 깊은 불신에 더해 동유럽과 중근동 지역에서의 대결에 의한 냉전의 도래를 들지 않을 수 없다. 이 책의 목적은 이에 대해 더 깊이 분석하여 전쟁과 평화 사상의 변화를 파악하는 데 있다. 그러한 의미에서 우선 생각할 수 있는 것은 전쟁 중 유럽, 미국에서 세력을 회복한 현실주의적 국제정치론이 전후에도 계속 정착하게 되었다는 것이다. 앞에서 기술한 바와 같이, 유럽 대륙에서 건너온 이주학자는 그대로 미국 또는 영국에 남아 언론계나 학계에서 활약하는데, 그들이 전후 현실주의 사상을 심어주는 데 큰 활약을 했다는 것에 주목해야 한다. 아도르노, 모겐소, 한나 아렌트(Hannah Arendt) 등의 영향력은 1945년 이후 한층 커져 갔다. 그들의 견해가 모두 일치하지는 않았지만 힘의 논리를 냉철히 분석하고 소박한 환상과 이상주의에 기인한 국제정치관을 배척한다는 점에서는 일치했다.

당시 신문이나 잡지를 보면 현실주의적인 견해가 일반화되었다는 것을 알 수 있다. 1919년 이후와는 매우 다른 점이다. 예를 들면, 전쟁 종결 이후에도 미국은 '정상적인' 평화상태로 돌아가는 것이 아니라, 다음 전쟁을 준비해야 한다는 견해가 도처에서 발표되었다. 이것은 반드시 미국이 가까운 미래에 소련 혹은 다른 나라와 전쟁할 가능성이 높다는 것이 아니라, 영구적인 평화라는 것은 없기에 국가의 안전을 위해서는 항상 전쟁 준비를 하지 않으면 안 된다는 고전적 현실주의에 입각한 것이었다. 미국의 한 물리학자는 1947년 "우리들은 평화를 바라지만 동시에 군사적으로도 강하지 않으면 안 된다"고 썼지만, 그것은 당시 이미 상식화된 견해였다. 그가 논문에 '평화를 위해 싸우는 과학자'라는 제목을 붙이고 "우리나라가 전쟁 준비를 하는 이상, 나도 그 준비를 도울 용의가 있다."고 말한 것은 전쟁준비를 통해 전쟁의 발발을 막는다는 고전적인 견해를 보여주는 것이다. 이 경우 평화라는 것은 전쟁 없는 상태를 나타낼 뿐, 종전 후 영향력이 강했던 넓은 의미의 평화론과는 다른 것이다. 이에 대해서는 뒤에서 다시 언급하겠다.

다만 전쟁 준비라 해도 1945년 이후에는 핵무기도 포함되기 때문에 과거에 비해 비용과 파괴력 면에서 현격한 차이가 있으리라는 것은 당연한 일이었다. 히로시마와 나가사키에 원자폭탄을 투하한 것이 전쟁 이미지를 어떻게 바꿨는가는 매우 흥미 있는 주제이지만, 아직 본격적인 연구는 그다지 발표되어 있지 않다.

폴 보이어(Paul Boyer)의 『원폭 빛 아래에서(*By the Bomb's Early Light*)』는 당시 미국 여론의 동향을 자세하게 추적했던 좋은 책이다. 원자폭탄의 출현에 의해 미국도 폭격의 대상이 되고, 히로시마나 나가사키 같은 도시가 파괴될지도 모른다는 가능성은 일시에 공황상태에 가까운 공포감을 주었다는 것이 실증적으로 그려져 있다.

당시의 한 지식인은 "한 번의 원폭 공격으로 우리들의 도시나 공장은 흔적 없이 파괴되어버릴 것이다"(*The Atlantic Monthly*)라는 공포는 "정당화할 수 있는 것"이라고 지적했다. 그러나 동시에 원자폭탄도 무기이기 때문에 "살인의 수단을 개량할 수" 있는 이상 당연히 그것의 제조, 사용도 고려해야 한다는 견해가 강했다. 현실주의적인 힘의 논리에서 보면 모든 무기를 사용하는 전략을 준비해 두는 것은 전쟁준비의 필수조건이며, 핵무기도 당연히 그 안에 들어가야 한다.

원자폭탄 투하는 다음에 일어날 전쟁의 이미지를 대단히 선명하게 했으며, 제3차 세계대전의 위험성을 일반인들에게 심어주었다. 그렇다고 해서 다음에 일어날 전쟁(1947년경 그것이 미·소전일 것이라는 것은 상식적이었다)에 핵무기가 사용되지 않을 것이라는 법은 없다. 그래서 전쟁에 대비하기 위해서도 원자폭탄을 제조할 필요가 있다. 그러한 논리는 당시 전쟁관의 중요한 측면을 형성했다. 즉 현실주의적 국제관계론과 핵무기의 출현이 상호 보완되어 1945년 직후의 비극적 전쟁관을 형성했다고 말할 수 있다.

당시의 전쟁의식을 설명할 수 있는 제3의 요소는 1930년대의 유산이라고 할 수 있는 것으로 정치체제나 사상이 서로 맞지 않는 국가 사이에는 늘 전쟁의 위기가 존재한다고 보는 견해이다. 파시즘과 공존 내지 협조하고자 했다가 실패한 것이 유화정책이었다고 보고, 파시즘과 민주주의 사이에 평화가 있을 수 없듯이 공산주의 정권과 서구 민주주의 국가가 평화적인 관계에 들어가는 것은 불가능하다는 것이다.

국내정치와 국제관계를 결부시켜 이해하려는 견해는 이전부터 존재했고 이것이 특히 윌슨주의의 중요한 측면이었다는 것은 앞에서 언급했지만, 정치체제가 다른 나라 간에 임전관계를 상정하는 것은 1945년 이후의 일이다. 미국에서는 소련이 '사상적 적국'이라고 인식되어 '사상전'의 현실성이 강조되었다. 이것은 1930년대부터 1940년대 전반 대독일 관계를 사상전의 틀 속에서 분석한 것의 연장선상에 있다고 할 만큼 유화정책을 부정적으로 보는 역사관과도 연결되어 있었다.

물론 1945년까지 미국과 영국은 소련과 동맹관계를 맺고 있었다. 그러나 그것은 힘의 차원에서의 전략적 방편에 불과했으며 일단 독일과 일본을 격파한 후에는 그러한 의미도 사라지게 되었다. 그리고 이제 미국에 필적할 만한 군사대국이 된(혹은 될 가능성이 있는) 소련과의 사이에 정치적·사상적 공통점이 없는 이상, 전쟁은 늘 상정할 수 있는 것이라고 인식되었다.

그러한 여러 요소로 인해 전후 전쟁관은 지극히 현실적이며 1919년 이후처럼 '전쟁을 없애는 전쟁'을 끝냈다는 마음은 없었다. 이러한 단계의 평화는 미국과 소련이 실제 전쟁을 하지 않는 시기, 즉 과도기를 나타내는 것에 불과했다. 전쟁이 '차가운(열전이 되지 않는)' 동안의 '차가운 평화'였기 때문이다. 냉전의 개념은 그와 같은 사조(思潮)를 배경에 두고 있다.

그러나 그것만이 모든 것은 아니었다, 이미 살펴본 것처럼 전쟁 중에 전후의 평화에 대해서 많은 견해가 발표되었으며, 그 대부분은 '차가운 평화'적 발상법과는 궤를 달리하고 있다. '차가운 평화'의 개념이 1930년대의 역사적 사실과 1940년대의 현실에 입각한 전략적, 권력정치적이었던 데 비해 다른 하나의 평화론은 1920년대까지 거슬러 올라가 거기에 몇 가지 새로운 요소를 추가한 것이었다.

첫째, 경제적 국제주의는 근본적으로는 1920년대적인 개념이지만 1945년 이후에는 브레턴우즈 기구와 세계은행의 설립에 의해 더욱 안정된 국제무역과 경제 발전의 진전을 계획했다는 것은 잘 알려져 있다. 더욱 중요한 것은 제2차 세계대전 후의 경제적 국제주의가 유럽의 지역통합이라는 방식을 만들어냈다는 것이다. 경제적 내셔널리즘이나 아우타르키 경향을 극복해 국제경제를 좀 더 개방된 것으로 만들기 위해서는 관세나 외환관리 등의 장벽을 없애지 않으면 안 되며, 그러한 정책을 선택하는 것은 국가 간의 정치적 긴장도를 완화시킨다는 것이다.

이것은 극히 미국적인 견해라 할 수 있다. 사실 당시 미국이 탁월한 경제력을 무기로 외환관리의 자유화나 유럽 통합을 촉진하려 한 것은 '미국의 평화(Pax Americana)'를 구축하기 위해서라는 비난이 영국이나 프랑스에서도 제기되었다. 근본적으로는 타당한 것이지만 '미국의 평화'는 이 경우에 경제적인 정의였다. "시장에서 적대관계에 있는 국가는 국제회의에서도 아군일 수는 없다."는 실업가(한때 국무차관보 역임) 윌리엄 클레이턴(William Clayton)의 말은 경제활동에 있어서 모든 국가가 똑같은(즉 미국식의) 법칙에 따르는 것이 평화에 이르는 길이라는 신념을 잘 나타내준다.

둘째, 전전부터 있었던 문화교류에 의한 평화의 강화도 1945년 이후 재확인된다. 단지 이전에는 국제연맹을 통해서 각국의 지적 엘리트 간 대화가 강조되었지만 지금은 대중 간의 교류도 중요하다고 생각되었다. 이것은 분명히 제2차 세계대전의 경험을 반영하고 있으며, 수백만의 시민이 군대에 들어가 살육을 일삼아 온 것에 대한 심각한 반성이 그 바탕에 있었다. 물론 이 같은 현상은 제1차 세계대전 당시에도 존재했었다. 그렇지만, 이번 전쟁은 말 그대로 세계전쟁으로 전사자나 도시 파괴의 규모는 과거와 비교할 수 없을 정도이며, 또한 유대인 학살, 난징대학살 등 인간들끼리의 극한적인 비인도성이 드러났기 때문에 전쟁의 심리면, 정신면에 커다란 관심이 모아지게 되었다.

프랑스의 평론가 로제 카이와(Roger Caillois)는 1951년 전쟁의 심리적인 면을 분석한 논문을 발표하는데, 이러한 각도에서 전쟁을 논한 저작은 거의 없다고 주장한다. 그 자신은 "일반인의 의식 중에 전쟁이 성스러운 것으로서의 성격"을 가지고 있다는 것에 깊은 관심을 가지고 직업군인이 아니라 일반 시민이 전쟁의 '현기증'을 느끼는 현상을 어떻게 설명할 것인가를 주제로 삼았는데, 종전 후 많은 사람들이 그러한 문제의식을 가지고 있었던 것으로 보인다.

국제연합의 중요 기구로 설립된 유네스코(교육과학문화기구)의 제1차 총회(1946)에서 "전쟁은 인간의 마음에서 생기는 것"이라는 인식을 바탕으로, "평화는 인류의 지적 및 도덕적 연대 위에 구축되어야 한다"는 '인권선언'이 채택된 것도 그러한 배경을 반영한 것이라 할 수 있다.

이 같은 견해가 전후 활발히 진행된 교환교수나 유학생제도의 사상적 배경을 형성했다는 데 대해서는 의심의 여지가 없다. 1946년에 발족한 풀브라이트제도는 가장 대표적인 예로 지금까지 계속되는 몇 안 되는 교육교류의 사례이다. 여기에는 미국의 학생이나 학자를 외국에 보내 다른 나라 국민들이 어떠한 생각을 하고 있는지 피부로 느끼고, 동시에 외국 유학생을 불러들여 미국 생활을 알게 하는 것이 국제친선과 연결되고 나아가서는 평화에도 공헌할 수 있는 것이라는 신조가 있다. 특히 흥미로운 것은 전쟁 전처럼 특히 캐나다, 라틴아메리카, 중국으로부터 유학생을 초청할 뿐만 아니라 바로 최근까지 싸웠던 독일이나 일본, 혹은 냉전관계가 계속되고 있는 소련, 동유럽의 국가와도 적극적으로 교육의 교환을 모색했다는 점이다. 문화교류가 평화로 연결되는 길이라는 낙관론으로 이러한 차원에서 평화의식의 강함을 말해주고 있다.

마지막으로 평화의 사회적 기반이다. 이것은 앞에서 기술한 E. H. 카의 의견에 요약되어 있는 것과 같이 전후 국제질서는 단지 전쟁 전의 상태로 돌아가는 것이 아니라 각국의 사회개혁을 동반하지 않으면 안 된다는 생각이다. 특히, 서구 민주주의 국가는 1920년대적인 자유주의나 자유경쟁의 원리에 의해 지지되었던 자본주의 경제를 부흥시킬 뿐만 아니라 사회보장이나 실업대책제도를 포함한 복지국가가 되어야 비로소 안정된 국내 및 국제질서를 구축할 수 있다고 생각되었다. 영국 노동당 내각의 산업국유화나 미국 트루먼(Harry S. Truman) 대통령의 노동기준법 등과 같은 제도는 그러한 견해를 재확인하는 것이라 할 수 있다.

그럼에도 불구하고, 이러한 새로운 평화에 대한 노력은 현실에서 결실을 맺지 못하고 힘의 균형에 의해 전쟁의 발발을 저지하고자 하는 전통적이며 수동적인 평화관이 지배적이었다. 1945년부터 2~3년간은 경제·문화교류나 사회복지제도의 확충을 통해 강화되어야 할 국제 신질서에 대한 기대가 컸지만, 결국 이 신질서는 전 세계적인 것이 되지 못하고 냉전에 사상적 기반을 제공하는 것이 되었다.

경제적 국제주의, 문화교류, 사회개혁 등의 원칙은 보편적인 것이며 모든 국가가 이 원칙에 따름으로써 국제이해와 세계평화 달성을 향해 나아갈 수 있다는 것이 전후의 평화논리였다. 그렇지만 제1차 세계대전 후와는 달리 이 논리에 대항하는 권력주의, 현실주의적인 개념이 영향력을 가지게 되었다. 그것이 어째서 그러했는가를 이해하는 것은 냉전의 사상적 기반에 접근하는 것이기도 하다. 제2차 세계대전 후 적어도 구미 측에서 보아 보편적이라고 생각되었던 원칙이 소련이나 소련권에 의해 받아들여지지 않았다는 실망감, 또한 반대로 후자에서 그러한 원칙은 미국에 지배되는 국제질서를 세계 각지에 강요하는 것으로 인식돼버렸다는 것은 잘 알려져 있다. 그 결과 보편적이어야 할 원리가 특수한 것으로 간주되고 힘의 대결을 반영하는 것으로서 혹은 그 수단으로밖에 생각되지 않게 되었다.

그러나 더욱 중요한 것은 1945년 이후 각국에서 정치·경제의 혼란이 심해져 신국제주의라고 할 수 있는 전후 평화론만으로는 처리할 수 없게 되었다는 사실일 것이다. 서구 국가들에서조차 경제정책이나 사회정책을 둘러싼 국내의 대립이 심각해져 종래의 자유주의나 자본주의를 다소 개량한 것에 만족하지 못한 계층은 더욱더 과격한 사상을 원했다. 한편 이러한 현상에 공포를 느낀 사람들은 국내의 사회주의나 개혁보다는 질서를 중요시했으며, 그러한 구조 속에서 국제정치를 보게 되었다. (미국의 국제주의자가 전후 남부에서 진전이 있었던 흑인해방운동에 대응하는 과정에서 분열하고, 비교적 점진적인 개혁이나 국내질서의 유지를 원하는 사람들은 동시에 과격주의에 대해 민감해져 반공, 반소적인 태도를 선명하게 하고 냉전을 지지하게 되는 것은 전형적인 것이다.)

하물며 아시아, 중근동, 라틴아메리카 등에서의 사회변동은 종래와 비교할 수 없을 정도로 급격해지고 각지에서 혁명을 표방하는 정치운동이 활발했기 때문에 국제질서의 안정화를 신국제주의에서 찾는 것이 적합한가의 문제는 처음부터 의문시되었다. 예를 들어, 중국에 대해서 국제적 경제주의나 문화교류를 제안해도 냉전의 현실 때문에 효과가 적으며, 중국인 자신도 공산주의로 나아갈 것인가, 전통적인 유교에 의지할 것인가로 나뉠 뿐 서구적 원리를 받아들이는 '제3의 세력'은 힘이 결여되어 있었다.

각지에서 무정부 상태가 계속되는 상태에서 국제질서의 안정성이 강조된 것도 이상한 일은 아니다. 그리고 그 안정성을 유지하기 위해서 과격주의와의 대결이나 소련 진영과의 세력균형이 중요시되었다. 그러한 발상을 하면 경제나 문화에 주안점을 둔 국제주의는 제외되어버린다. 적어도 1920년대와 비교해 보면, 힘(특히 군사력) 없이 국제질서를 유지하는 것은 불가능하다는 견해가 지배적이었다.

냉전 초기의 서방 측 이론가라고 말한 수 있는 조지 케넌의 전략사상('봉쇄'정책)도 당시의 변화를 잘 보여주고 있다. 물론 그도 국제주의나 자유, 인권, 등의 가치를 출발점으로 했지만, 이러한 가치는 자연적으로 세계 각지에 퍼지는 것이 아니라 오히려 대다수의 인류에게 서구식 사상이나 전통은 이해하기 어려운 것으로 간주되었다. 그 결과 서구의 가치체계에 대한 반발은 늘 예상되었고, 특히 소련 지배하의 공산주의 이데올로기가 아시아나 중근동에서 세력을 증대시키는 것에 대해서는 충분히 경계해야만 했다. 그리고 이것에 대항하기 위해서는 아무래도 억지력으로서의 군사력이 필요하다고 생각되었다.

1947년 1월 케넌은 '세계 각지에서 제어하기 힘든 민중'이 서방측의 지위를 위협할 가능성은 늘 존재하며, 그들에게 그런 기회를 주지 않기 위해서라도 구미제국은 병력을 정비하고 전쟁준비를 하지 않으면 안 된다고 말했다. 대규모의 세계대전을 예상했던 것은 아니며 기껏해야 국지적인 군사력 행사가 예상되었는데, 만약 실제 행사되지 않더라도 지역질서를 유지하기 위한 능력과 의지를 분명히 하지 않으면 궁극적으로 큰 전쟁을 피할 수 없게 될 것이다. "평상시 외교정책의 무기로서의 병력을 사용"해야만 한다는 케넌의 견해는 국제정세의 혼란 혹은 무질서라는 인식을 전제로 하고 있다고 할 수 있다.

물론 세계가 혼돈 상태에 있기 때문에 미국은 대국으로서 신중하게 대처하고 국제경찰의 역할을 행사하기보다는 그런 사회를 관용의 정신으로 대하고 각국이 스스로의 힘으로 국내의 질서를 구축하기까지 강한 인내심을 가지고 기다려야 한다는 견해도 성립된다. 힘을 사용하지 않고 내정불간섭의 방침을 관철하는 것이 평화의 길이라는 것이다. 미국의 철학자 존 소머빌(John Somerville)은 1949년에 출판한 『평화의 철학(*The Philosophy of Peace*)』에서 이러한 견해를 제시했다. 케넌의 주장대로 무력으로 각 지역의 질서를 유지하는 것은 결과적으로 기존 정권, 우파나 반동세력을 지지하는 것이 될 뿐만 아니라 사회개혁파를 소련 진영으로 밀어 보내는 것이 되며, 소련으로서도 미국의 군사력 행사를 좌시하지 않을 것이다.

냉전의 기원이나 그 이후의 전개 과정에 대해서 서술하는 것은 이 책의 목적이 아니지만, 이미 1945년부터 2~3년 사이에 전쟁과 평화의 개념이 분열해버렸다는 것은 주목할 필요가 있다. 적극적이며 능동적인 평화의 개념이 점차 권력정치적 현실주의에 압도되어 그 결과 최대공약수로서의 평화, 즉 전쟁 없는 상태로서의 평화 관념조차 현실성을 잃게 되었다. 게다가, 그러한 평화조차 냉전의 일면 혹은 냉전 전략으로서의 의미밖에 부여받지 못했던 것이다.

보다 안정된 진정한 평화는 있을 수 없다는 비관주의가 냉전을 긍정하고, 나아가 무력행사를 지지했다는 것은 상상하기 어렵지 않다. 따라서 더욱 항구적인 평화를 바란다면 우선 소련의 공산정권을 타도해야 한다는 극단적인 논의도 나오게 되었다. 버트런드 러셀이 세계평화의 확립을 위해서는 미국은 가능한 한 빨리 원자폭탄을 사용해 소련을 물리치고 그 위에 세계 정부를 수립해야 한다고 말했던 것이 1948년인데, 이것은 당시의 지적·심리적 상태의 일단을 잘 보여준다. 미국과 소련 간의 일시적인 평화보다는 '전쟁을 없애기 위한 전쟁'을 한 후에 견고한 평화질서를 구축하는 쪽이 낫다는 것이다. 당시의 평화론이 얼마만큼 혼미했던가를 잘 나타내고 있다.

2. 현실주의의 융성

소머빌은 앞서 소개한 책에서 핵무기 시대에 평화보다 중요한 것은 없고, 따라서 각국 모두 평화를 최고의 목표로 하지 않으면 인류 전체가 파멸해버릴 것이라고 경고했다. 오늘날에는 상식적이라고도 할 수 있는 이 견해가 당시에는 오히려 이단시되었다. 평화에 대해서 말하는 것은 비현실적이거나 친소련적이거나 또는 비기독교적이라고 지적되었고, 무력의 확충이나 전쟁의 결의 없는 평화론은 무의미하다고 간주되어 버렸다. 평화는 절대적인 선이 아니라 경우에 따라서는 평화보다 더 중요한 것(그것이 국가이건 또는 자유의 원칙이건)을 지키기 위해서 평화는 희생되어도 어쩔 수 없다는 견해가 지배적이었다. 그러한 의미에서 1940년대 말부터 1950년대 중엽까지는 현실주의적 전쟁·평화론이 융성했던 시기라고 할 수 있다.

현실주의 이론의 대표작이라고 할 수 있는 로버트 오스굿

(Robert E. Osgood)의 『미국의 대외관계에서의 이상과 국익(*Ideals and Self-Interest in America's Foreign Relations*)』이 출판된 것은 1955년으로, 앞에서 언급한 E. H. 카, 모겐소, 케넌 등의 영향을 받았다. 저자는 미국 외교가 종종 이상을 추구한 나머지 국제정치에서 힘의 관계를 경시했다고 비난한다. "전쟁의 근저에 있는 것은 복잡한 힘의 충돌"이기 때문이다. 특히 제1차 세계대전 후, "국익의 추구보다는 전쟁의 기피를 외교정책의 근본 조건으로 삼았기" 때문에 결국 제2차 세계대전을 초래하게 되었다. 따라서 앞으로 국익을 우선시하고 전쟁을 회피하는 것 자체를 정책 목표로 해서는 안 된다고 주장한다. 일부는 국익을 위해 싸워야만 하는 전쟁도 있을지도 모른다는 것이다.

이것은 다시 이야기하면 모든 평화가 바람직한 것만은 아니라는 것이다. 신학자 니버는 당시의 기독교적 현실주의를 대표하고 있었다고 말할 수 있었는데, 그도 핵전쟁이 인류에게는 파멸을 의미한다는 것은 인정했다. 그러나 미·소간의 핵전쟁을 저지하기 위해 미국은 핵무기 제조를 계속해야 한다고 생각했다. 핵억지론이 있지만 그러한 방법으로 지켜진 평화는 처음부터 상대적인 것이며, 국가의 목표 자체일 수는 없다. 그러나 니버로서는 그것 이외의 평화는 생각할 수 없었던 것이다. "전쟁은 피해야만 하지만 동시에 전제주의와 싸우지 않으면 안 된다." 평화라는 이름 아래 공산주의와 타협하는 것은 전쟁을 하는 것과 마찬가지로 받아들이기 어려운 것이다. 그러므로 당분간 군사력을 충실히 해 힘의 우위를 유지해 전쟁이 일어나지 않도록 하는 이외에는 별 도리가 없다고 결론지었다.

현실주의의 전쟁·평화론에 대해 의견을 달리하는 논자도 있었다. 예를 들면 시인인 아치볼드 매클리시(Archibald MacLeish)는 1951년 래드클리프대학 졸업식에서 '현실주의'라는 것은 결국 전쟁의 불가피성을 인정하는 것이라고 질타하고, 전쟁과 평화의 선택을 자유의지가 아닌 필연적인 것으로 만들어버렸다고 비판했다. 실제는 그러한 선택은 아직 존재하며, "인류를 전멸시키는 무기에 의한 전쟁"을 하는 대신에 '자유롭고 평화스러운 미래'를 생각해야 한다고 호소했다.

그러나 매클리시조차도 '공산주의에 의한 세계지배'에는 반대했으며, '러시아인의 악질적인 마력'을 이겨내야 한다고 말했다. 다만 그러기 위해 전쟁을 해야 한다는 것에는 반대했던 것이다. 자신들의 힘으로 세계를 바꿀 수 있다는 신념을 잃어버리면 "미래에는 전쟁밖에 없고 전쟁은 세계의 파멸을 의미"할 수밖에 없다. 이러한 견해는 대소련 호전론에는 반대하면서도 절대적 평화론과는 다르며, 당시 일반에게 관용적으로 이해되는 한계 내의 평화주의였다고 할 수 있다. 그러한 의미에서 "정의를 수반한 평화(Peace with Justice)"를 근본으로 했던 니버 등의 개념과 공통점을 가지고 있었다.

그러나 핵전쟁을 피하면서 소련 지배하의 '평화'도 받아들이기 어렵다면 어떠한 평화가 있을 수 있을까? 실제로 어떤 방법으로 어떠한 평화를 구축할 수 있을까? 당시의 평화론은 현실주의자의 억지론이나 그것에 반대하는 측의 추상적인 반공평화주의에 지배되어 구체적인 평화의 구상을 그린 것은 드물었다. 이상주의적인 견해에 입각한 존 네프(John U. Nef)의 『전쟁과 진보(*War and Human Progress*)』는 당시 정리된 몇 안 되는 평화론의 하나이지만, 이 책(1950년 출판)도 극히 추상적이며 인류는 귀의해야 할 신에게 의지하여 평화를 구하는 수밖에 없다고 결론짓는다.

구체성을 띤 유일한 평화론은 국제연합을 새로운 평화를 기초로 해야 한다는 국제기구론이었다. 당시는 아직 국제연합에 대한 서방측의 관심도 높고, 집단안전보장, 핵의 국제관리, 경제원조 등의 면에서 이 기구가 해야 할 역할이 커서 그것이 평화로 연결될 것이라는 논자도 많았다. 특히 유명한 것은 영국의 역사학자 알프레드 짐먼(Alfred Zimmern)으로 그는 『세계평화를 향한 미국적인 길(*The American Road to World Peace*)』에서 국제연합을 통해 각국이 협력함으로써 세계평화의 기초가 확고해질 것이라고 주장했다.

그러나 국제협력이라 해도 여기서 지적하고 있는 것은 '자유로운 사람들' 사이의 협조이며, '자유세계' 국가들에 의한 평화의 강화이다. 그들이 국제연합을 통해서 협력하면 공산진영이 아무리 전투적이라 하더라도 평화와 자유를 유지할 수 있다는 것이다. 이 견해는 1950년 한국전쟁시의 무력개입을 국제연합을 통한 평화유지정책이라고 한 미국 정부의 입장과 일맥상통한다(한국에 미군을 파병함에 있어 해리 S. 트루먼 대통령이 '이것은 전쟁이 아니다'고 거듭 강조한 것은 흥미롭다. 전쟁도 평화도 전략적 개념이 되어 양자의 구별이 모호해졌다는 사실을 보여주는 좋은 예이다).

그와 같은 평화로 만족해야만 하는가? 자유세계의 단결과 국제연합의 강화를 통해 유지된 평화는 과연 두 대국 관계의 안정화나 국제사회 전체의 복지를 증진시킬 것인가? 이러한 의문도 생기지만 그것에 대해 새로운 각도에서 다양한 논의가 이뤄진 것은 1950년대 중반 한국전쟁을 겪고 난 후다. 1953년 경까지는 서방 측에서 평화논의는 근본적으로 미국과 소련의 무력적, 사상적 대결이라는 테두리 안에 있었다고 할 수 있다.

당시의 비관적인 평화론을 철저하게 추구해 묘사한 것이 조지 오웰의 『1984』이다. 1949년에 출판된 이 소설은 읽는 방법이 몇 가지 있다. 전쟁·평화의 사상사에서 특히 중요한 것은 오웰이 전체주의 국가를 "전쟁 즉 평화, 평화 즉 전쟁(war is peace; peace is war)"이라고 묘사했다는 점이다. 이 슬로건만큼 전체주의의 사상통제를 단적으로 나타낸 것은 없으며, 더구나 그 이외의 국가에서도 전쟁과 평화의 경계가 막연해진 상태를 지적했다고도 할 수 있다.

만약 이 책이 소련의 전체주의만을 풍자한 것이라면 냉전

이데올로기의 한 표현으로서 치부돼버렸겠지만 당시 대부분의 서평은 그렇게 해석하지 않고 미·소 대결 상태의 국제관계에서 지나치게 정치적·사상적으로 규제되었던 국가는 자유나 평화를 향수할 수 없다는 것을 시사했던 것으로 이해되었다. 『1984』에 묘사된 세계에는 3대국이 있을 뿐이어서 늘 긴장된 임전상태에 놓여 있지만, 실제의 전쟁(핵전쟁)은 일어나지 않고 어쩌다가 변경지대에서 충돌이 있을 뿐이다. 국가의 권력자에게는 전쟁 그 자체보다도 국가총동원 체제가 필요했고, 늘 전쟁의 위기감을 조성함으로써 국민에게 희생을 강요하고 그들의 자유를 제한했다. 더욱이 평화라는 것은 전쟁준비 상태에 불과했지만 이 상태는 항구적으로 유지하지 않으면 안 되기 때문에 "전쟁은 평화이며, 평화는 전쟁이다"라는 개념적 혼동이 생긴다. 그러한 의미에서 핵전쟁도 안정된 평화도 존재하지 않았던 냉전시대의 풍조를 충실하게 반영하고 있었다고 말할 수 있다.

그러나 오웰의 소설에서 아주 시사적인 것은 평화의 개념에 실질성이 없어져버렸다는 것이다. 평화란 무엇인가? 어떠한 평화를 상정하고 이를 실현하기 위해 노력해야 하는가? 그와 같은 전통적인 문제의식은 이미 존재하지 않고, 권력자에게 있어서 평화란 전체주의 체제유지를 위해 국가를 늘 임전상태에 놓아두는 것에 불과하다. 평화라고 해도 그만큼 국민이 정상적인 생활을 향유할 수 있다는 의미가 아니라, 물질적·

정신적 면에서 전쟁과 조금도 다를 바가 없다는 것이다. 오히려 전쟁이 발생하면 권력자는 과학자나 기술자의 도움을 빌리지 않을 수 없다. 싸우기 위해서는 '합리성'을 가진 전략이나 전술을 필요로 하기 때문에 국민들 사이에 사상적 자각을 심어줄 위험성이 있다. 그들을 반노예 상태에 두기 위해서는 오히려 평화 쪽이 바람직한 상태다.

과연 평화란 그와 같이 부정적인 것인가? 냉전시대에는 예전과 같이 적극적인 평화를 꿈꾸는 것은 허락되지 않을 것인가? 그리고 인류에게 주어진 선택에는 핵전쟁이나 오웰적 평화밖에는 없는 것인가? 그렇지 않으면 냉전이라는 현실 속에서 소련과의 대결 자세를 취한 채 서방과의 결속을 강화하는 것, 즉 권력정치적인 구상을 평화라고 보아야만 하는가? 당시는 그와 같은 평화에 대해서 비관적·부정적인 견해가 지배적이었다.

3. 평화의 모색

한국전쟁 휴전(1953)부터 베트남전쟁의 확대(1965)에 이르는 12~13년간은 그런 의미에서 획기적이었다. 미·소 2대 강국의 대결이라는 틀에는 변화가 없었지만, 그 속에서 이전과 비교해 더 적극적이고 구체적인 평화상이 그려져 있기 때문이다.

1961년 1월 미국 대통령이 된 존 F. 케네디(John F. Kennedy)는 취임 연설에서 자신의 젊음(43세)에 대해 언급하면서 미국은 이제 젊은 세대의 시대가 되었다고 말했다. 이 세대는 "금세기에 태어나, 전쟁의 세례를 받고, 힘들고 고통스러운 평화에 의해 단련되고, 자랑할 만한 유산을 지켜왔다." 그와 같은 견해는 당시의 사람들, 특히 20세기에 태어나서 교육받은 세대들의 공감을 얻었다고 생각된다. 그들은 확실히 전쟁을 경험했고 전쟁이 없었던 시대도 '평화'라고 부르기에는 너무나 짧고 취약한 것이었다.

그들이 알고 있는 평화는 '힘들고 고통스러웠다'고 보는 견해는 앞서 언급한 비관론과 결부되어 있다. 평화라 해도 치열한 전쟁의 결과 얻어진 것이고, 더욱이 그 희생에도 불구하고 전후의 평화는 고통에 찬 것이었다. 아직 젊은 대통령이 그와 같은 평화관을 가졌다는 것은 그 이전 세대의 이상주의가 궁극적으로는 전쟁을 막지 못했다는 비판을 반영한 것이다. 그리고 이제부터라도 평화를 유지해 가려고 한다면 환상에 사로잡히지 말고, 희생을 두려워하지 말며, 힘들고 고통스러운 노력을 계속해야만 한다는 사고가 밑바탕에 깔려 있다. 평화는 전쟁과 마찬가지로 많은 쓰라린 노력을 필요로 하며, 다만 바라는 것이 아니라 싸워 이기는 것이라는 의식은 케네디의 선임자 드와이트 아이젠하워(Dwight D. Eisenhower) 대통령의 회고록 제2권에 『평화와 싸우면서(*Waging Peace*)』라는 제목을 붙인 것에도 잘 나타나 있다. 이 경우의 '평화'도 케네디 연설의 '평화'와 마찬가지로 현실주의적인 것으로 정의되어, 미국과 동맹국의 결속과 부단한 노력에 의해 간신히 유지되는 평화를 염두에 두고 있었다.

그러나 또한 동시에 1950년대 중반부터 1960년대에 걸쳐서 냉전 초기의 평화 개념을 넘어선 더 적극적인 구상이 시도되었던 것도 사실이다. 첫째로는 냉전체제에 대한 사상적 반발이 점차 표면화되었다는 것, 그리고 또한 국제정세에도 변화가 있었다는 것을 들 수 있다. 그렇지만 더 근본적으로는 미국에서 케네디가 말하는 '우리들의 자랑할 만한 유산'이 상기되고 시대에 맞는 평화론을 만들어내려는 의욕을 자극했던 것도 사실이다. 단지 소련과의 전면전 회피라는 의미에서의 평화가 아니라 더 적극적인 구상이 요구된다고 하면 미국인은 역시 자신들의 역사 속에서 근거를 찾으려고 했었을 것이다.

이 경우 과거의 평화 개념이 상기되어 그것을 기초로 새로운 평화 구상을 만들려는 움직임이 활발하게 진행된 것도 전혀 이상한 일은 아니었다. 한국전쟁의 휴전은 그 점에서도 중요하다. 똑같은 전쟁이 다시 일어날지도 모르고, 그것에 대비해 준비를 태만히 해서는 안 되는 제한전쟁론(制限戰爭論)이 활발해지는 것은 뒤에서 설명하는 바와 같다. 그러나 동시에, 미국과 동맹국으로서도 가능한 한 노력하여, 간신히 얻은 평화의 기초를 다져 더 안정된 국제질서를 구축해야 한다는 적극론도 표면화되었다.

한국전쟁이 미·소간의 전면전에 이르지 않고 국지전에 그쳤던 것은 냉전시대의 전쟁 개념에 미묘한 영향을 끼쳤다. 리프먼이 1954년에 "큰 전쟁은 아무것도 결정하지 않고, 어떠한 은혜도 가져오지 않으며, 의미 없는 것"이라는 것을 한국전쟁은 가르쳐주었다. 미국도 소련도 서로 핵공격을 감행해 자신들이 파괴되는 것을 바라지 않았다는 것도 명백해졌다. 따라서 냉전은 '휴전'상태에 들어갔다고 그는 말한다.

이 '휴전'을 다른 말로 나타낸 것이 '평화공존'이다. 제4장에서 살펴본 것처럼 이 개념은 이미 레닌이 사용한 것으로 1950년대 들어와 소련의 지도자는 다시 미국과 평화공존을 주장하게 되었다. 특히 1953년 스탈린 사망 후 이러한 경향이 두드러졌다. 한편 미국에서도 공산권과의 공존을 평화의 기초로 보는 견해가 강해졌다. 『크리스천 센추리(*Christian Century*)』지가 같은 해 10월의 사설에서 밝혔듯이 미국은 여전히 소련과 냉전상태에 있다는 입장에서 보면 평화공존은 난센스이지만, 인류는 '공존인가 파멸인가'의 선택에 쫓기고 있기 때문에 죽음보다 삶을 선택하는 자는 당연히 평화공존을 택하지 않을 수 없다. 만약 이 평화가 전 세계 파괴의 회피라는 소극적인 것이라 하더라도 그것은 나름대로의 의미가 있지 않을까. 1954년 말 갤럽 여론조사에 의하면, 그 해 일어난 사건 중에서 가장 감사할 만한 일은 평화가 유지되었던 것이라고 미국인의 54%가 응답한 것에서도 잘 알 수 있듯이 평화가 소극적인 의미밖에 갖지 못해도 적극적인 대소 대결론보다 바람직한 것이라는 의견이 확산되었다.

더욱이 이런 차원을 초월하여 평화의 개념에 적극적인 의미를 부여하려는 노력도 있었다. 앞에서 설명한 바와 같이 과거의 평화관이 상기되고 현대로 응용이 시도되지만, 특히 영향력이 있었던 것은 경제적 국제주의와 사회변혁 사상이다. 더욱 안정된 국제질서는 경제성장이나 무역의 확대에 기인해야 한다는 견해는 세계대전 중이나 그 후의 미국 외교사상의 한 부분을 구성하고 있었지만, 1950년대에는 이 개념이 사회변혁 이념과 연결되어 저개발지역에서의 '국가형성(nation-building)' 사상이 되었다. 후진국의 국가형성을 원조 촉진하는 것이 국제평화를 공고히 하는 길이라는 것이다.

그때까지의 전쟁·평화론이 미·소 관계를 중심으로 한 것인데 비해 이 새로운 시각은 세계 전체, 특히 제3세계라 불리는 국가들을 대상에 넣었다. 이것은 당시 아시아·아프리카 국가들의 독립이나 해방운동에 대응하는 것이었던 것은 분명하다. 예를 들면 에드거 스노(Edger Snow)는 1955년 아시아 전 지역에 걸쳐서 "12억의 갈색인종이 독립하고, 서양과 대등한 입장이 되었다."는 것은 국제정치를 근본적으로 변화시키는 것이라고 기술했다. 그와 같은 상태에서 미·소간의 공존만이 평화의 모든 것이 아니라는 것은 명백해졌다. 제3세계를 어떻게 해서 국제질서 속에 편입시키고 사회변혁이나 정치변동의 폭풍우가 평화를 흔들지 않게 하려면 어떻게 하면 좋을지가 문제가 되었던 것이다.

이것에 대한 미국의 지도적 이념은 '자유주의적 발전론(Liberal Development)'이라고 불리는데, 요컨대 국제경제와의 관련에서 각국의 사회변혁을 육성하고 국가형성을 도와줌으로써 평화와 안정을 유지하려는 것이다. 1920년대적인 견해를 1950년대의 현실에 적용하려고 하는 것이라고 할 수 있다. 아시아, 아프리카, 라틴아메리카 등 각 국가들이 정치적으로 민주화하고, 사회적으로는 개혁을 통해서 혁명을 피하며, 경제적으로는 다른 나라와 폭넓은 상호 의존체제를 만들어나가는 것이 지역적 안정과 국제평화 유지에 공헌하고, 나아가서는 소련권의 세력확대를 저지하게 될 것이라는 것이다.

미국은 그 부(富)와 과거의 유산 때문에 그와 같은 평화건설에 공헌할 수 있다는 낙관론은 점차 강해져 갔다. 『라이프(*Life*)』지의 사설에서도 미국은 군사력이 아니라 경제나 사상의 힘으로 세계에서의 역할을 완수해야만 한다고 지적했지만, 그러기 위해서는 무역이나 해외투자뿐만 아니라 기술원조나 교육교류를 왕성하게 하지 않으면 안 된다. 어떤 잡지는 "평화라는 것은 국가정책을 전쟁 이외의 수단으로 계속하는 것"이라고 주장했는데, 냉전과 열전에 대비하는 것이 외교의 전부는 아니라는 인식이 점차 일반화되었다는 것을 말해주고 있다.

다만 그와 같은 평화론은 1920년대에 비해 결정적인 영향을 갖지는 못하였다. 앞서 말한 바와 같이 만약 전간기(戰間期: 제1차 대전이 끝난 1918년에서 제2차 대전이 시작되는 1939년까지의 약 20년간)에 지배적인 사상이라고 할 만한 것이 존재했다면 그것은 평화적 국제질서관이었지만, 1950년대에 지배적이었던 것은 국가형성에 의한 평화론이 아니라 미·소간의 대결을 전제로 한 평화공존론이었다고 할 수가 있다. 그 좋은 예가 제한전쟁론의 대두이다. 비록 미·소의 전면전쟁이 불가결하지 않다고 해도 양 대국의 냉전은 여전히 현실이고, 따라서 국지적인 대립이나 항쟁 가능성은 충분하다. 그리고 앞으로의 전쟁은 전 세계를 끌어들인 핵전쟁이 아니라 제한전쟁인 경우가 많고, 그렇기 때문에 일반적 통상무기나 전술적 핵무기를 준비하지 않으면 안 된다. 이와 같은 제한전쟁론은 헨리 키신저(Henry Kissinger)나 버나드 브로디(Bernard Brodie)에 의해 일반화되었는데, 이 견해에 따르면 제3세계의 국가형성 원조에 의한 평화의 촉진은 이차적인 것일 수밖에 없다. 미국으로서도 먼저 제한전쟁에 대한 준비에 집중해야만 한다는 것이다.

이것과는 반대 입장에서 국가형성을 비판한 것이 사회학자인 찰스 라이트 밀스(Charles Wright Mills)이다. 그는 개발도상국을 원조하는 것 자체는 반대하지 않았지만, 그 과정에서 그들이 '과잉발전국(過剩發展國)'의 '비인간적인 면'까지 모방하지 않게 해야 한다고 주장했다. 「평화를 위한 프로그램」이라는 논문(1957)에서 밀스는 미·소 양 대국이 군사기술이나 산업을 발전시킨 결과 전쟁의 가능성을 높이고 있는 것을 비난하고 "평화의 전략은 경제적·문화적 조건을 필요로 한다."고 강조했다. 이 경우 제3세계에 대한 원조는 중요한 것이지만 그것은 다만 국가형성이나 공업화의 촉진을 의미할 뿐만 아니라 세계 도처에 교육·문화교류를 위한 '국제센터'를 설립하고 각국의 교육가들이 자유롭게 인간적 교제를 할 수 있도록 할 필요가 있다. 그러한 유토피아 이외에 인류 존속의 조건은 생각할 수 없다는 것이다.

이와 같은 견해는 미국 내부에서 국가형성 평화론을 비판하는 것이었지만, 더욱 큰 타격이 외부로부터 가해진다. 제3세계 자신의 평화·전쟁론 출현이다. 무엇보다도 1950년대 중반 아시아·아프리카 국가들의 평화론은 강대국 간 평화공존론이나 경제개발주의와 모순되지는 않았다. 그 좋은 예가 이른바 평화 5원칙이다. 이것은 1954년 중국 총리 저우언라이(周恩來)와 인도 총리 자와할랄 네루(Jawaharlal Nehru)가 발표한 공동성명에 포함되어 있는데, 영토주권의 상호존중, 불가침, 내정불간섭, 호혜평등, 평화공존의 다섯 항목을 지칭한다.

그 후 미안마, 베트남, 유고슬라비아, 이집트 등도 이 5원칙에는 찬성했다. 또한 1955년에 인도네시아의 반둥에서 열린 제1회 아시아·아프리카회의에서도 근본적인 원칙으로 확인되었기 때문에 제3세계나 중립국 측의 평화를 정의한 것이라 할 수 있다.

그러나 이 단계에서 미국과 그 외 서방이 정의하는 평화와 아시아·아프리카 국가들의 평화 사이에 커다란 거리가 있다고는 할 수 없다. 미국의 평화 개념도 평화 5원칙과 대립하는 것은 아니었다. 특히 중국을 대표했던 저우언라이가 국제협력이나 긴장의 평화적 수단에 의한 해결을 강조한 것은 '반둥 정신'이 보편성을 가지고 미국 주도하의 평화이념과 서로 양립할 수 있는 가능성을 시사했다.

그런데 그로부터 몇 년 후 사태는 완전히 바뀌어버린다. 평화 5원칙을 추진했던 중국과 인도가 1955년 이후 서로 멀어지고 국지전쟁에 돌입했던 것에 나타난 것처럼 제3세계 평화론에 균열이 생김과 동시에 중국은 미·소간의 평화공존 체제에도 반발해 제국주의와의 대결 자세를 높여 갔다. 그 결과 중국은 식민지나 피압박 민족의 해방투쟁을 지지하는 국가로서 강대국들이 규정하는 국제질서에 도전하고 새로운 평화와 전쟁의 이념을 주장한다. 그래서 그와 같은 혁신적·현상타파적인 자세가 1950년대 평화론에 대항하고, 미국이나 소련의 평화론과는 다른 사상을 주장함에 따라 제3세계에서의 전쟁론도 점차 급진적이 되어 가는 것이다.

제8장

민족해방이라는 이름의 전쟁

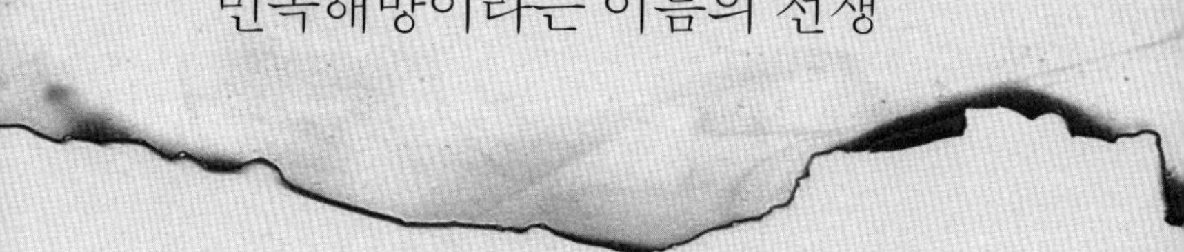

1. 제3세계에서의 전쟁

1963년 미·소 양국은 부분적 핵실험금지조약에 서명하고 소위 데탕트시대에 들어갔다. 데탕트는 평화공존 사상에 입각하여 두 강대국 간의 전쟁 회피를 목적으로 한 국제질서 구상이었다고 할 수 있다. 그러나 그것이 냉전구조 그 자체를 바꿀 것인가, 아니면 냉전의 한 변형에 불과한 것인가에 대해서는 의견이 분분했다. 1970년대 초에는 비교적 많은 논자들이 냉전의 종결을 믿고 있었던 것 같다. 예를 들면 1973년 봄 미국 오하이오 주에서 열린 '미국 외교정책의 선택'에 관한 심포지엄에 출석한 많은 학자, 저널리스트, 정부 관계자들은 '냉전 이후(Post-Cold War)'의 시기가 가까워지고 있다는 것을 인정했다. 참가자가 제출한 논문은 1975년 『세계정세와 미국(*The United State in World Affairs*)』이라는 제목의 책으로 출판되었다. 그 중 정치학자 세이욤 브라운(Seyom Brown)의 논문은 국제관계에서 사상적 대립이 약해지고 비군사적 요소가 중요성을 더해 가고, 더구나 전쟁에서 얻는 이익에 대한 의문이 커짐에 따라 이후 10년 내에 냉전은 '해소'될 것이라고 지적했다. 역사가인 어니스트 메이(Ernest R. May)도 거의 같은 시기에 출판된 유명한 저작 『역사의 교훈(*Lessons of the Past*)』에서 앞으로 10년간 냉전이 다시 격화하는 일은 없을 것이라고 주장했다. 그와 같은 견해는 1960년대부터 1970년대에 걸쳐 전쟁 직후와는 다른 형태의 국제질서가 형성되고 있는 것 같다는 인식을 반영하고 있었다. 또한, 미·소 대립이 국제관계의 틀을 제공하고, 그 속에서 전쟁이나 평화를 보는 것 이외에는 이론화하기 어려웠던 시대에 비해 막연하지만 새로운 개념을 향한 모색이 시작되었음을 말해주고 있었다.

그러나 새로운 개념은 쉽게 발견되지 않았다. 1973년 키신저 국무장관은 "세계 규모의 전쟁위기가 감소한 오늘날 우리들은 평화라는 것은 무엇인가라는 더 어려운 문제에 직면해 있다."고 연설했는데, 당시의 풍조를 정확하게 표현했다고 할 수 있다. 평화가 무엇을 의미하는가? 오랜 냉전 기간 동안에 감각적, 지적으로 평화가 무엇을 의미하는지 잃어버린 듯했다. 그러나 적어도 미·소 두 나라 간 전쟁은 있을 수 없다, 그러한 의미에서 평화는 오래 지속되지 않을까 하는 기대가 일반화되어 갔던 것이다. 『뉴욕 타임스』의 막스 프랑켈(Max Frankel) 기자는 이미 1968년 미·소간에는 암묵의 '반전동맹', 즉 "생존이 어떠한 사상보다도 귀중하다"는 공통 인식에 입각해 서로 전쟁을 하지 말자는 협약을 맺은 것 같다고 기술했는데, 그것이 데탕트 시대의 평화 개념의 최대공약수였을 것이다.

아이러니하게도 그와 같은 평화관이나 냉전 종결론이 영향력을 가지기 시작한 시기에 미국은 베트남에서 대규모 전쟁에 돌입했으며, 제3세계에서의 평화유지가 얼마나 어려운가를 인식하게 되었다. 소련과의 세계전쟁은 피했지만 아시아의 국지전쟁이 수렁에 빠진 상태에서 과연 평화란 무엇인가, 사상적으로 더욱 혼란스러워지는 것도 무리는 아니었다. 세계 최강이며 가장 풍요로운 미국이 강대국 소련과 안정된 관계를 유지해 가면서 아주 가난한 소국 중의 하나인 베트남과 몇 년 동안 사투를 계속하고도 이기지 못한 것은 무엇 때문일까? 제3세계에는 베트남과 유사한 나라가 많이 존재하기 때문에 동남아시아 전쟁의 좌절이 미국의 전쟁·평화 개념에 심각한 충격을 가져다준 것도 무리는 아니었다.

베트남전쟁을 여기서 상세하게 다루기는 어렵지만 적어도 미국 측 의식이 이런 종류의 전쟁에 대한 확고한 견해를 결여하고 있음은 지적할 수 있을 것이다. 베트남전쟁은 미국의 선전포고도 국가총동원도 없는 국지적인 치안유지행위로 인식되고 있었는데, 그 목적도 수단도 미국의 '신뢰성(Credibility)'을 유지하는 데 있었다. 즉 대국으로서 동남아시아 질서를 유지할 수 없다면 국제정치 전반에서 미국의 지위도 상처를 입게 될 것이라는 것이다. 국지전쟁도 국제정치에 대한 정책의 일부로 인식되고 있었던 것으로 데탕트는 착실하게 진행되면 될수록 그것과 상반되는 것처럼 보이는 베트남전쟁에 대한 이론적 근거를 결여하게 된다. 그와 같은 형태의 전쟁 개념을 갖고 있지 않았던 것이라고 할 수 있다.

한편 베트남뿐만 아니라 제3세계에서의 전쟁에 관한 이론을 소련은 가지고 있었다. 그것이 비록 도그마에 사로잡힌 일방적인 것이었다 해도, 적어도 미·소 양 대국 간의 평화와는 별개의 차원에서 전쟁을 정당화하는 사상이 존재했다는 점에서 미국과는 대조적이었다.

소련의 사상을 보여주는 좋은 예로는 1968년 블라디미르 소콜로프스키(Vladimir D. Sokolovsky) 원수가 공표한 전쟁론을 들 수 있을 것이다(『*Soviet Military Strategy*』라는 이름으로 영역되어 출판되었다). 그는 현대 전쟁에는 두 종류가 있다고 말하고 있다. 첫째는 제국주의 진영과 사회주의 진영 간의 싸움으로 전자의 전쟁은 '침략적, 약탈적, 부정한' 것이지만, 후자의 전쟁은 '해방적, 혁명적, 올바른' 것이다. 이 전쟁은 전 세계가 휩싸일 만큼 대규모 전쟁이라 할 수 있다. 이것은 가능한 한 피할 필요가 있다. 둘째는 제국주의 국가와 민족해방운동 간의 싸움이다. 이것은 규모도 작은 국지전쟁이지만 제국주의 측이 약탈적이며 정의롭지 못하다는 점에서는 차이가 없다. 그것에 대항해서 싸우는 민족해방 진영은 자유, 독립, 정의에 기인하기 때문에 반제국주의 전쟁은 따라서 정의로운 싸움이다. 소콜로프스키는 이와 같이 역설하면서 소련은 첫 번째 종류의 전쟁에는 핵무기로 대비하는 동시에 두 번째 같은 전쟁에 대해서도 지원하지 않으면 안 된다고 말했다. 당시 소련의 견해를 대표하는 것이라 할 수 있다.

그러한 입장은 처음부터 미국의 평화론이나 국제질서론과는 이질적인 것이며, 현실정책과는 다른 차원에서 베트남전쟁에 대한 양국의 해석이 근본적으로 대립했다는 의미이다. 또한 동시에 1968년 소련군에 의한 체코슬로바키아 개입도 소련 측 논리에 따르면 무력행사도 전쟁도 아닌 사회주의 진영 유지를 위한 하나의 수단에 불과하다는 것이다. 사회주의는 늘 '자유·혁명·정의' 편에 선다는 전제가 있기 때문이다.

그런데 이 시기 사회주의 진영 그 자체도 분열되었다. 그뿐 아니라 소련과 중국 사이에 소규모 전투조차 발생했는데, 그와 같은 사태가 사회주의 진영의 전쟁·평화 개념에 영향을 미쳤으리라는 것은 상상하기 어렵지 않다. 간략하게 말하면 앞서 서술한 두 가지 전쟁(제국주의 국가와 사회주의 국가 및 제국주의 국가와 제3세계 민족해방전선 사이의 전쟁)과 더불어 사회주의 국가 간의 전쟁도 상정되어야만 했다.

이 가능성에 대한 중국의 이론은 명쾌했다. 소련군이 체코를 침공했을 때 저우언라이는 '사회제국주의'라는 말을 사용하면서 소련을 비난했다. 사회주의 대국이 제국주의적으로 될 수 있다는 것과 따라서 그런 나라가 다른 사회주의 국가(중국)에 위협이 될 가능성이 고려되었던 것이다. 그리고 그와 같은 위협을 감소시키기 위해 중국은 제국주의 여러 나라(특히 미국, 일본)와의 관계를 개선하고, 미·소 두 강대국이 결탁해서 중국을 봉쇄하려는 책략을 좌절시켜야만 한다는 전략이 제기되었다.

이것은 물론 제국주의나 제3세계에 대한 사회주의 이론이 변질되었음을 의미하는 것은 아니다. 중국의 지도자는 여전히 그와 같은 개념을 사용해서 국제문제를 논하지만, 1970년대에 들어 제국주의 대 사회주의라는 이원론에 입각한 전쟁 개념 대신 세계를 셋으로 나누는 삼원론적인 국제질서 사상이 유력해졌다. 특히 영향이 있었던 것은 1974년 덩샤오핑(鄧小平)이 유엔에서 행한 연설로 세계를 제1세계(미·소), 제2세계(경제선진국), 제3세계(개발도상국)로 나누고, 제3세계(중국을 포함한)가 '역사의 수레바퀴를 추진하는 혁명적 원동력'이라고 주장했다. 그러한 의미에서 전쟁과 평화의 문제도 제3세계의 동향과 관련해서 논하지 않으면 안 된다는 것이다. 제1세계, 제2세계가 제3세계의 혁명적 투쟁에 어떻게 대응해 가는가가 중요한 요소가 된다.

이 경우 중국은 적극적으로 제3세계에서의 '인민전쟁'을 지원하고, 무장투쟁에 의한 기존의 국제질서를 파괴해야만 한다는, 이른바 조반(造反)외교를 추진할 것인가, 아니면 좀 더 평화적인 수단으로 제3세계의 이익을 증진할 것인가에 따라 전쟁과 평화에 대한 시각도 변화하게 된다. 문화대혁명시대에는 한때 전자의 견해가 유력했지만 1970년대에는 점차 후자, 즉 국제연합 등의 기관이나 공식적인 외교관계를 통해 개발도상국 전체의 발언권 강화를 위해 노력한다는 자세가 명백해졌다. 그때까지 중국의 지도자는 투쟁이라든가 혁명이라든가 하는 말을 대외문제에 관해 빈번히 사용했지만, 1970년대 후반이 되어 '국제환경'의 '안정'을 바라는 발언이 많아지는 것도 그 하나의 표시라고 할 수 있다. 그러나 제3세계론을 포기하지 않고 중국을 개발도상국의 대변인으로 규정했다는 점에서 미국과도 소련과도 구별되는 자세를 유지하였다.

이처럼 1960년대부터 1970년대에 걸쳐 개발도상국의 동정이 세계의 전쟁과 평화문제와 밀접한 관련이 있다는 것을 각국에서 인식되었는데, 베트남전쟁에 대한 미국, 소련, 중국 등의 견해 차이도 근본적으로 여기에서 유래되었다고 할 수 있다. 물론 권력정치적인 생각이나 수면 아래서의 외교 교섭 등도 중요하지만, 적어도 전쟁·평화 개념의 흐름에서 볼 때, 미국은 이것을 냉전의 틀 속에서 이해했으며, 소련은 식민지 해방투쟁 개념으로, 중국은 제3세계의 변혁이라는 사상에 입각해 대응했다고 말할 수 있다.

미국에서는 이 전쟁을 단지 대소련, 대중국 냉전의 일부로서만이 아니라 앞에서 언급한 '국가형성' 혹은 '자유주의적 발전론' 개념에서 이해하려는 움직임도 있었다. 미국은 종종 남베트남의 국가형성을 돕고, 장차 북베트남을 포함한 인도차이나 반도의 경제발전을 추진하도록 협력할 용의가 있다고 언명하기도 했다. 다만 이 경우 남베트남의 독립을 '국가형성'의 전제로 했기 때문에 결국 이 계획은 좌절되었지만, 보다 중요한 것은 베트남전쟁의 결과 '자유주의적 발전론'에 대해서도 회의 또는 비판이 높아졌다는 것이다.

1966년 상원에서 열린 베트남전쟁에 대한 공청회에서 딘 러스크(Dean Rusk) 국무장관은 "공산주의자는 민족해방전쟁이라는 이름으로 혁명을 추진하고 있는 데 비해, 우리들은 우리들의 경험에 의거하여 세계 각지 사람들의 소망을 이루어주는 혁명을 생각하고 있다. 미국의 위대한 혁명의 전통과, 중국의 독재정권에 지배되어 자유주의와는 전혀 관계가 없는 혁명 사이에는 아무런 공통점이 없다."고 말했다. 미국 측 견해를 잘 보여준 것이라 할 수 있다. 미국은 민족해방전쟁에 대해서 스스로의 역사에 입각한 자유주의적 혁명을 표방하면서 싸우고 있다는 것이다. 그러나 후자가 패퇴할 수밖에 없다면 그 결과 자유주의적 발전론에 입각한 전쟁·평화관도 상처를 입게 되는 것은 피할 수 없었다.

2. 신국제경제질서에서 신냉전으로

1970년 미국 각 대학 캠퍼스에서 반전운동이 고조되자 리처드 닉슨(Richard Nixon) 대통령은 전문가들로 특별위원회를 구성하여 조사하고 보고하도록 했는데, 이 위원회의 보고서는 시사하는 바가 크다. 예를 들어 '평화'라는 말을 정부와 학생이 다르게 해석하고 있다는 것이다. 학생에게 평화란 '살육을 즉각 중지하는 것'에 다름 아니지만 정부에 평화란 남베트남의 자치를 확보하는 '정의'의 평화가 아니면 안 된다. 그러기 때문에 전투를 계속하지 않을 수 없다. 대통령은 전쟁을 계속해야만 '나라의 명예'가 유지된다고 믿고 있지만, 많은 학생들은 베트남전쟁을 위해서 나라의 위신이나 이상이 손상돼버렸다고 생각하고 있다. 즉시 평화를 회복해야만 미국은 명예를 회복할 수 있다는 것이다.

이와 같이 전쟁과 평화에 대해서 상반된 견해가 충돌했던 것은 베트남전쟁의 충격을 여실히 말해주고 있다. 이미 정부와 학생(및 민간의 반전론자)들 사이에 공통 개념은 상실돼버린 것처럼 보였다. 평화와 정의를 위한 전쟁 혹은 국가형성을 돕기 위한 전쟁이라는 개념과, 베트남뿐만 아니라 미국의 자유나 민주주의도 파괴하는 전쟁이라는 견해는 근본적으로 대립적이었다. 국제질서의 안정만이 평화에 이르는 길이라는 생각과, 평화는 먼저 미국 국내에서 회복되어야 한다는 반전파 주장 사이에 괴리도 컸다.

이와 같은 동향이 위에서 서술한 미·소간의 데탕트와 복잡하게 얽혀 1970년대에는 새로운 전쟁·평화론이 전개되었다. 적어도 그 가능성은 있었지만 사상적 혼란은 오랫동안 지속되었다고 하는 게 좋을지도 모른다.

미군이 철수함으로써 베트남전쟁이 공식적으로 종결된 1975년의 시점에서, 그 2년 전 키신저가 제기한 문제(평화란 무엇인가를 새롭게 정의하는 것)에 대해서 세계적인 입장에서 진지한 토론이 행해졌어야 했을 것이다. 미·소 수뇌부가 냉전의 종식을 논의하고 아시아의 국지전쟁에 종지부를 찍은 1970년대야말로 새로운 국제질서의 개념을 만들어낼 절호의 기회였다. 마침 이 해에 열린 헬싱키회의는 이 점에서 역사적인 의미를 가지고 있다. 이 회의에는 구미 35개국이 참석해 '평화, 안전보장, 정의, 협력'에 공헌할 것을 제창한 선언을 채택했다. 구체적으로는 주권존중, 무력 불행사, 국경불가침, 영토보존, 분쟁의 평화적 해결, 내정불간섭, 인권과 기본적 자유의 존중, 여러 국민의 평등과 자치권, 국가 간 협력, 국제법상 의무의 준수 등 10개 원칙이 확인되었다. 새로운 국제질서의 원칙을 수립한 것이라고 할 수 있다.

이 선언이 구미제국의 협약을 나타낸 것이었는데, 역시 1975년 프랑스의 랑부예에서 열린 선진 6개국 경제회의는 일본을 포함한 세계 경제대국이 협조해서 국제통화, 환율제도의 안정화를 꾀하고 에너지 자원을 확보함과 동시에 개발도상국에 대한 원조를 확대한다는 방침을 채택했다. 또한 같은 해 유엔 특별총회에서 '개발과 국제협력' 문제가 다루어지고, 연말에는 선진국, 산유국, 그 이외의 개발도상국으로부터 27개국이 참가한 '국제경제협력회의'가 파리에서 열렸다.

이와 같은 복잡한 국제회의를 통해서 각국 간 협력에 의해 새롭게 평화를 정의하려고 했던 것은 주목할 만하다. 무엇보다 각종 회의에서 채택된 원칙의 대부분이 전통적인 이념이었다고도 할 수 있지만 적어도 1975년의 시점에서 세계 각국이 종래의 냉전구조나 제국주의 대 민족해방이라는 틀을 넘어 더 안정된 질서 편성을 위한 노력을 시작했다는 것은 의미가 있다. 특히 강조되어야 할 것은 미·소간, 선진국간, 혹은 남북 국가 간의 대화나 협력의 정신이 존중되었다는 것이다. 동과 서, 또는 남과 북으로 분열되었던 세계를 대신해 글로벌 커뮤니티(global community), 즉 지구 전체를 하나의 공동체로 보려는 움직임이 출현했다고 말해도 좋다.

그런 의미에서 구미 일부, 특히 1920년대 이후 미국에서 강했던 국제주의적 평화관이 비로소 일반화될 조짐이 보였다고 말할 수 있을지도 모른다. 무력보다는 경제교류, 대립보다는 협조, 그리고 국가권력보다는 민중의 자유의지에 기초한 국제관계만이 평화의 조건이라는 견해가 정착하기 시작했다는 느낌도 들었다. 1976년에 건국 200주년을 맞이했던 미국에 이것은 만족할 만한 것이었을 것이다.

아이러니하게도 이때를 경계로 해서 국제관계는 다시 대립의 길로 돌아간다. 1970년대 후반부터 1980년대를 통해 협조보다는 대결이 미·소 관계를 특징지었고 냉전시대로의 회귀가 지적되었으며, 제3세계에서 국지전쟁이 발생하고 새로운 형태의 전쟁으로서 테러리즘이 격화한다. 1975년 당시의 희망은 한순간의 꿈에 불과한 것 같은 인상을 주었다. 다시 권력주의나 현실주의가 복권되었다.

이러한 경향을 이해하기 위해서는 장기적인 시야가 필요하고 현재의 단계는 아직 똑같은 흐름 속에 있기 때문에 정확한 평가를 내리는 것은 불가능하다. 그럼에도 불구하고 전쟁·평화 논의의 역사 속에서 본다면, 1970년대 후반 이후를 사상적 혼란, 비관주의, 또는 전통적 국가주의라는 특징이 있다는 것은 부정하기 어렵다.

첫째, 미국에서의 사상적 혼란은 베트남전쟁을 통한 자신감의 상실과 연결되어 있다. 이것은 근본적으로는 자국의 군사력이나 경제력에 대한 자신감의 상실이라기보다는 낙관적인 국제질서론이나 대외의식의 약화라고 말해야 할지도 모른다. 미국이 다른 나라의 모범이 될 수 있고 전 세계에서 국가형성을 도울 수 있다는 자유주의적 발전론은 좌절했으며, 자국이 영향을 미칠 수 있는 것과 할 수 있는 것은 매우 제한되어 있다는 비관론으로 대체되었다.

이 비관론은 국제정치학자 사이의 논의에서 찾아볼 수 있다. 이미 1973년 로버트 파케남(Robert Packenham)은 『자유주의 국가 미국과 제3세계(*Liberal America and the Third World*)』에서 전후 미국의 대외정책을 지탱했던 자유주의적 발전론이 유럽이나 일본 이외에서는 성공을 거두지 못하였고 지나치게 낙관적인 견해였음을 지적했다. 과거 린든 B. 존슨 정권하의 유일한 '비둘기파'였던 전 국무차관 조지 볼(George Ball)도 그의 회고록(*The Past Has Another Pattern*)에서 국가형성을 돕는 일은 어차피 미국이 할 수 없는 것이라고 지적했다. 또한 스탠리 호프만(Stanley Hoffman)이나 스티븐 크래스너(Steven Krasner) 등도 전후 미국이 지배해 온 국제질서가 변형되고 있다는 것, 그리고 미국 주도형의 질서를 대신하는 무엇인가를 만들어낼 필요가 있다는 것을 지적했다. 특히 크래스너의 '패권론'에 의하면 1945년 이후 미국의 압도적인 군사력과 경제력을 배경으로 유지되어 온 질서(hegemonic stability)는 1970년대에 접어들어 종말을 고하고 미국의 사상적 지도력도 계속 저하했다. 따라서 앞으로 미국은 이전보다 국익을 우선하는 방향으로 나갈 것이며, 국제사회 전체에 대한 관심도 약해져 갈 것이라고 보았다.

그러한 견해는 현실주의로 이어지는데 1950년대의 현실주의가 국제정치나 경제전반을 눈여겨본 것과는 대조적으로 1970년대부터 1980년대에 걸쳐서는 미국의 군사력이 중요시되는 동시에 보호무역이나 자원민족주의가 대두한다. 따라서 신현실주의라고 할 수 있는 이 흐름은 세계 전체보다는 자국의 이해를 중심에 놓고 국제질서의 유지는 다른 나라에 맡기거나 다른 나라의 힘을 빌려서 행한다는 태도를 만들어낸다.

대소 관계에서도 평화공존이나 데탕트를 지탱했던 의식, 즉 양국은 정치사회체제의 차이에도 불구하고 공통의 이익이나 꿈을 가지고 있다는 생각 대신 두 나라의 차이점이 거듭 강조되고 파워 차원에서 비교가 행해져 소련 군사력 증강에 대한 위기감이 높아갔다. 헬싱키선언과는 정반대로 소련에서의 인권 억압, 대외침략, 군비확장이 강조되어 미국도 자국 군사력을 충실하게 하는 수밖에 없다고 믿게 되었다. 베트남전쟁 당시 반전론자 대부분이 대소 관계에서 강경노선을 지지했던 것은 상징적이었다, 미·소간의 평화도 헬싱키선언에서 언급한 이상주의적 원칙을 양자가 확인함으로써 유지되는 것이 아니라, 원래 소련은 그런 이념을 실행할 의지가 없기 때문에 힘의 균형에 의해서만 유지할 수 있다고 보았다.

여기에서 엿볼 수 있는 것은 미·소 관계에 대한 비관론이지만 동시에 그것은 국제사회의 다원화와 다양성의 인식을 반영하는 것이었다고도 할 수 있다. 원래 이 현상은 최근에 시작된 것이 아니지만 베트남전쟁이나 중근동 산유국이 만들어낸 석유파동 등을 거치면서 특히 제3세계의 특이성이 의식되었다. 그때까지의 보편적(이라고 믿어졌던) 자유주의적 발전론의 테두리에서는 이해할 수 없는 여러 민족의 독자성, 다양성이 눈에 띄게 된다. 이란 등에서의 종교적 원리주의(펀더멘털리즘)의 대두가 이런 경향에 박차를 가하게 된다. 모든 사회는 근대화, 특히 구미풍의 근대화를 지향한다는 개념을 대신해 종교나 사회조직의 특질은 간단하게 변화하는 것이 아니라 모든 나라가 같은 방향으로 수렴한다는 수렴의 역사관도 그 존재가 희미해졌다. 미국은 그러한 다른 국가들의 운명을 예측하는 것도, 영향을 주는 것도 할 수 없으며, 유일하게 가능한 것은 다양성을 인정하고 나서 정치나 문화가 다른 여러 나라와 공존하는 것이라는 현실론이 강해진다는 것이다.

예전의 낙관주의에 비해 이것은 다분히 비관적인 견해이며, 미국의 평화관에 사상적 기반을 제공한 자유주의나 국제주의, 또는 스펜서까지 거슬러 올라가는 역사관의 한계가 인식되었다는 것을 반영하고 있었다고도 할 수 있다. 학자나 평론가 사이에서 자유주의의 영향력이 저하하고 근대화론이나 발전단계론이 비판을 받아 인류학적 사고방식이라고 말할 수 있는 풍조(역사를 흐름으로서가 아니고 정지한 차원에서 그 내재적인 문화를 주시하려는 것)가 강해진 것도 우연은 아니었다.

그와 같은 상태에서 미국이나 동맹국이 할 수 있는 것은 제한되어 있고 궁극적으로는 스스로의 이해를 추구하는 것뿐이며, 그 경우에도 사상이나 문화의 힘에 의하기보다는 군사력을 수단으로 하는 편이 효과적이라는 생각이 현저해진 것이다. 1970년대부터 1980년대에 걸친 권력주의적 사상의 복권은 이와 같은 배경을 기본으로 했다. 국제관계를 규정하는 것은 오로지 힘, 특히 군사력이라는 견해가 이전에 베트남전쟁에 반대했던 사람들 사이에서 널리 확산된 것도 같은 맥락의 비관론의 표시일 것이다.

현대의 전쟁·평화 논의도 그러한 움직임 속에서 전개되고 있다. 1975년경까지 강력했던 국제협조주의나 냉전 종결론을 대신해 국가이익이나 군사력을 중요시하는 풍조가 전쟁이나 평화의 견해에도 당연히 반영되었다. 미·소 관계에서도 선진국과 개발도상국 간 관계에서도 현대에 지배적인 것은 이상주의나 낙관주의가 아니라 규모가 작은 극히 현실주의적인 것이다. 미·소 관계에서는 데탕트나 협조보다는 '위기관리'가 중요시된다. 양 대국 간의 근본적인 대립을 전제로 하지만 이 대립이 대규모 전쟁으로 이어지지 않도록 '관리'체제를 정비하는 정도밖에는 할 수 없기 때문에 미·소간의 평화란 위기회피를 의미하는 것이라고 할 수 있다.

선진국과 제3세계 관계에서도 10년 전과 비교하면 이상주의적인 면이 약화되고 힘을 통한 관계가 전면에 내세워진 것 같은 느낌이었다. 이란에 의한 미국 대사관 점거나 미국에 의한 실력행사(실패로 끝났지만) 영국과 아르헨티나의 충돌, 또는 미국에 의한 니카라과 반군 지원은 좋은 예이다. 그러나 가장 전형적인 예는 제3세계 일부 국가에 의한 테러리즘과 이것에 대한 미국의 무력적 대응이다.

테러리즘을 어떻게 해석하든 이것이 전쟁과 평화의 논의에 심각한 영향을 주는 것이라는 점은 명백하다. 팔레스타인해방기구(PLO)나 리비아 등에 의한 테러 행위는 이스라엘, 미국 또는 다른 선진국과의 반항구적 전쟁 상태를 상정하고 있다. 팔레스타인을 회복하기 위해, 혹은 중근동으로부터 제국주의 세력을 몰아내기 위해 아랍 국가들이 전투상태에 돌입해 있다고 한다면 테러 행위도 그 전쟁의 한 수단에 불과하다. 따라서 전쟁의 목표가 달성될 때까지 테러리즘은 멈추지 않을 것이다.

한편, 구미나 일본의 테러리즘은 국제질서에 대한 도전이며, 힘을 사용해서라도 이것을 막아야만 한다. 종래의 전쟁과는 다른 형태의 전투상태가 생겼다는 것은 그들도 인정하고 있다. 1986년 4월 미국이 리비아를 폭격했을 때 로널드 레이건(Ronald Reagan) 대통령은 "이번 폭격은 테러리즘에 대한 오랜 싸움(battle)의 시작에 불과하고 이 투쟁(struggle)은 지구상에서 테러리즘이 없어질 때까지 계속될 것"이라고 말했다. 전쟁(war)이라는 말은 사용하지 않았지만 새로운 형태의 전쟁이 발생했다는 인식은 명백했다. 사실 한 하원의원은 "우리들은 이제 새로운 전쟁, 즉 테러리스트와의 전쟁에 돌입했다."고 말했다. 한편, 소련은 미국의 무력행사를 "지역적 분쟁을 촉발시키고 대립관계를 영속화시켜 전쟁위기를 만드는 것"이라고 비난했다. 국지전쟁론이 여전히 소련식 사고의 일단을 이루고 있다는 것을 보여주고 있다.

테러리즘의 발생이나 이것에 대한 보복은 세계평화에 어떤 영향을 미칠 것인가? 미국이 리비아를 폭격할 때 인도 총리는 이를 비판하며 미국의 군사행위는 "지역적 안정과 국제평화를 심각한 위기에 직면하게 하는 것"이라고 말했다. 테러리즘에 대한 무력 보복이 전투상태를 만든다고 하지만, 그렇다면 테러리즘 그 자체는 전쟁행위가 아닌가에 대해서는 명확한 견해를 제시하지 않았다.

이제 세계는 미·소간 핵전쟁, 또는 캄보디아전쟁이나 이란·이라크전쟁 같은 국가 간 국지전쟁에 더해 돌발적, 비집단적 폭력행사와 그것에 대한 보복 같은 새로운 전쟁의 가능성을 고려하지 않으면 안 된다. 제1·2차 세계대전에 비해 제3차 세계대전은 종래의 전쟁 개념으로는 파악하기 어려운 만큼 이에 대한 대응도 사상적 혼란이 계속될 것으로 생각된다.

요컨대 1970년대 중반부터 오늘날에 이르기까지 국가 이기주의나 병력 지상주의가 다시 세력을 확대하고 테러라는 새로운 형태의 폭력과 결합하여 평화이념 형성을 그만큼 어렵게 하고 있는 것 같다.

제9장

비정부기구(NGO)와 국제사회

1. 냉전의 종결

앞 장 끝부분에 1970년대 중반부터 1980년대에 이르기까지 한편에서는 국가이기주의가 다른 한편에서는 테러리즘이 국제질서를 불안정하게 하고 있다고 서술했지만, 이 상태는 1990년대가 되어도 변하지 않았다. 20세기가 끝나고 21세기에 접어든 현대 세계는 그러한 의미에서는 100년 전과 본질적으로 같은 성격을 가지고 있다고 말할 수 있다.

이것은 1989년 전후의, 소위 냉전 종결에 의해서도 변하는 것이 아니다. 일반적으로 탈냉전 세계는 지금까지와는 다른 이질적인 것이라고 논의되고 있지만, 국가 간의 전쟁과 평화라는 틀 속에서 본다면 그렇게 큰 근본적인 변화가 있다고 말할 수 없을 것이다. 제7장에서도 언급한 것처럼 미·소 냉전의 본질은 양 대국 간의 대립이며, 그 중심적 개념은 국제관계에서의 군사력의 중요성이었다. '제한전쟁론'이든 '평화공존론'이든 모두 핵 강대국 간의 군사력의 균형을 전제로 한 것이며, 그러한 점에서는 전쟁도 평화도 '현실주의'적으로 정의될 수 있는 것이었다.

따라서 냉전의 종결이라는 것은 요컨대 미·소간의 균형이 붕괴되어 미국이 압도적으로 우위에 서서 '유일 초강대국'이 된 것을 지칭하는 것이다. 한편 소련은 냉전에 패했을 뿐만 아니라 연방국가로서 존속하는 것도 불가능해져 결국 몇 개의 국가로 분열되고 말았다. 그리고 미국의 동맹국들, 특히 북대서양조약기구(NATO)의 여러 나라들이 결속을 다지고 있는 반면에, 소련의 동맹국들은 붕괴되어 예전 동맹국의 일부는 결국 NATO 진영에 참가하기에 이르렀다.

이와 같은 일련의 사건들이 현대 국제정치사(史)에서 중요한 의미를 가지고 있는 것은 명백하지만, 그것과 국제사회의 본질이 어떻게 달라졌는가 하는 것은 별개의 문제이다. 즉 전쟁과 마찬가지로 냉전에서 한쪽이 승리를 얻고 다른 한쪽이 패배했음에도 불구하고, 그것이 그대로 국제관계의 본질이나 틀까지 변하게 했다는 것을 의미하는 것은 아니다. 그렇게 되기 위해서는 좀 더 다른 점에서도 변화가 있지 않으면 안 되기 때문이다.

제1장의 앞부분에서 서술한 바와 같이 전쟁이라는 것이 요컨대 국가 간의 싸움이라고 한다면, 복수의 국가가 존재하는 이상, 전쟁의 가능성도 항상 있게 마련이다. 그것은 어떤 국가가 세계 유일의 초강대국이 된다 하더라도 마찬가지다. 탈냉전 후 미·소간의 전쟁 위험이 사라진 대신 그 이외 국가에 의한 국지 전쟁의 가능성이 증대했다고 하지만, 이미 살펴본 바와 같이 냉전기에 다양한 규모의 전쟁, 특히 제3세계의 전쟁은

끊이지 않았으며, 그 점에서는 냉전 종결에 의해 국제관계의 성격이 변질되었다고 말할 수 없다.

국제관계의 역사는 '강대국의 흥망'의 역사라고 주장하는 책이 폴 케네디(Paul Kennedy)에 의해 1987년, 즉 냉전 종결 직전에 출판되어 일본에서도 좋은 평가를 받았다. 여기서 우리는 전통적인 국제관계론을 엿볼 수 있으며, 파워의 수준이 다른 주권국가가 서로 관계를 맺고 있는 이상, 그 중 몇 나라가 대국이 되고, 나아가 초강대국이 되는 것은 말하자면 당연한 것이다. 그러나 힘의 관계는 항상 변화하는 것으로 오늘의 대국이 내일 그 지위를 상실하거나 어제까지는 약소 국가였던 나라가 어느 단계에서 힘을 축적해 대국에 도전하려고 하는 예는 끝이 없다. 폴 케네디의 『강대국의 흥망(*The Rise and Fall of the Great Powers*)』은 미국도 예외 없이 초강대국의 지위를 유지하고 있지만, 세계 각지에 세력을 부식시켜 놓은 결과 결국은 그 부담이 가중되어 패권적 지위를 잃을 가능성도 있을지 모른다고 주장했지만, 실제로는 냉전이 미국의 승리로 끝나 저자의 예상은 빗나갔다. 그러나 미국 다음의 대국의 지위를 노리고 있는 것은 일본이라든가 중국이라든가 하는 논의가 그 후에 있었던 것을 보면 국제문제에 대한 근본적인 시각에는 큰 변화가 없는 것처럼 생각된다.

같은 이야기는 냉전종식 후의 평화론에도 말할 수 있다. 미국의 조지 부시(George Bush) 대통령은 미·소 냉전이 끝났다고 선언한 1990년에 앞으로 '신국제질서'의 시대가 될 것이라고 말했지만, 그들이 생각한 신질서라는 것도 근본적으로는 지정학적인 것, 다시 말해 미국과 그 이외의 대국이 어떻게 세계 질서를 유지할 것인가 하는 문제의식을 벗어난 것이 아니다. 그런 점에서는 헨리 키신저 전 국무장관이 1994년에 출판한 『외교(*Diplomacy*)』에서 지금부터의 세계평화는 미국이 어떻게 유럽, 일본, 중국 등과 균형을 유지할까와 관련된다고 지적했던 것과 차이가 없다. 어떤 경우든 힘의 균형으로서의 평화라는 전통적인 견해를 뛰어넘는 것은 아니었던 것이다.

2. 국제 테러의 등장

1970년대 이후 국제질서를 자주 위협하여 온 테러 집단의 활동도 그 자체는 새로운 현상은 아니며 국제 정치사에서 전통적인 것이었다. 제1차 세계대전 발발의 직접적인 원인이 세르비아의 테러리스트에 의한 오스트리아 황태자 암살 사건이었다는 것을 상기하지 않더라도 국제관계에서 테러 행위가 경우에 따라서는 결정적인 역할을 해왔다는 것은 확실하다. 그러나 그것이 최근 2, 30년만큼 주목을 받은 적이 없었던 것도 사실이다. 그 근본적인 이유는 첫째, 제2차 세계대전 후 많은 독립 국가가 출현했으며, 거기에는 정정(政情)이 불안정해 대립하는 각 파가 무력에 호소하기도 하고, 게다가 인접국으로부터 원조를 받는 경우도 적지 않았다는 것이다. 국가건설 과정에서 특히 국내에 복수의 인종이나 종교에 속한 사람들이 있는 경우 평등한 시민으로서 인정받지 못하거나 혹은 인정받지 못할 것으로 생각하는 사람들이 가끔 테러 활동에 종사했었다는 것은 팔레스타인의 아랍 과격파나 스리랑카의 타밀족이 좋은 예일 것이다. 또한 이전부터 존재했던 나라의 경우에도 인종, 종교, 언어 등에서 소수파가 인권, 자유, 민주주의 같은 제2차 세계대전 후 유엔헌장 등에 의해 보급되었던 개념하에서 무력으로 봉기했던 것을 상기해야만 한다.

나아가 미·소간의 관계가 다소 곡절은 있었지만 긴장완화의 조짐을 보이기 시작한 1970년대에 접어들면 핵강대국에는 아무렇지도 않은 지역 문제가 속출했으며, 테러 단체가 대규모 활동을 시작하게 된 측면도 있었다. 냉전이라는 국제정치의 틀이 느슨해지면, 미국이나 소련의 세력 범위 내에서도 그 밖의 지역에서도 초강대국의 힘에 공공연하게 도전하려는 움직임이 나타난다. 앞 장에서 언급한 리비아의 반미 테러는 그 실례이다. 그와 같은 사태에 직면해서 국제 테러에 대응할 수 있는 것은 실은 미국도 소련도 아니며 유엔 혹은 세계 각 지역의 지역 연합체였지만 그런 국제기구가 제대로 기능하지 못했다는 사정도 있다.

어쨌든 테러 단체 중에 몇 개가 전쟁의 위험성을 범하면서까지 실력 행사를 통해 자신들의 권리를 주장해왔다는 것은 탈냉전기 세계에서도 그들의 활동이 국제관계의 일면을 형성하고 있다는 것이며, 그 점에서는 탈냉전기의 평화를 어떻게 이해할 것인가 하는 문제는 종래와 본질적으로 다르지 않다. 평화가 테러가 없는 상태라고 한다면, 어떻게 해서 테러를 없앨 것인가, 그리고 테러리스트에 의한 폭력행위가 일어날 경우 어떤 나라 혹은 어떤 국제기구가 이에 대처할 것인가 하는 문제는 여전히 존재한다.

그러나 테러라는 현상에는 또 다른 측면도 있다. 국제사회가 국가 집단으로 구성되어 있는 세계에서 테러가 빈발한다는 것은 현존 국가에 대한 도전만이 아니라 국가 이외에도 국제 정세를 좌우하는 존재가 있다는 것을 보여주는 것이다. 그리고 1970년대 이후의 하나의 특징은 테러를 포함해서 국가 이외의 조직이나 단체 말하자면 비국가 행위자(non-state actors)가 영향력을 증대시켜왔다는 것이다. 그것은 바꾸어 말하면 이전과 비교해 국제관계에서(나아가 국내정치에서도) 국가가 차지하는 정도나 수행하는 역할이 줄어들기 시작했다는 것이다. 어떻게 해서 그렇게 되었는가는 흥미로운 문제지만, 여기서 상세히 논하기는 어렵다. 그러나 너무 커버린 정부기구에 대한 반발이라든가, 각종 의혹, 부정·부패, 스캔들로 인한 정치가에 대한 신뢰감의 저하라든가, 정부 차원에서는 쉽게 처리될 수 없는 문제(예를 들면 환경오염)가 속출한 것이 그 배경에 있다는 것은 몇 가지 연구에서 시사되고 있다. 그와 같은 상태에서 한편에서는 테러 혹은 마약 등을 둘러싼 국제 밀수단이나 해적 활동이 활발해지고, 다른 한편에서는 건설적인 비국가 간 행위자가 세계 각지에서 적극적인 활동을 하게 된 것도 이상한 일은 아니다. 그 가운데서도 특히 두드러진 움직임을 보이고 있는 것이 소위 비정부기구, 즉 NGO(non-governmental organization)이다.

3. NGO의 활약

여기서 절을 바꿔 NGO에 대해 설명하기로 한다. 1970년대 이후 세계평화를 논할 경우 NGO의 대두는 아주 중요한 요소의 하나이기 때문이다. 여기서 말하는 NGO라는 것은 비정부임과 동시에 비영리적 조직, 그리고 종교 활동에 종사하는 교회 등과는 구별되고 무장도 하지 않은 집단을 지칭한다. 나아가 그 중에서 국내를 중심으로 활동하는 것이 아니라, 국경을 초월해서 활약하는 국제적인 NGO, 즉 INGO에 초점을 맞추고 싶다. INGO가 양적으로나 질적으로 비약적인 발전을 하게 되는 것도 1970년대에 접어들어서부터이기 때문이다.

INGO 그 자체의 역사는 오래되었다. 19세기 후반 이미 국제적십자사 등이 설립되었고, 소규모 국제 조직, 예를 들면 역사학자 단체라든가 에스페란토(Esperanto)어를 보급하기 위하여 만들어진 협회 등을 열거해 보면, 제1차 세계대전 전야 이미 100개 이상의 INGO가 존재했다. 그 수는 제1차 대전 후 더욱 증가되어 1930년에는 300개가 넘었다. 제2차 세계대전 후에도 발전을 계속해 1960년대가 되면 1천 개 이상의 INGO가 생기게 되었다. 학문이나 문화교류를 하려는 과거에 다수 존재했던 INGO에 더해, 전쟁 이재민이나 피난민을 돕는 인도적인 활동에 종사하는 단체가 많아졌기 때문이다.

그러나 INGO의 수는 1970년대에 들어와 기하급수적이라고 말할 수 있을 정도로 증가했다. 1980년에는 3천 개 이상, 그 10년 뒤에는 1만 개 이상이 되었다는 통계도 있다. 그리고 INGO의 각국 지부를 포함한 총수는 1990년대 초반 2~3만은 쉽게 넘는 것으로 알려지고 있다. 약 30~40년 사이에 INGO의 수는 20~30배가 되었다는 의미이다. 이것은 매우 흥미로운 현상으로 특히 탈냉전기 국제질서를 생각할 경우 무시할 수 없는 것이다. 세계의 평화나 번영은 NGO나 INGO의 활동과 밀접한 관계를 갖기 때문이다.

왜 1970년대에 접어들어 INGO의 활동이 비약적으로 발전했는가? 간단히 말하면 시대의 요구가 있었기 때문이다. 혹은 시대의 요구에 기존의 국가나 정부가 충분히 대처하지 못했기 때문이라고 말할 수 있을지도 모른다. 한편으로 개발도상국에 대한 원조가 국가를 통해 이루어지는 것, 말하자면 정부개

발원조(ODA)만으로는 불충분하다고 지적되었다. 1960년대와는 대조적으로 1970년대에는 국제경제가 어려웠고, 주로 석유 자원을 갖기 못한 저개발 국가들은 석유파동으로 큰 타격을 받았다. 게다가 인구는 증가했지만 아프리카나 라틴아메리카에서는 생활수준이 저하되고, 기아 일보 직전의 상태로 전락하는 국가도 출현했다. 이러한 사태에 대응하고자 미국, 영국, 프랑스, 독일 등에서는 교회나 그 이외의 민간단체 가운데 해외 개발 원조를 벌이는 조직이 급증하게 된다. 아프리카 원조를 목표로 한 국제조직 아프리케어(Africare)가 좋은 예이다. 또한 소위 제3세계에서의 천재(天災), 인재(人災)로부터 일반 민중을 구하기 위하여 종래의 경제단체 이외에도 새로운 많은 조직이 만들어졌다. '국경 없는 의사회(Medicines Sans Frontieres)'는 그 가운데서도 가장 유명한 것이지만, 이 조직이 파리에 설립된 것이 1970년이었다는 것에 주목하고 싶다. 즉 지금까지 인도적인 자선 단체만으로는 대처할 수 없는 정도의 문제(화산분화, 지진, 전염병 등)가 지구 곳곳에서 발생했다고 판단되고, 그와 같은 문제에 효과적으로 대응하기 위해서는 국가기구만이 아니라 언제든지 출장 가능한 상태를 유지할 필요가 있다. 그런 의미에서 기존의 정부나 국제기구와는 무관하게 행동하려는 점에서 아주 새로운 형태의 NGO였다. 그것은 곧바로 각국에서 동조자를 얻어, 몇 년 지나지 않아 세계 유수의 INGO로서 활약하게 되었다. 그 이름이 보여주는 대로 국경을 초월해 혹은 국경을 무시하면서까지 인도적인 활동을 한다. 그것은 국제사회에서 새로운 질서가 생기고 있음을 보여주는 것이었다.

1970년대에 활약한 또 하나의 INGO는 환경문제에 관한 것이었다. 그것은 오일쇼크를 계기로 석유를 대체할 에너지원으로서 원자력을 이용한 발전 시설들이 보급되기 시작하는 것과 동시에 대기와 물에 대한 방사능 오염 문제에 대한 관심이 높아졌던 것을 반영한 것이다. 또한 동시에 1960년대의 고도성장기가 끝난 시점에서 무제한적인 경제 발달에 대한 반성이 생겨난 것과도 관련이 있었다. 1973년에 발표된 소위 '로마 클럽(The Club of Rome)'의 보고서에서도 지적된 것과 같이 세계가 종래와 같은 경제 성장을 계속한다면 지구 자원이 고갈해버릴 것이며, 동시에 결국은 대기나 해수, 호수, 강물 등이 오염되어 인류가 생존하기 어려워질 것이라는 생각이 절실한 문제로 제기되었다. 더구나 인간뿐만 아니라 동식물의 생존도 위험하게 된다. 풍요롭게 된 혹은 풍요로워지길 바라는 인간이 지금까지보다 더 고래를 잡으려 하고, 상아를 구하려고 하며, 희귀식물을 채취하려고 한 결과 지구의 생태계 소위 에코시스템이 파괴되고, 그 결과 인간의 삶조차도 타격을 받게 될 것이라는 생각이 확산되었다.

이러한 말하자면 환경주의라고 부를 수 있는 흐름을 각국에서 볼 수 있었으며, 중앙 정부나 지방 정부 차원에서 대책을 강구하는 일도 적지 않았다. 또한 환경문제에 관한 국제회의도 빈번하게 열리게 되었다. 1972년 스톡홀름에서 개최된 세계환경회의는 그러한 회의로는 역사상 처음이었지만, 그 이외에도 예를 들면 상아의 금수나 포경 금지에 대한 국제회의가 계속 열리고 있으며 구체적인 성과를 내기도 한다. 그렇지만 환경문제를 가장 적극적으로 추진했던 것은 각국의 NGO, 그리고 국경을 초월해서 조직된 INGO였다. 환경문제를 전문적으로 다루는 INGO는 1970년 이전에는 2~3개 정도밖에 존재하지 않았지만, 그 후 30년이 채 못 되어 30개 정도로 늘어났다. 이 사실이 보여주는 것은 국가나 국제기구의 역할은 물론 중요하지만 환경문제처럼 안전보장이나 무역 등과는 달리 '국익'과 쉽게 결부되지 않는, 혹은 결부되더라도 그리 간단히 위정자의 관심 대상이 되지 않는 문제에 대해서는 시민단체의 역할이 아주 중요하다는 것이다.

인권 문제에 관한 INGO도 마찬가지이다. 인권존중은 일찍부터 국제연합이 제창한 과제로 유엔인권위원회도 제2차 세계대전 직후 곧바로 설립되었다. 그리고 1950년대부터 1960년대에 걸쳐 다양한 인권보호를 목적으로 한 수십 개의 INGO가 조직되었다. 그러나 인권 관련 INGO가 비약적으로 발전한 것은 환경 INGO와 마찬가지로 1970년대에 들어와서부터다. 예를 들면 각국에서 피난민이나 죄수 등이 처한 상태를 조사하고, 그들의 인권이 침해되지 않도록 세계 여론을 계발하기 위해 노력하는 국제 엠네스티(Amnesty International)가 설립된 것은 1961년이다. 이 조직의 역할이 폭넓게 인정되고 그 결과 영향력이 강해지기 시작한 것은 1973년에 노벨평화상을 수상한 이후였다. 그것과 전후해서 인권감시기구(Human Rights Watch)나 그 외의 크고 작은 단체가 결성되어 세계 각지에서 활동하기 시작했다.

왜 1970년대에 들어와 인권 관련 INGO가 증대되었는가는 환경 INGO와 마찬가지로 흥미 있는 문제지만 근본적으로는 당시의 세계와 국제사회가 그것을 요구하고 있었기 때문이라고 말할 수 있다. 즉 한편으로는 사회주의 국가 가운데 시민사회가 싹트기 시작하고 다른 한편으로는 민주주의 국가에서도 여성, 마이너리티(소수파), 장애자 등이 자신들의 권리를 주장하게 되었다. 그 어느 것도 이 시기에 시작된 것은 아니지만, 그와 같은 운동이 국제적인 것으로 확대된 데에는 미·소 관계의 긴장완화나 에너지 문제 등을 통한 지구의 일체감(지구시민이라든가 우주선지구호(planet earth)라는 말이 사용되게 되었다)이 생겨났던 것도 작용했다. 세계에 사는 모든 사람들은 국경을 초월하여 운명 공동체를 형성했으며, 그런 가운데 여성, 장애자들이 차별 대우를 받는 것은 잘못되었다는 인식이 일반화되었다. 나라와 나라 사이의 대립이 이전처럼 심각한 것이라 하더라도 다른 차원에서는 모든 나라의 여성 혹은 소수파, 장애자들은 똑같은 문제를 안고 있으며, 똑같은 목표를 가지고 있다는 생각이 그 근저에 있다. 따라서 국제질서도 주권국가에 의해서 형성될 뿐만 아니라 공통의 관심사를 가진 사람들이나 그들의 조직, 즉 INGO에 의해서도 형성되어질 수 있다는 이상이 의식되기 시작했다고 말할 수 있다. 소위 NGO 포럼, 즉 각국의 NGO 모임이 그 후 빈번해졌으며, 국제회의나 유엔의 회합에서 반드시라고 말해도 좋을 정도로 NGO나 INGO 대표자가 발언권을 갖게 된 것도 우연은 아니다.

4. 문화의 다양성과 국제질서

NGO나 INGO는 문화교류 분야에서도 활약했다. 제4장에서 언급한 것처럼 지적 협력이나 문화교류를 통해서 세계평화를 구축해나간다는 문화적 국제주의는 1920년대에 강력하게 추진되었다. 그렇지만, 그 후 제2차 세계대전과 냉전시대를 지나면서 현실주의적 국제관계론이 유력해지자 문화는 경시되거나 군사력을 보완하는 것으로서밖에 의미를 부여받지 못하는 경향이 있었다. 실제로는 냉전이 절정에 달했던 시기에조차 문화교류가 계속되었다는 것은 제7장에서 설명한 대로지만, 그 대부분이 자본주의 진영 내 혹은 사회주의 진영 내의 것이었다는 사실은 부정할 수 없다.

국제관계에서 문화의 역할이 새롭게 이해되고, 적극적으로 추진되게 된 것은 1960년대 후반부터 1970년대에 들어와서다. 이 시기가 되면 동서 간, 예를 들면 NATO 국가들과 소련 혹은 미국과 중국 사이에 교류가 이뤄지게 된다. 그것은 단지 데탕트의 일부였을 뿐만 아니라 그와 같은 교류가 국가 간의 관계 정상화에 기여한다고 생각되었기 때문이다. 또한 동시에 영향력이 강해진 제3세계와의 접촉을 심화하고 상호 이해를 높이기 위해서도 문화 차원에서의 연계가 필요하다고 생각되었던 것이다. 나아가 소위 '68 세대'라는 말이 상징하는 것처럼 서구제국에서 새로운 세대의 문화의식이나 운동이 냉전적 사고로부터 해방을 부르짖었으며, 중국이나 아프리카의 정치사상이나 전통문화에 깊은 관심을 보인 것도 상기해야 한다. 이와 같은 요소가 겹치면서 국제관계에서의 문화의 역할이 다시 강조되었던 것이 1970년대 이후의 커다란 특징이다.

그러나 이 경우에도 NGO나 INGO의 역할을 무시할 수 없었다. 넓은 의미에서의 문화교류에 종사하는 비정부단체의 수는 늘 전체의 50% 이상을 차지하고 있었다. 이러한 상태는 1970년대 환경이나 인권 관련 NGO와 INGO가 급증했을 때에도 변화가 없었다. 다만 새로운 시대의 문화교류단체의 특징 중 하나는 대부분이 서양과 비서양의 대화를 시도하려고 했다는 것으로 냉전시대 양 진영 간 혹은 선진국 간의 교류뿐만 아니라, 유럽과 미국(더 나아가 일본), 아시아, 아프리카, 중근동 국가들의 상호 이해를 심화시키려 했다는 것이다. 한편 제

3세계 국가들도 그때까지보다는 훨씬 적극적으로 문화교류를 하려고 했다. 유네스코 등은 이미 1950년대부터 동서 문명의 상호이해를 위한 국제회의를 개최하거나 세계 문명사를 편찬하면서 서구와 비서구 세계와의 지적 협력을 촉진하였지만, 그런 프로젝트의 대부분은 여전히 유럽·미국 혹은 일본 등이 주도한 것이었다. 그런데 1970년대에 접어들면 비서구 국가들의 기여가 중요해진다.

그 배경에는 이 시기 유엔 등에서 제3세계의 발언권이 강화된 것, 혹은 구미제국에서 개발도상국이나 다른 문화에 대한 관심이 높아졌던 것이 있었다. 그 결과 문화교류 활동에서도 이전보다 비서양 세계의 전통을 존중하고, 그런 시야를 수용하려는 노력이 필요하다고 보게 되었다. 서양문명의 보편성을 전제로 한 문화교류가 아니라 문화의 다양성(culture diversity)을 인식한 위에 추진되어야 한다는 관점이다. 문화의 다양성이라는 말은 이 시기부터 일반화되지만 어느 한 문명을 특별하게 대우하지 않고, 모든 문명을 상대화해서 다루어야 한다는 생각이 나타났다. 이런 생각을 파고 들어가면 국제질서도 문화적 다양성 위에 구축되지 않으면 안 된다는 것이 된다.

그런데 실제로는 그렇게 간단히 잘라 말할 수 있는 것이 아니다. 한편에서는 다양성이 인식되면서 다른 한편에서는 유럽과 미국의 가치관이나 생활양식이 여전히 세계 곳곳에서 영향력을 가지고 있었기 때문에 문화의 다양성과 가치관의 보편성을 어떻게 조화시켜야 하는가의 문제가 생기게 된다. 이것도 이 시대, 즉 1970년대부터 지금에 이르기까지 커다란 과제다. 그러나 이와 같은 문제를 해결하기 위해서도 이문화(異文化) 간의 대화가 점점 중요해지고 있는 것이다. 예를 들면 영문학자인 에드워드 사이드(Edward Said)가 '오리엔털리즘(Orientalism)'이라는 개념을 사용해 오리엔트 혹은 동방이라고 부르는 사고는 원래 유럽인들이 자기들과 '타자'를 구별하기 위해 만들어 놓은 것이며, 그것이 아시아인에게 강요된 결과 후자도 스스로를 동양으로 인식하게 되었다고 설명했다. 그와 같은 해석을 진지하게 받아들이면서 이에 대응하려는 분위기가 서구에서 나타나고 있다. 그렇기도 해서인지 아시아와 유럽 혹은 아프리카와 미국의 지적 대화도 적극적으로 추진되고 있다. 다양성과 보편성이라는 근본적인 문제는 앞으로도 국제관계의 중요한 주제로 남을 것이다.

문화적 국제주의에는 그러한 지적 차원에서의 대화뿐만 아니라 아주 현실적인 문제를 해결하기 위해 각국 지도자 혹은 일반 사람들이 의견을 교환하는 측면도 있다. 이 점에서도 1970년대 이후 많은 진전이 있었다. 예를 들면 한국과 일본의 관계를 개선하기 위하여 두 나라 역사학자가 공동으로 과거를 재검토하는 시도가 계속되고 있다. 예전에 적대관계였던 국가가 협력해서 역사를 재검토하고, 공통의 역사관(shared memory)을 가져야 할 것인지를 검토하는 것은 상호 이해를 촉진하는 데 매우 중요하다. 또한 이스라엘과 팔레스타인해방기구(PLO)에 속한 지식인이 비공식적으로 대화를 계속해 그것이 1990년대의 양자간 '평화 프로세스'에 공헌했었던 것은 잘 알려져 있다. 최근에는 소위 '트랙 투', 즉 지식인에 더해 정치가나 관료도 개인 자격으로 참가하는 형태의 대화가 확대되고 있다. 그런 시도를 포함하여 다양한 커뮤니케이션이 시도되는 것은 현대 세계의 특색이며, 종래의 문화교류나 다양성을 둘러싼 논의와 함께 새로운 형태의 국제사회가 형성되어 갈 가능성을 보여주는 것이다.

제10장

전쟁과 평화의 20세기

1. 자기파괴와 자기재생

20세기는 전쟁의 세기였다고 말한다. 확실히 약 천만 명이 전사한 제1차 세계대전, 그 10배에 이르는 사람들이 생명을 잃은 제2차 세계대전, 더 나아가 수를 셀 수 없을 정도의 국지 전쟁이나 내전을 포함하면 20세기는 예전에 찾아볼 수 없을 정도의 비참한 시대였다는 것은 이론(異論)의 여지가 없을 것이다.

그러나 동시에 그와 같은 비참한 전쟁을 경험하면서 인류가 완전히 꿈을 잃고, 살아갈 희망도 잃어버렸는가 하면 꼭 그렇다고는 말할 수 없다. 간단한 사실이지만, 1900년 20억 정도였던 세계 인구가 100년 사이에 3배 이상 증가하였다. 전쟁과 내전으로 많은 사람들이 죽었지만, 그 수를 훨씬 웃도는 사람들이 살고 있는 것이다. 그것은 근본적으로 삶에 대한 집념을 보여주는 것이 아닐까? 인류는 자기파괴를 할 뿐만 아니라 자기재생을 시도해왔다고 말할 수 있다. 그것은 바꿔 말하면 평화에 대한 지향이 있기 때문이 아닐까?

그러한 의미에서도 20세기의 역사를 이해하려면 전쟁만이 아니라 평화에 대해서도 고려할 필요가 있다. 단지 전쟁과 전쟁의 사이의 평화뿐만 아니라 더 항구적인 평화를 추구하려는 움직임, 더 안정된 세계를 만들기 위하여 필사적으로 노력한 사람들의 움직임을 이해는 것이야말로 이 세기의 성격을 확실히 이해할 수 있게 만들 것이다.

2. 역사를 이해하는 관점

나는 역사라는 것에 내적인 법칙이나 일정한 형태가 있다고 생각하지 않는다. 마르크스 사관이든 민족사관이든 어떤 한 견해를 과거의 사건에 무비판적으로 적용시키는 것은 역사를 이해하는 것과는 다른 것이다. 그러나 동시에 단지 하나에서 열까지 세세하게 사실을 나열하는 것이 역사는 아니다. 과거에는 셀 수 없을 정도의 사실이 있다. 그 가운데 일부를 선택하여 그들 사이의 관계를 규정하는 것이 역사가의 일이었다. 그런 경우 가능한 한 선입관에 사로잡히지 않고 정치적인 생각에 좌우되지 않으면서 자신만의 견해를 제공할 수 있도록 노력할 필요가 있다.

자신만의 견해는 무엇인가? 역사가에 따라 다르지만, 나 자신은 일국 중심이 아니라 글로벌한 국제적인 관점을 통해 세계의 역사를 이해하려고 노력하고 있다. 그렇게 함으로써 자신의 생각을 가능한 한 많은 국가의 사람들에게 전하고, 서로의 의견을 교환하는 것이 가능하다고 믿기 때문이다. 또한 그렇게 하는 것이 세계를 더 평화적인 것으로 이끌 수도 있을 것이다. 이 책에서 시도하는 것도 단지 하나 두 국가에 의미 있는 주제가 아니라 더 많은 국가들 극단적으로 말하면, 인류 모두에게 관계되는 문제를 다룸으로써 20세기의 역사를 돌이켜보고, 21세기를 전망하는 데 어떤 시사점을 제공하려고 하는 것이다.

3. 제1차 세계대전의 기원

그러면 이 장의 주제로 돌아가자. 전쟁도 평화도 원래 글로벌한 문제이다. 세계 규모의 전쟁만이 아니라 아무리 제한된 지역의 국지전쟁이라 하더라도 다른 지역으로 파급될 가능성을 가지고 있다. 특히 20세기에는 그런 경향이 강했다. 그것은 바꿔 말하면 글로벌화가 국제정치의 커다란 틀이 되었기 때문이다. 평화의 경우도 마찬가지로 국지적인 평화라는 것은 존재하지 않는다는 것을 실감케 한 것이 바로 20세기의 역사였다고 말할 수 있지 않을까?

제1차 세계대전도 처음에는 발칸반도에서의 국지분쟁에서 시작했다. 이 지역에는 1,000년 이상 가톨릭교와 그리스정교라는 기독교 2대 종파 신자에 더해 이슬람교도가 살았고,

이 삼자간의 대립과 분쟁이 끊이지 않았다. 가톨릭교는 로마에 있는 교황청의 지배하에 있음과 동시에 프랑스, 오스트리아 같은 국가의 지지도 받았다. 한편 그리스정교는 아테네가 중심이었으며, 또한 러시아의 비호 아래 있었다. 양자 간의 대립은 발칸반도에서 그리스정교 신자가 많은 세르비아, 불가리아 등과 이 지역에 대한 세력 강화를 꾀하는 오스트리아 사이에 긴장을 초래하였다. 나아가 13세기 말 이후 중동을 지배하였던 오스만제국도 가끔 발칸반도 나아가서는 중부유럽에도 세력을 뻗치려 하였으며, 세르비아를 속국으로 하려고도 하였다. 그와 같은 사정으로 이 지역은 항상 불안정하였으며 19세기에도 크림전쟁(1853~1856), 러·터(러시아·터키)전쟁(1877~1878) 등을 치렀다. 그리고 1912년과 1913년에도 발칸의 여러 국가 사이에 전쟁이 발발하였다.

그러나 이들 전쟁은 유럽 전 지역에 파급되지 않았고, 1912년과 1913년의 발칸전쟁도 주변의 대국을 끌어들이지 않았다. 그럼에도 왜 1914년 여름에 발생한 발칸반도 위기가 유럽의 대전 나아가 세계대전으로 발전하였는가? 다양한 원인이 있겠지만, 근본적으로 대국의 하나였던 오스트리아-헝가리제국의 황태자가 세르비아라는 소국의 테러리스트에 의해 암살되었던 사건이 오스트리아의 동맹국 독일 그리고 이 두 국가와 대립하였던 러시아와 프랑스의 개입을 초래하였다는 것이 그 배경이다. 오스트리아가 세르비아에 사죄와 배상 등을 포함한 최후통첩을 들이밀어 놓고, 그것에 대한 대응이 불충분하다면서 선전포고를 하였던 것도 독일의 지지를 기대해서였다. 한편 러시아는 세르비아를 지지하고 동맹국인 프랑스처럼 독일을 상정한 동원명령을 내렸다. 그때까지 중립적인 입장을 취하였던 영국도 독일에 대해 선전포고를 하였다. 유럽의 대전의 시작이었다.

4. 열쇠는 대국이 쥐고 있다

여기서 볼 수 있는 것처럼 어떤 대국이 국지전쟁에 개입하면, 그것이 파급적으로 다른 열강의 간섭을 초래할 가능성이 있었다. 역으로 말하면, 국지전쟁이 대규모 전쟁으로 발전할 것인가 아닌가의 열쇠는 대국이 쥐고 있다는 것이다. 그리고 대국 간의 전쟁이 되면, 그것은 필연적으로 글로벌한 세계전쟁이 되어버린다. 당시의 대국이 세계강국으로 불린 것에서도 알 수 있듯이 유럽만이 아니라 세계 곳곳에서도 지배력, 영향력을 가졌기 때문이다. 그러한 의미에서 국제관계의 글로벌화를 열강이 초래하였다고도 말할 수 있다. 그 결과 한번 열강 사이에 분쟁이 발생하면 그것은 곧 세계의 다른 지역으로도 파급된다. 발칸반도의 분쟁이 유럽 전체를 끌어들인 것처럼 유럽 대전은 중동, 아시아, 태평양 그리고 미국도 끌어들였다.

그와 같은 관점에서 보면 20세기가 세계대전에 의해 막을 연 것도 글로벌화의 진전을 상징하는 것이었다고 말할 수 있다. 더구나 이 전쟁 중에 무기로서의 전신전화기술이 발달하고, 비행기나 석유를 동력으로 한 전함(戰艦)도 사용되는 등 통신·교통수단의 비약적인 발전이 글로벌화의 경향을 한층 조장하였다. 전투원만이 아니라 일반시민도 말려들고 모든 기술과 자원이 투입된 전쟁이라는 의미에서 제1차 세계대전은 총력전, 즉 토털 워(total war)였다고 말하지만, 특히 글로벌한 것이었다는 점에서도 토털이었다.

5. 제2차 세계대전과 냉전

글로벌했다는 점에서 제2차 세계대전이나 냉전은 제1차 세계대전보다 훨씬 규모가 컸다. 이 세 가지는 세계 각 지역을 포함한 전쟁이었다는 점에서는 공통이었지만 전쟁기술 면에서 제2차 세계대전과 냉전은 제1차 세계대전보다도 훨씬 더 총력전이었으며 글로벌했다. 제1차 대전과 제2차 대전 사이의 전간기(戰間期)에 다양한 의미에서 글로벌화가 진행되었다. 1939년에 유럽에서 시작된 전쟁도 처음에는 폴란드를 둘러싼 영국과 독일의 대립이라는 국지적인 것이었다. 그것이 역시 국지적이었던 아시아의 전쟁, 즉 1931년 만주사변이 발단이 된 중·일전쟁과 관련이 있었던 것은 1940년에 체결된 일본·독일·이탈리아의 삼국동맹 때문이기도 하지만, 세계 최강국으로서 미국이 유럽과 아시아의 두 지역에 개입하기로 결의했기 때문이기도 하였다. 그렇게 해서 다시 한 번 세계대전이 되었으며, 그때까지 글로벌화를 촉진했던 기술, 예를 들면 비행기나 레이더, 컴퓨터 등이 전략적으로 이용되고 무차별 폭격 등에 의해 예전에는 찾아볼 수 없을 정도의 많은 비전투원(시민)이 전쟁에 휘말려들었다. 그리고 전쟁 말기에 등장한 원자폭탄은 국가와 국가 사이의 거리를 줄이고 전투원과 시민의 구분을 완전히 없애버렸으며, 무서운 파괴력으로 세계 전체를 잿더미로 만들어버릴 가능성이 있는 무기로 등장하였다.

이렇게 파괴되고 대전이 끝난 뒤에도 냉전시대를 통해 핵무기나 화학무기의 발전은 글로벌한 규모로 인류 모두를 파멸의 위기로 몰아갔다. 냉전이란 요컨대 제2차 세계대전의 전승국 측, 특히 미국과 소련이 전후 처리를 둘러싸고 대립해 둘로 분열되어 서로를 새로운 가상 적국으로 보는 현상이다. 처음에는 주로 유럽에 한정된 이러한 대립도 점점 세계 곳곳으로 파급되고 글로벌화해 갔다. 그리고 그 과정에서 두 진영 모두 핵무기의 생산과 배치를 실행하고, 만약 전쟁이 발생할 경우 적대국 측뿐만 아니라 자국이나 동맹국 나아가 중립국도 파멸시켜버릴 가능성이 있었다. 지구(globe)의 존재조차 위기에 직면하게 할 정도의 글로벌한 냉전이 실로 40년 이상이나 계속되었던 것이다.

6. 세계화하지 않았던 국지전쟁

이와 같이 보면 20세기의 전쟁(냉전도 포함하여)이 특히 비참하였던 것은 그것이 글로벌화의 시작과 겹쳤기 때문이라는 것을 알 수 있다. 국제관계나 경제 혹은 과학기술의 글로벌화 때문에 일단 전쟁이 발생하면 세계 각지, 인류 모두가 휘말릴 수 있다는 것을 20세기의 전쟁은 보여주었다.

그러나 그렇다고 해서 모든 국지전쟁이 글로벌화 되었는가 하면 그렇지는 않다. 20세기에는 실로 많은 국지전쟁이나 내전이 발생하였지만, 그것이 대규모 전쟁으로 발전한 것은 오히려 예외적이다. 예를 들면 1920년의 러시아·폴란드전쟁이나 1935년 이탈리아의 에티오피아 침공, 1940년대의 중국내전, 1950년대의 한국전쟁, 1960년대의 베트남전쟁 등은 어느 것이든 더없이 비참하였으며, 많은 희생자를 냈다는 점에서는 다름이 없지만, 글로벌한 전쟁으로 발전하지는 않았다. 1990년대의 발칸전쟁이나 아프리카 각지에서 발생한 내전 또한 그렇다. 물론 가장 중요한 사례는 40년 이상 계속된 냉전이 제3차 세계대전으로 비화되지 않았다는 사실이다.

그것은 왜일까? 이와 같은 분쟁은 모두 다른 국가나 지역을 말려들게 하고, 더 큰 규모의 전쟁으로 발전할 가능성이 있었지만, 그렇기 때문에 이를 방지하고 국지화하려는 움직임이 있었기 때문이라고 말할 수 있지 않을까? 즉 전쟁의 글로벌화의 위기는 언제나 존재했었지만, 또한 그렇게 되지 않게 하려는 노력도 있었다. 이것도 20세기 역사의 하나의 특징이라고 말할 수 있을 것이다. 물론 국지화되었다 하더라도 소규모 전쟁이나 내전이 다수의 사상자를 초래한 비극이라는 것은 분명하지만, 그것이 세계전쟁이 되었다면 한층 비참해졌을 것이라는 것도 분명하다. 다시 말해 그와 같은 더 큰 비극을 막으려는 움직임도 있었다는 것이다.

그러한 움직임이란 것은 무엇이었는가? 이것을 해명하는 것은 세계화가 실제로 초래하는 것을 이해하는 계기도 될 것이다. 세계화 그 자체는 대규모 전쟁을 초래하기도 하지만 그렇지 않은 경우도 있다. 좀 더 일반화하여 말하면 세계화와 국제질서와의 관계는 복잡하다. 따라서 평화로운 국제사회를 구축하기 위해서는 글로벌한 것이 가능한 한 세계를 안정적으로 만들고 전쟁의 수단이 되지 못하도록 하는 기운(氣運)이 필요하게 된다. 그리고 이런 기운이 고조되어 가는 것도 20세기 역사의 특징이라고 말할 수 있을 것이다.

7. 글로벌화하는 평화의 움직임

여기에는 다양한 배경이 있다. 간단하게 요약하면 글로벌화 시대의 전쟁이 이전보다 훨씬 파괴도가 증가하였다는 인식 때문에 전쟁을 막아야 한다는 평화에 대한 움직임을 고조시켰다는 것, 그리고 이 평화운동 자체가 국경을 넘어 국제적인 연대를 수반하게 되어 갔다는 것이다. 즉 전쟁과 마찬가지로 평화도 글로벌화 되었다고 말할 수 있을 것이다.

하나의 예를 들어보자. 세계대전이라는 예전에는 볼 수 없었던 규모와 파괴를 수반했던 전쟁은 동시에 이전보다는 훨씬 글로벌한 평화체제를 가져다주었다. 1919년 파리에서 개최된 강화회의에서는 패전국 측(독일, 오스트리아, 터키 등)에 영토의 할양이나 배상금을 요구하였다. 그때까지의 전쟁과 다르지 않은 전후처리가 이루어짐과 동시에 원칙적으로 세계 모든 국가가 참가하게 되었던 국제연맹이라는 전혀 새로운 제도가 만들어졌던 것이다. 거기에는 전승국이 주도하여 전후의 국제질서를 강화해 간다는 전통적인 형태와는 달리 전승국 이외의 국가 그리고 수년 후에는 패전국도 포함하는 말 그대로 국제적인 기구야말로 평화의 수호자라는 신념이 있었다. 일부 대국이 군사력을 기초로 전후세계를 유지하는 게 아니라 대중소의 모든 국가에 의해 형성된 국제연맹을 통해 평화를 지키고, 가령 평화가 파괴될 경우에도 가맹국들이 협조하여 침략국을 처벌하자고 하는 소위 집단안전보장의 원칙이 합의된 것이다. 물론 그것은 아주 이상주의적인 제도로 실제로는 좀처럼 효력을 발휘하지 못하였다. 그렇기는 하지만 평화를 유지하기 위해서는 강대국의 군사력에 의존할 게 아니라 국제기구 그리고 그 기반이 되는 세계 곳곳의 민중의 여론에 의존하지 않으면 안 된다는 혁명적인 생각이 있었다는 것을 간과해서는 안 된다. 그러한 생각이 등장했던 것도 20세기의 특징이며, 글로벌화 현상과 밀접한 관계를 가지고 있었던 것이다.

지금까지 살펴본 것처럼 20세기의 역사를 되돌아보면, 단지 전쟁의 시대였다든가 전쟁과 평화가 교대로 출현했다든가 하는 식으로 말하는 대신 전쟁도 평화도 세계화라는 현상과 관련지어 생각할 필요가 있다. 세계화가 진행하는 과정에서 국가들이 충돌하거나 충돌을 피하려고 했다. 그 어느 경우든 국경을 초월한 연계(그것이 폭력이나 파괴를 수반하는 것이든 협조관계를 초래하는 것이든)가 밀접하게 되어갔다. 인류는 그런 가운데 필사적으로 생명을 지키려고 노력해왔다. 현대 세계에 생존하는 60억 명의 사람들이 그것을 잘 보여주고 있다고 말할 수 있을 것이다.

제11장

국경을 초월한 사람들

1. 웰스의 예언

이번 장에서는 21세기를 맞이한 세계 속의 '인간'에 대해서 생각해보고자 한다.

이 책에서는 20세기의 역사를 전쟁과 평화와 관련지어 생각해보았다. 그리고 20세기가 직면했던 많은 문제들의 배경과 의의를 생각하고 문제 해결을 위해 어떻게 노력했었는가에 대해서도 살펴보았다. 그러나 대부분의 경우 국가라든가 NGO라든가 하는 조직, 혹은 경제, 문화, 인권, 환경, 정보 같은 커다란 흐름이나 포괄적인 사상(事象)이 수행한 역할에 대해서 살펴봤기 때문에 인간 그 자체에 대해 살펴볼 기회가 없었다. 따라서 이번 장에서는 20세기 세계의 인간에 초점을 맞춰보고자 한다.

다만 인간이라고 하면 대단히 추상적이지만, 20세기의 인간이 19세기나 그 이전의 인간과 어떠한 점에서 유사하고 어떠한 측면에서 달랐는가 하는 문제에서 출발하는 것도 하나의 좋은 방법이라고 할 수 있다. 이 문제를 생각해 보면, 일시적으로 혹은 영구적으로 자신이 태어난 고향을 떠나 멀리 떨어진 토지에서 배우거나 일하거나 혹은 사망한 넓은 의미의 '이향인(異鄕人)' 또는 '이방인(異邦人)'이 하나의 힌트를 주지 않을까 한다. 물론 그러한 사람은 어느 시대에나 있었다. 그러나 나라와 문화, 인종이 다른 토지로 떠나가는 사람들의 수가 많았다는 것은 20세기의 아주 독특한 점이다.

1914년 영국의 소설가 허버트 조지 웰스는 태어나서 자란 국가를 떠나 외국에서 일을 하고 생활하는 '새로운 종류의 인간'이 세계적으로 많아지고 있다고 썼다. 이 새로운 인간은 국가와 국가 사이를 '부유(浮遊)' 혹은 플로트(float)하는 사람들이며, 그 수가 늘어남에 따라서 그들 나름의 습관이나 도덕, 철학을 갖게 될 것이라고 웰스는 예언했다.

어디에도 정착하지 않고 빈번하게 거처를 옮겼던 사람은 예전부터 있었다. '떠돌다'는 의미에서 float라는 말이 많이 사용되지만, 20세기에 들어와서 그런 사람들에게 참정권을 부여해야 하는 것 아닌가 하는 생각이 미국 등에서 존재했다. 웰스는 '부유하는' 인구라는 것을 훨씬 긍정적으로 보았다. 그 수가 늘어남에 따라 세계는 점차 하나가 될 것이라고 믿었던 것이다.

2. 20세기형 인간의 전형

얄궂게도 그런 내용을 담은 그의 소책자가 출판되었던 것과 거의 동시에 전혀 다른 의미에서 고향을 떠나 이국에서 생을 마치는 수백만 명의 젊은이가 출현했다. 세계대전이다. 근대의 전쟁은 강제로 막대한 수의 사람들을 외지로 보내고 타향에서의 '생활'이나 죽음이라는 의무를 부과한다. 그 뒤 오늘날에 이르기까지 육친들과 강제적으로 격리되어 타향에서 목숨을 잃은 10억 명이 넘는 사람들은 웰스가 말한 것과는 전혀 다른 의미에서 전형적인 20세기 사람이기도 했다.

그런 점에서 나치 독일에 의해 학살당한 600만 명의 유대인은 전형적이었다고 말할 수 있을지 모른다. 홀로코스트, 즉 유대인의 대량학살은 그들을 자신들의 국가에서 추방하고 강제수용소로 보낸 뒤 가스실에서 몰살하는, 근대문명의 도구를 가장 야만적인 목적에 사용한 사건이었다. 더구나 독일 정권에게 유대인은 원래부터 자신들의 나라가 없는 유랑민으로 간주되었을 뿐이며, 우연히 독일이나 다른 국가에 살고 있다고 해도 그 나라의 순연한 시민은 아니다. 적어도 시민이어서는 안 된다고 취급되었다. 따라서 우선 그들의 시민권을 빼앗고, 그런 뒤 무국적으로 국외로 추방하고 최종적으로는 전쟁 목적에 방해가 된다는 이유로 모두 죽여버린다. 수 세기에 걸쳐 안주할 땅을 찾아 세계를 전전하다가 간신히 정착한 독일, 오스트리아, 폴란드에서 이방인으로 차별을 받았으며, 결국 가스실로 끌려가버린다. 20세기의 가장 끔찍한 사실(史實) 가운데 하나지만, 그런 점에서 수용소에 보내진 유대인도 20세기 사람의 전형이었다.

3. 해외여행의 대중화

웰스가 묘사했던 20세기 사람과 전장이나 수용소에서 죽은 20세기 사람은 완전히 다른 별개이지만, 양쪽 모두 20세기 인간의 운명을 이해하는 데는 무시할 수 없는 존재다. 다행스럽게도 세계전쟁이나 홀로코스트에 대한 반성으로부터(그리고 그런 반성이 고조되었던 것도 20세기적 현상이라고 말할 수 있지만) 비극적인 20세기 사람보다는 웰스가 말한 의미에서의 신인간(新人間), 타향을 방문하고 외국에서 생활하는 사람의 수가 점차 많아지고 있다. 외국인 노동자나 유학생에 더해 여행자나 비합법적 이민 등을 고려하면 20세기 말에는 단기와 장기 합쳐 10억에 가까운 '이방인'이 존재했었다고 알려져 있다. 당시 세계 인구의 약 6분의 1 정도에 해당한다.

그런 가운데서도 가장 숫자가 많은 해외여행자는 단기간의 '이방인'에 지나지 않기 때문에 고려에서 제외해야 할지도 모르지만, 그러나 그들이 국경을 넘은 존재라는 점에서는 변함이 없다. 실제로 외국여행을 하는 사람들의 수가 비약적으로 증가했던 것은 비교적 최근의 일이다. 그때까지는 주로 서구의 상류계층에 국한되어 있던 해외여행은 1950년대가 되자

소비혁명 덕분에 미국의 중산계급도 할 수 있게 되었다. 1960년대에는 서유럽이나 일본, 그 뒤에는 중동이나 한국, 타이완의 일부 사람들도 가능하게 되었다. 그러나 외국여행이 대중화한 것은 20세기 말이 되어서이며, 경제성장을 이룬 많은 나라에서 관광을 위해 외국으로 나가는 인구가 급증했다(예를 들면, 일본에서는 인구의 10% 이상이 매년 해외여행을 하고 있다). 평균 국민소득이 그다지 높지 않은 나라, 예를 들면 중국이나 러시아, 헝가리, 체코 등에서도 외국여행을 하는 사람이 적지 않다. 그런 영향도 있어서 세계 각지에서 자신과 같은 언어로 말하면서 구경을 하고 물건을 사는 관광객을 만날 수 있다.

이러한 현상은 예전에는 없었던 일이며, 외국에 가는 일이 그렇게 드물지 않게 되었다는 것을 말해준다. 그것이 국제사회에 어떠한 영향을 미칠지는 예측하기 어렵지만, 자신의 나라와 다른 사회에 살고 있는 사람들에 대해 위화감 없이 접할 기회가 늘어나면 국경을 초월한 연대감이 그만큼 굳건해질 것이라고 기대하고 싶다.

4. 유학생의 증대

일시적인 외국 거주자 가운데 가장 많은 것은 유학생일 것이다. 그 수도 20세기 후반 점차 증가했다. 해외 유학생이 가장 많이 모인 미국에서는 공비와 사비 합쳐서 100만 명에 가까운 젊은이들이 고등학교나 대학, 나아가 대학원에서 학업에 열중하고 있다. 그러나 미국만이 아니라 유럽의 국가들이나 일본에서도 외국인 학생의 비율이 전례 없이 높아지고 있다. 그러한 경험을 하고 귀국한 젊은이들이 국제사회에 공헌할 수 있게 될지는 단정적으로 말할 수 없지만, 적어도 잠재적인 국제인이라고 부를 수 있는 사람들이 그 안에 존재한다는 것, 그리고 이 인구가 국가 간의 상호이해를 높이는 데 귀중하다는 것은 의문의 여지가 없다.

넓은 의미에서의 유학생 가운데는 해외에서 연구하거나 교편을 잡고 있는 학자나 예술활동에 종사하는 음악가, 무용가, 미술가 등도 있다. 아마도 그 대부분은 처음에는 유학생으로 외국에 나가 학위나 자격을 취득한 뒤 그곳에 남아 일을 계속한 사람들일 것이다. 어느 정도가 될지 짐작도 가지 않지만, 적어도 100년 전과는 비교도 되지 않을 정도란 것만은 확실하다. 제1차 세계대전 전에도 학술교류는 있었으며, 유럽의 오페라 가수나 오케스트라 지휘자는 빈번하게 미국을 비롯하여 많은 나라들에서 공연을 했다. 그러한 '문화교류'가 대전 후 더욱 빈번해졌으며, 이런 경향은 제2차 세계대전 후에도 계속되었다. 특히, 1960년대 미국에서 이민법이 개정되어 국적에 의한 차별(그때까지는 유럽에서 온 이민이 우선적으로 취급되었다)이 없어진 뒤에는 아시아에서 찾아와 미국에서 배우고 정주하는 사람의 수가 점차 늘어갔다. 미국의 대학이나 연구소 가운데 과반수가 외국 출신의 스태프인 경우도 지금은 그렇게 드문 일도 아니며, 정도의 차이는 있지만 똑같은 현상이 일본에서, 그리고 다른 나라에서도 볼 수 있게 되었다. 그러한 '국제인'은 앞으로도 증가할 것이며, 그들이 '신인간'으로서 국적에 구애받지 않고 건설적인 세계화의 주역이 될 것으로 기대를 받고 있다.

5. 외국인 노동자의 증가

유학생이나 연구자를 포함하여 일정한 목적을 가지고 외국에 사는 사람을 영어로 '엑스퍼트(expert)'라고 부르는 경우가 많다. expatriate(국외거주자), 즉 자신의 나라를 떠나온 사람이라는 말의 줄임말로 특히 비즈니스맨, 변호사, 저널리스트 등과 그들의 가족에 대해 잘 사용하는 말이다. 그렇지만, 그것은 본디 다국적 기업의 발전과 무관하지 않다. 1970년대 이후 다국적기업의 수가 눈에 띄게 증가했는데, 경제의 세계화가 이뤄지면서 이 경향은 한층 강해질 것이다. 그러나 그들이 예전에 웰스가 예언한 것처럼 독자적인 도덕이나 철학을 갖게 되었는가에 대해서는 논의할 여지가 있다. 이것은 세계화가 궁극적으로는 인간관계의 세계화를 가져올 것인가 하는 중요한 문제를 제기한다.

이 문제를 생각하기 전에 외국인 노동자나 피난민에 대해 언급하지 않으면 안 된다. 어떤 의미에서는 그들이야말로 현대 세계의 상징적인 존재라고 말할 수 있다. 외국에서 노동자가 유입되는 것은 말할 것도 없이 어제오늘 시작된 일은 아니다. 고대부터의 세계 역사를 보면, 그것은 사람들의 흐름의 역사라고 말할 수 있으며, 그 흐름 속에서도 일할 기회를 찾아 전전하는 넓은 의미의 노동자는 어느 시대에도 볼 수 있는 현상이었다. 20세기 초반 유럽에서 매년 수십만, 때로는 백만을 넘는 이민자들이 미국으로 밀려들어 왔다. 제2차 세계대전 후에는 라틴아메리카나 아시아로부터 합법과 불법 합쳐서 같은 수의 노동자들이 입국했다. 그것과 비교해 보면 규모는 작지만 유럽의 국가들도 북아프리카나 중동 출신의 이민을 수용했으며, 캐나다, 오스트레일리아도 마찬가지다(그런 반면 일본이나 뉴질랜드처럼 가능한 이민을 제한하려는 나라도 있다). 최근에는 약 1억 2천만 명의 외국인 노동자가 세계 곳곳에 흩어져 있다는 통계도 있다.

유럽연합(EU)처럼 지역공동체가 만들어져 거기에 속한 사람들은 역내에서는 어디서나 취직하고 생활할 권리를 가지고 있는 경우 외국인에 대한 정의는 불명확하다. 만약 이 공동체에 속한 나라의 수가 늘어난다고 하면 역내 외국인 노동자 인구도 더 늘어날 것이다. 과거 해외에 다수의 이민·식민자를 송출했던 일본조차 현재 인구의 1%는 외국인이라고 한다(더욱이 애초에 강제적으로 끌려온 '재일' 한국인·조선인도 여기에 포함되어 있다. 그러나 그들도 넓은 의미에서의 '엑스퍼트'라는 점에서는 차이가 없다).

현대 세계에서 가장 심각한 문제 가운데 하나는 해외로 이동하고 싶지만 할 수 없는 사람, 전쟁이나 내전 때문에 고향을 쫓겨난 사람, 여러 이유로 국외로 추방당한 사람 등의 문제다. 이들을 모두 포함하여 피난민 혹은 '이주자(移住者, migrant)'라고 불리는 경우가 많다. 그 가운데서도 자신의 나라를 갖지 못하는 사람을 '무국적자(stateless person)'라 부르지만 그들의 수도 20세기 동안 계속 증가했다.

6. 인간은 바뀔 수 있는가

이와 같이 다양한 종류의 이주자와 해외에 정착해 생활하고 있는 이민, 나아가 단기의 여행자나 체재자 등을 추가하면 거대한 인구가 국경을 초월하여 이동 또는 유동하고 있는 셈이다. 20세기는 과거에는 찾아볼 수 없었던 규모의 인구이동(migration)의 시대였다. 그것도 세계화의 일면이기도 하다. 세계화를 상징하는 국제기관이나 국제 NGO의 활약도 세계 어디나 찾아가는 스태프들의 열정에 의한 것이라는 것을 상기할 필요가 있다.

이와 같은 현상은 인간이나 인간관계를 어떻게 바꿔왔을까? 다른 나라나 다른 문화를 접촉함으로써 더 열린 세계관, 인생관이 만들어져 갔는가, 아니면 반대로 그러한 접촉이 정체성 위기(identity crisis)를 가져왔는가? 혹은 그런 극단으로서 배타적인 반동을 불러일으켰는가? 지금 단계에서는 확실한 판단을 내릴 수가 없다. 그렇지만 만약 글로벌화된 세계가 더 평화적이고 상호의존적인 방향으로 움직여가는 것이 바람직하다고 한다면 장단기적으로 국경을 초월하여 대이동하고 있는 사람들의 의식, 그리고 그들과 접촉하는 사람들의 의식 등 양쪽 모두가 가능한 한 개방적인 것이 중요하다는 점은 말할 필요가 없을 것이다.

문제는 그러한 의식을 어떻게 배양할 것인가 하는 것이다. 그를 위해서는 각국의 정치나 교육이 배타적이지 않고 모든 국가의 사람들과 협력하면서 세계를 만들어간다는 공생관을 존중하지 않으면 안 된다. 과연 그러한 의지가 있는가? 이것은 근본적으로 과연 인간은 변할 수 있는가 하는 문제이기도 하다.

그러한 근원적인 문제에 대한 해답은 21세기가 조금 지나지 않으면 분명해지지 않을지도 모른다. 그렇지만 만약 20세기 동안 인간관계가 다소나마 변화해왔다고 한다면 그 양상은 강제적으로 '이국인'이 된 사람들에게서 가장 선명한 형태로 찾아볼 수 있지 않을까? 태어나서 자란 고향이나 나라를 떠나

거나 거기서 쫓겨나 타향에서 생활하거나 죽은 사람들, 그들의 생애는 무엇을 말해주는 것일까? 그것은 한편에서는 국가나 사회가 '이방인'에 대해서 포악하고 비도덕적인 행동을 할 가능성이 있다는 것, 그리고 동시에 그럼에도 불구하고 타향을 찾아 여행, 이동하는 사람들, 그리고 그들을 받아들이는 사람들 또한 많이 존재한다는 것을 보여주고 있지 않을까?

상호침투(interpenetration)에 의해서 새로운 유형의 인간이 만들어지고 있다고 한다면 세계의 미래는 그들 손에 달려 있다고 해도 과언이 아니다. 국가를 단위로 한 국제사회만이 아니라 일시적이든 항구적이든 나라를 떠난 사람들이 만들어내는 세계도 있다는 것, 그리고 이 세계야말로 20세기가 21세기에 남긴 유산이라는 것을 바탕으로 세계의 여러 모습을 살펴보는 것도 중요하다. 주로 미국에서 일을 하는 나로서도 그런 시도가 조금이나마 독자들에게 호소력이 있다면 기대하는 이상의 기쁨이라 할 수 있다.

종장

세계화 시대의 평화 탐구

1. 9·11 동시다발 테러사건

인류가 20세기 100년 동안 어떤 방향을 향해왔는가 하는 것을 살펴보면 우여곡절은 있었지만 대체로 세계가 점차 국경을 초월한 연계가 강화되었다. 즉 세계화되었다고 말할 수 있지 않을까? 20세기가 21세기에 남긴 유산 가운데서도 세계화가 정착되었다는 것은 가장 중요한 것 중 하나일 것이다.

이것은 2001년 9월 11일 미국에서 발생한 동시다발 테러사건에 의해서도 근본적으로는 바뀌지 않는다. 이 사건 이후 미국에서도 그리고 일본에서도 세계가 완전히 다른 시대에 접어들었다, 지금까지의 관념은 더 이상 통용하지 않는다는 논의가 영향력을 갖게 되었다. 그렇지만, 그렇게 시시각각 변화하는 정세에 좌우되어서는 시사해설 수준을 넘어서지 못할 것이다. 역사의 실타래를 푸는 것은 그런 것과는 별개의 일이다. 역사를 배우는 것은 매일 벌어지는 일 가운데 어느 것이 일시적인 현상이며 어느 것이 장기적인 의미를 가지고 있는가를 찾기 위해서이기도 하다. 이 책이 제공하고 있는 시점이 그런 점에서 현대 세계의 성격을 이해하는 데 조금이라도 참고가 되었다면 다행이다.

먼저 테러리즘과 세계화에 대해서 살펴보고자 한다. 세계화와 테러리즘, 어떤 점에서는 상반되는 현상이다. 세계화가 세계 각지를 연결하여 전 세계 사람들이 교류를 함으로써 더 상호의존적인 상태를 만들어가는 프로세스라고 한다면, 테러행위는 그와 정반대로 반사회적인 활동으로 사람과 사람, 민족과 민족, 국가와 국가의 이간과 대립을 가져온다. 그런 의미에서 테러리즘은 세계화의 안티테제에 다름 아니다. 여러 이유에 의해 세계화에 저항하고 반대하는 움직임이 폭력을 수반하는 경우 9·11 같은 사건이 발생한다. 테러가 뉴욕의 세계무역센터라는 세계화를 상징하는 건물을 파괴했던 것은 이런 관계를 극적으로 잘 보여준다.

그러나 또한 동시에 테러리즘이 세계화의 산물 중 하나라는 것은 이 사건이 확실하게 보여주었다. 앞 장 마지막에서 "상호침투(interpenetration)에 의해서 새로운 유형의 인간이 만들어지고 있다고 한다면 세계의 미래는 그들 손에 달려 있다고 해도 과언이 아니다."라고 썼는데, 동시다발 테러사건의 범인도 그런 '새로운 유형의 인간'이었다는 것을 인정하지 않을 수 없다. 세계화 시대에는 "일시적이든 항구적이든 나라를 떠난 사람들이 만들어내는 세계도 있다."는 것을 지적했지만, 9월 11일 미국 제트기를 납치하여 뉴욕과 워싱턴을 공격한 테러리스트는 자신의 나라를 떠나 미국에 이주하여 일반 시민들 속에 들어가 생활하고 항공학교에서 제트기 조종술을 배운, 말 그대로 세계화가 만들어낸 유형의 인간이었다. 더구나 그들은 전자메일 등의 통신기술을 사용하여 서로 연락했으며, 국제테러리즘의 중심인물로 간주되었던 인물과 조직으로부터 여러 외국 은행을 경유하여 자금도 받았다. 글로벌한 세계를 이용하여 세계화에 타격을 주려고 했었다고 말할 수 있다.

2. 세계화의 두 얼굴

세계화에는 포지티브, 즉 긍정적인 측면과 네거티브, 즉 부정적인 측면이 있다. 가장 근본적으로는 기술혁신이나 경제활동이 가져다주는 글로벌화가 반드시 문화 면이나 정신 면에서의 연계를 가져오지 않았다는 것이 중요하다. 물질 면에서의 세계화를 어떻게 정치나 문화에 반영시킬 것인가, 나아가 세계 전체가 경제적으로 밀접한 관계를 맺고 있을 때 개인의 심리나 사상이 보다 열린 것이 되도록 하기 위해서는 어떻게 해야 하는가?

이러한 문제는 해결해야 할 20세기의 커다란 과제였다. 동시다발 테러사건은 글로벌과 로컬, 세계화와 내면화(internalization, 개인 심리의 형성)라는 서로 대비되는 점들을 어떻게 조화시키고 공존시킬 것인가 하는 문제가 여전히 해결되지 않았다는 것을 보여주었다.

그러한 사정을 이해하기 위해서는 특히, 인종·민족문제에 초점을 맞춰 세계화의 부(負)의 측면이 가장 명확하게 나타나고 있는 것이 인종편견이나 민족 간의 대립이라는 점을 이해할 필요가 있다. 반면 '지구시민'이라는 의식이 강해지고 있다는 것도 20세기 역사의 특징 중 하나라는 것도 잊어서는 안 된다. 만약 글로벌화가 지구시민적인 의식을 전 세계로 확산시켰다고 한다면 국가 간, 민족 간의 대립도 완화되었어야 하며, 전 세계 사람들은 서로 인간으로서 대등한 관계를 맺었을 것이다. 이것은 근본적으로는 개인의 사상이나 심리의 문제이지만, 동시에 종교나 내셔널리즘도 중요한 역할을 하고 있는 것은 분명하다.

3. 세계관·역사관 공유의 진전

9·11 사건이 보여준 것은 지구시민적인 의식이 아직 일반화되지 않았다는 것, 오히려 글로벌화의 시대에 개별적인(local) 아이덴티티가 대단히 강하게 남아 있어 서로 다른 아이덴티티를 가진 사람들 사이의 대립이 야만적인 폭력행위를 초래하는 일조차 있다는 것이다. 그러나 그것뿐일까? 지구상에서 볼 수 있는 것은 공유하는 인간성이 아니라 개별적인 주의 주장뿐인가? 만약 그렇다고 한다면 세계화는 세계평화와 복

지에 아무런 기여도 하지 않는다는 것이 돼버린다.

그러나 사건 이후 곳곳에서 나타난 반응을 보면 그러한 비관주의나 냉소주의가 반드시 정곡을 찌른 것이라고는 말할 수 없다는 것을 알 수 있다. 세계 절대다수의 사람들은 동시다발 테러사건을 비판했으며, 더구나 대부분의 사람들은 이 사건을 '문명'에 대한 도전이라고 생각했다. 그런 의미에서는 그들 사이에 공유된 말이나 생각이 있었던 것이며, 20세기를 통해 일반화되었던 문명관이 존재하고 있었다는 것을 보여주었다. 공유하는 세계관, 역사관의 존재가 글로벌화를 좀 더 건설적인 방향을 향하게 하는 필수조건이라고 한다면 동시다발 테러사건이라는 비극을 통해 간신히 그것이 인식되었다고 말할 수 있다.

그것은 지구시민의식이 강하게 존재하고 있었다는 것이기도 하다. 테러행위의 직접 대상이 되었던 미국에서는 나라 전체가 우국의 마음으로 넘쳐나고 애국주의가 고양되었다고 자주 지적되지만, 이 애국주의가 모두 배타적인 것은 아니었다는 것에 주목해야 한다. 물론 일부 미국인 사이에 테러리스트가 모두 외국인이었다는 것도 있어서 이민 단속을 강화해야 한다고 주장하거나 극단적인 경우에는 아랍계나 이슬람교도들에 대해 못된 짓을 하는 사람도 있었다. 그러나 대다수의 사람들은 9·11 사건을 미국만이 아니라 국제사회에 대한 공격이기도 하다고 보고 각국과 협력하여 이 범죄에 대응하고자 했다. 아프가니스탄에서의 군사행동이 그 뒤 어떻게 될지는 예측할 수 없었지만, 테러리즘에 대한 국제적인 연대의식이 계속되는 한 지구시민이라는 이념이 약해지는 일은 없을 것이다.

4. 반미감정과 미국의 역할

세계화가 더 건설적인 방향을 향하기 위해서는 세계 각국의 협력이 꼭 필요하다. 그런 의미에서도 9·11 테러가 더 많은 국제협조의 계기가 된다면 글로벌화가 테러리즘을 극복할 수 있다는 것을 보여주게 될 것이다. 그러기 위해서는 미국으로서도 가능한 한 각국과 밀접한 관계를 유지하면서 자국 중심의 단독행동을 피하도록 해야 하는 것은 물론이다. 특히, 피난민 대책 등의 인도적 원조나 아프가니스탄 국내정치의 재건 등에 대해서도 유엔의 이니셔티브가 꼭 필요하다.

미국에 관해서는 특히 문화나 경제의 미국화가 세계 곳곳에서 반발을 불러일으켜 각 민족의 독자적인 문화를 주장하는 움직임이 강해졌다. 9·11 테러를 낳은 배경 가운데 하나가 일부 국가나 민족에 존재하는 반미감정이었다는 것은 의문의 여지가 없다. 원래 '세계는 하나'라는 의식을 가지고 자신들의 영향력을 곳곳에 미치려 해온 미국인에게 그러한 반미감정이 존재한다는 것은 커다란 쇼크였다. 그러나 그렇다고 해서 미국적인 생활양식이나 태도가 앞으로 영향력을 상실해 갈 것으로는 생각되지 않는다. 세계화의 흐름이 계속되는 한 미국의 가능성이라는 테마가 사라지는 일은 없을 것이다.

문제는 글로벌화를 추진하는 미국의 영향 아래 있는 문화나 경제를 어떻게 해서 테러리즘의 대상이 되지 않도록 할 것인가 하는 것이다. 그를 위해서는 테러행위를 하는 배경에 대한 고려가 필요하다. 예를 들면, 제3세계에서의 민족자결이나 국가 건설이 20세기의 역사 속에서 중요한 현상이라는 점은 앞에서도 지적한 바 있지만, 신흥국가 소위 포스트 콜로니얼의 사회가 반미적이 되기 쉬운 것은 왜일까? 원래 유럽 제국에 비해 미국은 일찍부터 민족자결주의를 주창했으며, 개발도상국에 대해서도 적극적으로 원조했다. 그럼에도 불구하고 미국이 제3세계에서 반감을 사거나 적대의식을 불러일으키는 경향이 있다는 것도 분명하다. 거기에는 미국인이 자신들의 생각대로 다른 나라를 판단하고 미국적인 정치나 사회제도를 강제하려 한다는 이미지가 있기 때문이다. 모든 국가가 근대화, 즉 글로벌화를 이루면 언젠가는 전 세계가 미국풍의 정치제도를 채택하게 될 것이라고 미국 측은 기대하는 반면 제3세계 국가들은 자신들의 전통이나 풍토를 중시하려고 한다. 따라서 양자 사이에는 당연히 마찰이나 오해가 생긴다. 그런 오해가 반미주의가 되고 실제로 미국에 대한 테러행위가 돼버린다.

5. 테러는 인권침해

그러나 문제는 생각보다 더 복잡하다. 9·11 사건 이후 생긴 국제협조체제를 형성한 국가들 속에는 결코 민주주의적이라고 말할 수 없는 국가도 들어 있다. 그런 국가들이 협력해서 테러범죄 당사자를 처벌할 수 있었다고 해서 그것이 과연 세계화를 추진하게 될 것인가? 이 문제를 추적해 가려면 세계화와 정치체제 사이의 관계를 규명할 필요가 있다. 기술적, 경제적으로는 세계 각국이 연결되어 있어도 정치적으로는 각각의 체제를 유지해 갈 수 있을까. 민주화가 세계화의 움직임을 지탱해왔다고 한다면 민주주의적이지 않은 나라의 미래는 어떻게 될까? 테러리즘과 대결하기 위해서 민주주의 국가가 독재적인 정치체제를 갖는 국가와 협력하면 그 결과 후자의 정치체제가 좀처럼 민주화되기가 어렵지 않는가, 그렇다고 하면 글로벌화 현상 그 자체가 종래와는 성격이 달라져버리지 않는가?

여러 가지 문제점이 생긴다. 그러나 여성의 권리, 나아가서는 넓은 의미에서의 인권은 세계화의 진전과 동시에 앞으로도 계속 중시될 것이다. 사실 테러행위 그 자체가 인권침해라는 생각은 이미 1970년대에 나오기 시작했었다. 뉴욕에서의 테러행위는 분명히 일반시민의 인권을 훼손하는 것이었다. 그에 대해 징벌을 가하려는 국가들이 스스로 인권을 지키지 않는 것은 너무 큰 모순이다. 장기적으로 보면 앞으로는 그러한 나라에서도 자유와 인권이 점차 힘을 키워나가지 않을까 한다.

다만 그 경우 고려해야 할 것은 정보의 교환이 대단히 중요하다는 점이다. 정보기술의 눈에 띄는 발전에도 불구하고 국가 간 또는 민족 간의 오해나 불신이 좀처럼 사라지지 않고 있다. 어떠한 정보를 전해야 하는가 하는 내용이 문제인 것이다. 미국에 반감을 갖고 있는 일부 국가에서는 미국인이 자신들의 척도로 다른 국가를 비판하고 자국에 유리한 정보만을 전파하려 한다는 불만이 있다. 미국으로서도 자국의 영향력을 강화하는 데에만 몰두하지 말고 세계의 다른 나라나 민족에 대해 배우는 것이 바람직하다.

이것은 특히 이슬람에 대한 서구(일본 포함)의 대응에 대해서 말할 수 있다. 종래 이슬람에 대한 무지나 몰이해가 일반적이었으며, 9·11 테러사건이 발생하고 나서야 비로소 이슬람의 전통이나 현대 이슬람 국가의 정치에 대해 학습하기 시작한 사람이 많았다. 그러나 인류의 적어도 6분의 1을 차지하는 이슬람교도를 이해하지 않고서는 현대 세계를 말할 수 없다. 그들과의 교류가 점점 필요해질 것이다. 지금까지 문화교류라고 하면 서양인과 아시아인의 관계, 혹은 동양문명과 서양문명과의 접촉과 같은 테마가 강조되어 왔지만 동서양에 모두 존재하는 이슬람교도는 좀처럼 그런 틀 속에서 인식하기 어려운 존재이다. 그런 만큼 그들을 포함한 더 폭 넓은 교류가 이루어져야 평화의 기초로서의 지적·정신적 관계가 생겨날 것이다.

6. 평화롭고 안정된 세기의 실현

요컨대 2001년 9월에 역사적인 대전환이 있었다든가, 세계가 대변화를 했다든가 하는 대신 세계가 새로운 시련에 조우했다고 봐야 할 것이다. 9월 11일에 세상이 갑자기 바뀐 것이 아니라 글로벌한 세계 속에서 발생한 여러 가지 문제(그 모든 것이 이전부터 존재해 있었던 것이다)가 극적인 형태를 띠고 출현했다고 할 수 있을 것이다. 따라서 이 상태에 대한 대응도 이미 20세기를 통해 준비되어 있었던 것이다. 다만 정말로 다양한 대응책 가운데 어떤 것을 선택해야 가장 효율적일지, 또한 어느 선택지가 앞으로의 건설적인 글로벌화를 촉진시킬지 등에 대해서는 앞으로도 의견이 반드시 일치하지는 않을 것이다. 그러나 모든 대응이 세계화의 과정 속에서 이해될 수 있다는 점은 분명하다.

globalization을 한국에서는 세계화, 중국에서는 촨추화(全球化), 프랑스에서는 mondialisation이라고 부르는 등 다양한 말로 불리고 있지만, 세계적으로 세계화의 현상을 같은 것으로 인식하고 있다는 점에서는 테러사건 전이나 후나 변화가 없다.

같은 인식을 가지고 있다, 즉 공유하고 있다는 것은 물질 면에서의 글로벌화를 정신적인 면에서도 강화할 것이다. 세계는 20세기를 통해 경제적, 기술적으로 서로 밀접하게 연계되어 왔다. 그러나 그런 상태를 어떻게 보고 어떻게 대응해야 하는가 하는 문제에 대한 판단력이나 가치기준이 충분히 글로벌화되기 전에 테러사건이 발생해버린 것이다. 이 비극을 계기로 글로벌한 의식이 한층 고양되고 국제사회에서의 정신적, 도덕적 연대가 이뤄져간다면 21세기의 세계에 대해 희망을 가질 수 있을 것이다. 우리들의 자식이나 손자 세대가 더 평화로운 시대에 살기 위해서도 모든 사람들이 공생하고, 지식·권리·문명을 공유하는 세계를 실현시키기 위해 앞으로도 노력해 가길 바라는 바이다.

부록 | 역사가 이리에 아키라가 추천하는 역사학 추천도서

역사를 배우는 즐거움과 중요성을 지적하는 서적은 무수히 많다. 하지만 이 책에서 다루고 있는 책은 극히 일부분이다. 나 자신 특히 젊은 시절(대학시절)에는 윌리엄 서머싯 몸(William Somerset Maugham)의 소설(구체적으로는 『인간의 굴레』), 존 스튜어트 밀(John Stuart Mill)의 『밀 자서전』, 데이비드 리스먼(David Riesman)의 『고독한 군중』을 읽었다. 게다가 이 세 권의 책은 모두 전문적인 역사가가 쓴 책이 아니다. 몸은 소설가, 밀은 정치사상가, 리스먼은 사회학자이다. 그렇지만 이들 저작들은 역사를 어떻게 다룰 것이며 과거를 어떻게 볼 것인가에 대한 큰 시사점을 준다.

역사를 배운다고 해서 역사학자의 책만을 고집할 필요는 없다. 오히려 전문가 이외의 서적을 통해서 과거에 대한 여러 가지 견해에 접해보는 것도 역사의 이해에 매우 도움이 된다.

특히, 젊은 독자 중에는 앞으로 더 많은 역사책을 읽어보고 싶다고 생각하는 사람도 있을 것이다. 그에 대한 도움을 주기 위해 적당한 참고서 리스트를 만들까도 생각했지만, 수만, 수십만 권의 책 중에서 몇 권만을 선정하는 것은 너무나도 어려운 일이다. 무엇보다도 이른바 역사서 중에서는 평범하고 교과서적인 통사나 연표를 열거하는 데 그친 무의미한 저작도 있다. 역사는 연보(年譜)와는 다르다. 중요하다고 여겨졌던 사건들을 연대순으로 나열한 것만으로는 물론 역사가 되지 않는다. 연표나 '역사상의 인물'을 암기했다고 해서 과거를 이해하였다고 할 수 없다.

그러한 책은 모두 배제한다고 하더라도 독자에게 추천하고 싶은 책은 무수히 많다. 어떠한 선택기준이 없는 한 참고서 리스트를 만드는 것은 불가능하다. 나로서는 내 자신이 특히 영향을 많이 받고, 감명을 받은 역사 선생님이나 학계의 동료들이 쓴 저작을 추천하고 싶지만, 아쉽게도 번역되어 있는 책은 많지 않다. 저자가 매년 대학원생의 필독서 내지 참고서로 추천하는 책의 리스트는 국제관계사나 미국외교사에 한정되어 있지만, 그렇다 해도 700권 이상이 된다. 그 대부분이 영어로 써져 있다.

많은 역사서 가운데 몇 권을 선택하여 추천하는 것에는 망설임이 있다. 오히려 나로서는 이미 고전이 된 역사서(내지는 역사 관련 서적) 일부를 소개하고자 한다. 이미 고전이 되었다는 것은 그만큼 많은 독자에게 감명을 주고 사랑 받고 구전되어 왔다는 것을 뜻한다. 그러한 저자의 목소리에 귀 기울이면서 어떤 시대, 어떤 세계, 어떤 개인에 대해 저자가 무엇을 전하려고 하는지, 오랜 시간에 걸쳐 독자에게 호소하는 것이 있다는 것은 무슨 이유일까 등에 대해 생각하는 것이 곧 역사와 만나는 것이고 역사를 더욱 깊이 배우는 계기가 되는 것이 아닐까.

예를 들어 에드워드 기번(Edward Gibbon)의 『로마제국 쇠망사』는 18세기에 저술된 책이지만, 고대 로마제국이 기독교의 포교나 게르만 민족 등 '야만인'의 침입으로 점점 쇠퇴해 가는 모습이 그려져 있다. 단지 연대적인 사실을 좇는 것만이 아니라 어떤 시대에 어떤 민족이 어떠한 생활을 하고 있었는가, 그 생활이 제국의 정치적 해체에 의해 어떻게 변해 갔는지 등에 대해 저자의 해석이 명확하게 제시되어 있다. 최근 다수 출판되고 있는 '아메리카 제국' 관련 저서를 읽기 전에 꼭 기번의 명작에 친숙해지길 바란다.

이 책보다 스케일은 작지만, 네덜란드의 역사가 요한 하위징아(Johan Huizinga)의 『중세의 가을』도 어떤 시대가 다음 시대로 넘어가는 전환기를 극명하게 묘사하고 있다. 14세기부터 15세기에 걸친 유럽(특히 프랑스와 네덜란드)에서 그때까지 지배적이었던 가톨릭교회나 봉건지주의 권력이 약해져 사회 기반이 불안정해진 시기에 사람들이 어떻게 대응하였는지에 관해 문화나 심리 측면에서 흥미로운 관측을 하고 있어, 역시 과도기라 할 수 있는 현대와도 통하는 문제의식이 있다고 할 수 있다.

그리고 중세와의 결별을 결정적으로 만들었던 것이 15세기부터 16세기에 걸친 르네상스시대에 태어난 새로운 인간관과 정치감각이라는 견해를 제시함과 동시에 독자들의 역사관에도 큰 영향을 준 것이 19세기 스위스의 미술사가 야콥 부르크하르트(Jacob Burckhardt)의 『이탈리아 르네상스의 문화』이다. 19세기 중엽에 출판된 이후 중세부터 근대로의 이행을 이해하는 데 필수적인 역사서로 여겨져 왔다. 부르크하르트의 해석에 대해 비판적인 역사가도 많지만, 국가 중심적인 역사연구가 활발했던 19세기에 이렇게 광범위한 지역(그렇다 해도 유럽에 한정되어 있지만)의 역사의 추이를 새로운 인간 의식과 사회관계라는 현상에 초점을 맞추어 설명한 업적은 크다. 역시 당시(근대 초기) 지중해 세계를 상호적으로 묘사한 프랑스의 역사학자 페르낭 브로델(Fernand Braudel)의 『지중해』와 더불어 역사를 정치사에 한정하지 않고, 나아가 국가라는 틀에서 벗어나 서술하는 사례로서 현대의 독자들에게도 많은 시사점을 준다.

근대, 즉 18세기 이후의 역사에 대해서는 고전적인 명저의 수가 늘어나지만, 일본 독자들은 후쿠자와 유키치(福澤諭吉)의 『문명론의 개략』부터 읽기 시작하는 것도 좋을 것이다. 후쿠자와는 직업적인 학자는 아니었지만, 당시 서구에서 보급된 역사관을 민감하게 받아들여 개국 후의 일본을 그 틀 속에서 이해하려고 했다는 점에서 오늘날의 글로벌시대의 세계와 일본을 생각하는 데도 뛰어난 입문서가 될 것이다. 이 책은 근대 일본 사상사의 텍스트, 즉 1차 자료로서 읽히는 경우가 많지만, 역사를 어떻게 생각할 것인지, 과거와 어떻게 마주할 것인지 등의 문제를 생각하는 데도 중요한 책이다.

이 책이 저술된 것은 1870년이었지만, 그 40년 정도 전에 집필된 알렉시스 드 토크빌(Alexis de Tocqueville)의 『미국의 민주주의』도 지적 자극으로 가득 찬 역사책이다. 20대의 젊은 나이에 미국에 간 프랑스 귀족이 미국을 어떻게 보았는가, 그리고 본 것을 어떻게 평가하는지 등은 흥미로운 문제이지만, 이 책 전체를 관통하는 것은 근대사회의 정치적·사회적 동향에 대한 통찰이다. 세계가 앞으로 어떻게 변할지를 알기 위해 미국 정치와 사회를 관찰한 그의 자세는 현재와 통하는 부분이 있다.

서구문명은 진보한 문명이라면서 일본과 다른 나라들도 이에 보조를 맞추어야 한다고 주장한 후쿠자와와 근대사회의 문제점(예를 들어 개인주의의 쇠퇴와 독재정치로 경사될 위험성)을 지적한 토크빌의 역사관은 대조적이지만, 이 두 책을 함께 읽으면서 독자 스스로 자신만의 역사관을 형성하게 된다면, 그것이야말로 바로 역사를 배우는 작업이라 할 수 있다.

또한 근대화가 초래하는 비극이나 절대주의로의 잠재적 경향을 문학적으로 다룬 표도르 미하일로비치 도스토옙스키(Fyodor Mikhailovich Dostoevskii)의 『카라마조프가의 형제들』도 19세기 후반의 세계사를 이해하는 데 둘도 없는 입문서라고 할 수 있다. 4명의 형제가 근대화의 파도가 밀려오는 사회에서 가족, 신앙, 죄악 등의 문제에 대해 각각 다른 대응을 한다. 이러한 틀을 통해 다른 나라의 역사를 되돌아보는 것도 지적으로 자극을 주는 작업이다.

20세기에 들어서면 국가주의나 내셔널리즘의 입장에서 집필된 역사서가 굉장히 많아진다. 구미에서는 물론 일본, 중국, 터키 등 뒤늦게 근대화한 나라나 식민지 경험을 거쳐 신흥국가가 된 아시아·아프리카 국가들에서는 자국 중심의 역사가 주류가 되어 교과서에도 이러한 경향이 반영되어 있다. 그러한 풍조에 대하여 개인으로서의 인간의 존중을 주장했던 문학작품도 그 나름의 역사적 역할을 했다고 말할 수 있다. 일본의 예를 들면, 나쓰메 소세키(夏目漱石)나 나가이 가후(永井荷風)의 소설을 들 수 있다.(나가이 가후의 『아메리카 이야기』는 저자의 미국 여행기이기도 하지만, 20세기 초기의 미국 정치나 서양문명의 행방에 대해 20대의 청년이 썼다고는 믿기지 않을 정도의 통찰력을 보여준다.)

한편, 역사가 중에서 세계사 분야를 개척하거나 국경을 초월한 시야를 창도(唱導)하는 것은 매우 제한되어 있지만, 고전이라고 불리기에 마땅한 역사서는 이러한 부류에 속할 것이다. 세계사로는 영국의 역사가 토인비의 『역사의 연구』가 유명하다. 원서는 모두 22권으로 되어 있어 다가가기가 쉽지 않다.

오히려 그로부터 감화를 받은 미국(출생은 캐나다)의 학자 윌리엄 맥닐(William H. McNeill)의 『세계사』가 훨씬 손쉽게 접근할 수 있는 책이다. 인류가 지구에 나타난 이후의 역사를 다룬 대작이다. 이 책은 근대나 현대에 비중을 두기보다 과거 수천 년에 걸쳐 여러 문명과 민족이 어떻게 만나 역사를 변화시켜 갔는지를 서술하고 있다.

근·현대사를 트랜스내셔널한 시야에서 이해하려 하는 작품 중에서는 블라디미르 레닌(Vladimir Ilich Lenin)의 『제국주의』와 프란츠 파농(Frantz Fanon)의 『대지의 저주받은 사람들』이 있다. 전자는 러시아의 혁명가, 후자는 카리브해의 프랑스령 마르티니크 섬 출신의 역사가이다. 두 사람 모두 19세기 이후의 대현상인 제국주의를 세계 전체의 경제나 문화의 흐름과 관련시켜 설명하고 있다. 대단히 이데올로기적이기에 거부반응을 보이는 독자도 있지만, 신선한 시각으로 역사를 풀어나가는 것이 어떤 것인지를 알기 위해서도 빼놓을 수 없는 책들이다.

20세기 전반의 역사적 치부라고 할 수 있는 전체주의나 전제주의에 대해서도 많은 우수한 연구서가 있다. 20세기의 행방을 가늠하기 위해서 그와 같은 저작을 접하는 것은 중요하다. 한나 아렌트(Hannah Arendt)의 『전체주의의 기원』, 마루야마 마사오(丸山眞男)의 『현대정치의 사상과 행동』, 에리히 프롬(Erich Fromm)의 『자유로부터의 도피』 등은 특히 유명하다. 모두 19세기 이후 일부 학자와 소설가가 지적해 온 문제, 즉 근대의 대중이 전통적인 커뮤니티(가족, 촌락, 교회 등)로부터 이탈한 결과 상호간의 유대를 상실하여, 유일 절대 권위로서의 국가와 당(나치, 소련공산당 등)에 복종해버린다는 점을 정치학과 심리학의 수법으로 잘 풀어낸 것이다.

마지막으로 20세기부터 오늘에 이르기까지의 국제관계에 대한 참고서 몇 권을 소개하고자 한다. 수없이 많은 전쟁의 기원론, 또는 전시사(戰時史), 전략사 등을 제외하면 전쟁과 평화의 관계를 깊이 파고들어 분석한 연구서는 의외로 적다. 1949년 출판된 영국의 작가 조지 오웰(George Orwell)의 『1984』라는 소설에는 전제국가의 슬로건으로 "전쟁은 평화이고, 평화는 전쟁인 것이다."라는 말이 나온다. 실제로 전쟁을 하면서도 전후 세계를 모색하고, 평화로운 시대에도 다음 전쟁을 계획하는 상태는 19세기부터 지금까지 계속되어 왔다. 이러한 상태를 이해하기 위해서는 문학작품이 아주 적합한 입문서가 될지도 모른다.

오웰 자신도 1930년 스페인 내전을 다룬 『카탈로니아 찬가』를 썼지만, 전쟁(이 경우는 내전이지만, 소련과 독일이 개입했다)의 추이에 정치적 의도가 항상 개입되어 있는 모습을 극명하게 묘사하고 있다.

하지만 전쟁과 평화를 그린 문학작품의 최고봉은 여전히 레프 톨스토이(Lev Nikolayevich Tolstoy)의 『전쟁과 평화』일 것이다. 나폴레옹 전쟁을 그린 이 소설은 전쟁이라고 하는 지정학적 현상과 개개인의 운명과의 연관성을 유기적으로 파악한 대작으로서 그 이후의 전쟁을 이해하는 데도 상당히 가치 있는 책이다.

20세기의 전쟁을 톨스토이와 같은 수법으로 파악한 작품은 적지 않다. '고전'이라 부르기에 적절한지 아닌지는 별도로 하고, 최근 출판된 전쟁소설 중에 내가 특히 강한 인상을 받은 것은 제1차 세계대전을 그린 세바스티안 포크스(Sebastian Faulks)의 『새의 노래』와 제2차 세계대전 전야와 전시, 전후 흐름을 따라간 이언 매큐언(Ian McEwan)의 『속죄』가 있다. 둘 다 영국의 젊은 세대가 쓴 것이다. 전쟁을 직접 체험한 작가가 쓴 소설(예를 들어, 제1차 세계대전을 그린 에리히 마리아 레마르크Erich Maria Remarque의 『서부전선 이상 없다』와 태평양전쟁을 그린 노먼 메일러Norman Mailer의 『벌거벗은 자와 죽은 자』)과 비교해도 뒤지지 않는 대작이다.

이러한 소설이 제기하는 근본적인 문제는 톨스토이의 『전쟁과 평화』와 마찬가지로 평화로운 생활 속에서 갑작스럽게 전쟁에 보내진 사람들의 변화, 전쟁을 경험한 병사가 살아 돌아왔을 때 사회로 복귀하는 과정에서의 이질감 등이다. 어떤 시대도 전후 또는 전전이라는 점에서 역사를 이해하기에 앞서 이러한 소설은 귀중한 시사점을 줄 것이다.

무엇보다 이 책에서 강조하였듯이 국가 간의 전쟁과 평화만을 주목한다면 역사적 시야가 좁아지기 마련이다. 국제관계라고 해도 전쟁과 평화가 전부는 아니다. 특히 최근 세계에서는 국가 이외의 존재, 그 중에서도 테러리스트, 민족, 종교 등의 상호관계, 또는 기존 국가와의 관계가 중요해지고 있다. 이러한 현상을 종합적으로 해명하는 저작은 거의 없다. 고전적 명저라 생각되는 것도 아직 존재하지 않지만, 감히 두 권만 들어 보겠다. 문명 간의 숙명적 대립을 그린 새뮤얼 헌팅턴(Samuel Huntington)의 『문명의 충돌』, 그리고 남북문제에 대해 하나의 열쇠를 주는 월트 로스토(Walt Rostow)의 『경제성장의 여러 단계』이다.

1990년대에 출판된 헌팅턴의 저작은 현대 세계에서는 국가가 아닌 문명이 인간관계의 기조가 된다고 주장하지만, 이러한 것은 현대가 아닌 과거에 대해서도 말할 수 있을지도 모른다. 어쨌든 국가 중심의 역사관에 대한 뛰어난 반론을 제기했다고 할 수 있다. 로스토의 책은 제3세계의 경제발전이야말로 현대의 큰 과제라고 주장한다. 1960년에 출판된 책이지만, 그 후의 글로벌화 논의에 대한 선구적인 작품이라 할 수 있다.

역사와 만난다는 것이 어떤 것인지, 왜 역사를 배우는지 등에 대해 나만의 생각을 제시했지만, 많은 독자들이 위에 언급한 책들을 접하고 각각의 저자와 개인 차원에서의 지적 교류를 통해 인류의 과거를 자신들의 현재와 연결해 생각하도록 노력하기를 바란다.